한국인의 국가정체성과 한국정치

EAI
동아시아연구원

EAI 시민정치여론시리즈 ②

한국인의 국가정체성과 한국정치

강원택 편

EAI
동아시아연구원

Korean Politics and National Identity

Edited by

Kang, Won-Taek

EAI
EAST ASIA INSTITUTE

머리말

우리는 아주 오랫동안 '단일민족의 신화' 속에서 살아 왔다. 우리는 모두가 단군의 자손인 혈연공동체이며, 동일한 역사와 언어와 문화를 갖는 동질적 삶을 영위해 왔다고 배워 왔다. 이제 그런 신화가 도전받고 있다. 대한민국 사회는 인종적으로 더 이상 동질적이지 않기 때문이다. 국내에 장기간 거주하는 외국인 노동자의 수가 크게 늘어났고, 외국인과 결혼하는 한국인들도 많아졌다. 그리고 자연스럽게 그들 사이에 태어난 혼혈 한국인도 늘어나고 있다. 또한 외모도, 언어도 우리와 별다를 바 없지만 중국국적을 갖고 또 자신을 중국인이라고 생각하는 조선족 동포들도 여기저기서 쉽게 만날 수 있다. 역으로 미식축구 선수 하인스 워드처럼 외모도, 언어도 우리와 다르지만 한국인으로 받아들이게 된 경우도 생겨났다. 또한 북한에서 내려온 '새로운 한국인'도 많아졌다. 한국인의 정체성에 대한 혼란이 생겨나고 있는 것이다.

또 다른 한편 세대간에도 정체성에 대한 인식의 차이가 커지고 있다. 한국전쟁과 냉전의 고통, 권위주의의 억압, 절대빈곤을 겪어온 세대와, 올림픽 · 월드컵 · 박세리 · 박찬호 · 박지성을 지켜보고 커 온 세대간에 대한민국과 한국인을 정의하는 시각은 커다란 차이를 가질 수밖에 없다. 환경이나 성 등 새로운 이슈에 대한 반응뿐만 아니라, 한국전쟁을 포함한 과거 역사를 바라보는 시각에도 세대간에는 적지 않은 차이가 존재한다. 여기서도 한국인의 정체성에 대한 혼란은 생겨난다.

북한은 미수복 고토로 당연히 회복해야 할 실지(失地)로 간주해 왔고 북한주민은 불우하게 고통받는 우리의 형제, 자매로 간주해 왔지만, 이제 분단이 반세기를 넘어가면서 북한을 별개의 정체(政體)로 바라보는 시각도 나타나기 시작했다. 북한은 우리에게 무엇인가? 과연 모든 한국인이 여전히 통일을 '우리의 소원'이며 '꿈에서도 소원'으로 생각하고 있을까? 또 다른 정체성의 혼란이다.

이 책은 이러한 우리 사회의 정체성의 변화에 대한 답을 찾아보기 위한 시도이다. 그동안 우리가 너무나도 당연하게 여겼던 한국인의 정체성이 이러한 외부적 상황의 변화와 세월의 흐름 속에 어떻게 변화해 왔는지 그 특성을 이 책에서는 찾아보고자 했다. 이 책은 크게 두 부분으로 나눠져 있다. 제1부는 오늘날 대한민국 사회 내부에서 나타나는 정체성의 변화를 추적해 보고자 했다. 그리고 제2부는 과거를 바라보는 시각과, 북한 및 통일에 대한 인식의 변화를 통해 변화하는 정체성의 실체를 살펴보고자 했다.

이 책에 실린 글의 필자들은 모두 2005년 동아시아연구원(EAI)과 《중앙일보》의 공동기획인 '국민정체성 조사'에 함께 참여했던 연구진들이다. 동아시아연구원과 《중앙일보》는 광복 60주년 기념으로 "한국인은 누구이며 우리에게 대한민국은 무엇인가"라는 주제의 여론조사를 실시했는데, 한국리서치가 2005년 8월 31일부터 9월 16일까지 면접조사를 담당했다. 이 조사는 한국인의 의식 속에 과거와 현재, 미래가 어떻게 투영되어 있는지 살펴보고자 하는 목적을 지녔다. 여기에 실린 글들은 그 때 논의되었던 주요 발견점을 토대로 보다 깊이 있는 분석을 행한 결과물이다.

이 조사가 실시되고 또 이 책이 꾸며지기까지 많은 분들의 도움을 받았다. 동아시아연구원 김병국 원장은 한국인의 정체성이라는 흥미로운 아이디어를 처음 제시했고 또 기획을 추진하여 이러한 연구결과물이 나오게 한 산파역할을 했다. 《중앙일보》 신창운 여론조사전문위원과 정치부 전영기 부장도 이 기획이 성공적으로 이루어지는 데 커다란 도움을 주었다. 이 자리를 빌려 깊이 감사드린다. 이 책에 글을 싣지는 못했지만 조사과정에서 함께 애를 썼던 중앙대학교 김태현 교수와, 이 책의 출판을 위해 여러 가지 실무적인 수고를 해준 동아시아연구원 정한울 연구원께도 감사드린다. 이 책의 출판을 기꺼이 맡아준 나남출판 조상호 사장님과 책 제작과정 전반을 꼼꼼하게 챙겨주신 방순영 부장님과 윤인영 씨께도 감사의 인사를 전한다.

2006년 10월

저자들을 대표하여 강 원 택

EAI 시민정치여론시리즈 ②

한국인의 국가정체성과 한국정치

차 례

제 1 부

국가정체성과 한국 민주주의

제 1 장

한국인의 국가정체성과 민족정체성

대한민국 민족주의

강 원 택

1. 서 론

우리사회에서 민족의 개념은 논란의 여지가 없었다. 우리는 혈연, 언어, 역사, 문화적 동질성을 기반으로 한 '단일민족'이라는 개념을 당연하고 자연스러운 것으로 받아들여 왔다. 그러나 최근 들어 우리사회 내부환경의 변화로 인해 한국인의 정체성에 대한 '전통적' 인식이 새로운 도전에 직면하게 되었다. 최근 들어 우리나라 사람 가운데 외국으로 이민 가서 사는 이들이 많아졌고 역으로 우리나라에서 장기간 거주하는 외국인들도 늘어나고 있다. 또 한편으로는 서양뿐만 아니라 동남아, 중국 등 외국인과의 결혼도 크게 늘어나고 있다. 인종적으로 언어적으로 문화적으로 강한 동질감을 기초로 했던 '단일민족' 한국인의 정체성이 변화하고 있다. 우리가 생각하는 한국인, 한민족은 도대체 누구인가? 이 장의 목적은 이처럼 한국인들이 생각하는 국가정체성과 민족정체성의 특성을 살펴보고자 하는 것이다. 특히 한민족, 한국인을 규정하는 데 있어서 혈연, 언어, 문화와 같은 생래적 요인을 강조했던 태도로부터 어떤 변화가 나타나고 있는지 찾아보고자 한다.

이 장에서 주목하는 점은 크게 두 가지이다. 첫째, 흔히 한민족이라고 통칭되는 혈연에 기초한 한국인의 정의에 대해서 '대한민국의 한국인'들은 어떤 인식을 갖는가 하는 점이다. 그 대상은 북한동포뿐만 아니라 중국의 조선족, 재미동포, 재일동포 등 외국거주동포, 그리고 러시아 거주 고려인까지 포함한다. 이처럼 범(汎)한국인이라고 불릴 수 있는 혈연공동체에 대해서 정체성과 관련하여 어떤 인식의 특성을 보일 것인지 살펴보고자 한다. 오랫동안 떨어져 살아온 이들에 대해서 막연한 혈연적 동질성으로 포용하기 어려운 문화적, 정치적 인식의 차이가 존재할 수 있다는 점에 주목하여 보다 근대적이고 정치공동체 중심적인 민족의식이 확인되는지 살펴볼 것이다. 북한을 바라보는 시각의 변화에 대해서도 주목할 것이다. 장기간의 분단으로 이질성이 커진 만큼, 북한 문제를 단일민족 개념과 민족통일로 단순화해 온 과거의 시각으로부터의 변화는 없는지 분석해 볼 것이다.

두 번째로는 한국사회 내의 인종적 다양성에 대한 포용의 정도에 대해 살펴볼 것이다. 장기간 거주하는 외국인 노동자뿐만 아니라 국제결혼을 통해 우리나라에 정착한 외국인들이 많아지는 상황에서 '상이한 피부빛과 외모의 한국인'을 어떻게 사회적으로 수용하고 인식하는지에 대해 살펴보는 것은 매우 의미 있는 일이다. 인식의 변화가 발견된다면 이는 우리사회에서 한국인의 정체성을 혈연을 중심으로 한 폐쇄적인 '단일민족' 신화로부터의 완화, 개방을 의미하는 것일 수 있으며, 세계화라는 시대적 추세에 대한 한 반응으로 이해할 수도 있을 것이다. 이처럼 '외국계 한국인'에 대한 개방성, 수용성 문제는 우리 정체성의 변화를 측정하는 좋은 지표가 될 수 있다.

이러한 인식의 특성은 시대적 상황의 변화에 따라 영향을 받은 것인 만큼, 성장해 온 환경이 각기 다른 세대간 인식의 차이도 적지 않을 것으로 보인다. 세대별 인식의 차이에 대해서도 주목해서 살펴볼 것이다.

2. 민족과 국가정체성

사실 민족의 개념은 매우 논쟁적이며, 이처럼 사회과학에서 '포착하고 정의하기 어려운 개념도 드물다'(조홍식, 2005: 129). 민족을 규정하는 보편적이고 객관적인 기준을 찾기가 쉽지 않기 때문이다. 혈연이나 문화적 요소만을 강조한다면 스위스나 미국 등 다인종사회는 하나의 민족국가로 간주될 수 없을 것이다.

베네딕트 앤더슨(Benedict Anderson, 1991)은 민족을 '상상의 공동체'(*imagined communities*)라고 불렀다. 앤더슨은 민족은 한정된 경계를 갖는 제한적 존재이고 주권을 가진 공동체로 '상상된다'고 주장했다(Anderson, 2002: 26~27). 즉, 민족은 혈연의 순수성에 근거한 실체적 집단이기보다 정치적 목적을 위해서 의도적으로 만들어낸 존재라는 것이다. 홉스봄(Hobsbawm, 2004: 41) 역시 이러한 시각을 취하고 있다.

> 역사 내적이든 역사 외적이든, '프랑스'와 '프랑스인'이라는 근대적 개념에 묻혀 있는 연속성이 무엇이든 간에 … 바로 이 개념들 자체가 구성되거나 '발명된' 요소를 포함하지 않을 수 없다. 그리고 근대 '민족'을 주관적으로 구성하는 것 대부분이 그런 구성물들로 이뤄져 있을 뿐만 아니라 일반적으로 최근에 만들어진 적합한 상징이나 혹은 알맞게 재단된 담론('민족사'와 같은)과 관련되어 있는 까닭에 민족적 현상의 '전통의 발명'에 대한 진지한 관심 없이는 결코 적절하게 조사될 수 없는 것이다.

이런 시각은 국가가 민족을 만들어 낸다는 것으로 이해할 수 있다.

그러나 이에 대한 반론도 만만치 않다. 즉, 민족은 공동의 언어, 혈연, 문화공동체라는 객관적 요소에 민족의식이라는 주관적 요소가 더해져 공고해진 실체이며 민족은 상상의 공동체가 아니라 실재(實在)의 공동체라고 하는 주장(《동아일보》 2006. 3. 4)이다. 특히 우리나라는 혈연적 특성이나 언어, 습관 등 문화적 동질성, 역사적 경험의 공유, 그리고 거주영역의 지리적 제한성 등으로 인해 서구에서 생성된 근대적 민족개념과는 다른 형태의 민족의식이 발전되었다. 즉, '만들어진 상상의 공동체'가 아니라 실제로 존재하는 혈연공동체의 특성이 강조되어 왔다.

그러나 외부적 상황의 변화로 이처럼 혈연이나 문화적 동질성에 기초한 우리의 기존 민족의 정체성이나 민족개념을 유지하는 데 상당한 어려움이 생겨나고 있다. 그 첫 번째 요인은 남북한의 분단이다. 혈연, 문화적으로 동질성을 갖는 집단이 50년 이상 상호분리된 별개의 정치적 단위에 머물고 있고, 그로 인한 정치적 충성의 대상이나 상징도 서로 달라지고 있기 때문이다. 다음의 글은 이와 같은 우리의 애매함을 잘 나타내고 있다.

> 국민이라는 번역은 분명 민족보다 훨씬 내이션(*nation*)의 근대적 성격을 강조하는 번역이다. 국민이라는 표현은 민족의 집단주의적 성격을 벗어던진 자율적 주체로서 개인들의 집합이라는 의미, 또는 프랑스나 미국식 계약적 내이션의 성격을 훨씬 강하게 보유한다. 내이션 스테이트(*nation state*)를 민족국가로 번역하느냐 국민국가로 번역하느냐에 따라 그 의미는 판이하게 달라진다는 말이다. 일례로 대한민국은 하나의 완전한 국민국가이지만 통일이 이뤄지기 전에 민족국가라고 보기는 어려워진다(조홍식, 2005: 137).

더욱이 남북한간 혈연, 언어, 문화적 정체성을 토대로 단일민족의 이념을 유지해왔다면, 지난 50년간 남북한 사이에 생겨난 언어, 사상, 문화적 이질감의 증대는 남북한간의 동질성을 전제로 민족정체성을 정의해 온 방식에 대한 새로운 도전이 되었다. 이 글에서는 이런 점으로 인해 남한과 북한 사이의 별개의 민족정체성이 생겨날 수 있다는 점에 주목한다.

또 다른 요인은 세계화와 우리사회의 개방화로 인해 문화적, 혈연적 동질성에 대한 새로운 변화가 생겨나고 있다. 한국에 장기적으로 거주하는 외국인 이주노동자의 증대, 외국인과의 결혼의 증가 등 최근 들어 '외국계 한국인'이 늘어나는 현상으로 인해 우리의 정체성을 어떻게 규정해야 하는지에 대한 사회적 관심도 커지고 있다. 또한 '혈연의 순수성'에 위배되는 혼혈인에 대한 사회적 포용력도 이전에 비해 커진 것으로 보인다. 이중국적자에 대한 논란 역시 세계화된 상황에서 한국인의 정체성을 어떻게 규정할 것인가 하는 문제와 긴밀하게 연계되어 있는 사안이라고 할 수 있다.

이처럼 상상의 공동체든 혈연, 문화와 같은 '객관적 요소'에 기초한 실제공동체든 과거 우리가 규정해온 한민족, 한국인의 정체성과는 상이한 환경이 만들어진 것만큼은 분명한 사실로 보인다. 내외적 변화의 시점에서 한국인이 생각하는 자신들의 정체성의 특성에 대해서 살펴보는 것은 그런 점에서 매우 의미 있는 일이 될 수 있을 것이다.

3. 한국인의 정치적 정체성과 민족주의

1) 한국인의 정체성

오늘날 한국인들이 인식하는 자신들의 민족정체성을 이해하기 위해서는 우선 우리가 스스로를 어떻게 정의하는지에 대해 살펴보는 일이 필요하다. 이를 위해 한국인이 중시하는 상징에 대해 알아보았다. 〈표 1-1〉은 '한민족이라고 하면 가장 먼저 무엇이 떠오르느냐'는 질문에 대한 응답을 정리한 것이다. 이 질문에 대하여 태극기라는 응답이 26.9%로 가장 높게 나타났는데, 그 중에서도 20대(35%), 60대 이상(33.5%)에서 이에 대한 응답이 특히 높았다. 여기에 애국가(4.1%), 무궁화(1.1%)를 더하면 모두 전체 응답자의 1/3 정도는 한민족 하면 대한민국의 공식적인 국가상징을 떠올리는 것으로 나타났다. 두 번째로 많은

〈표 1-1〉 한민족 하면 가장 먼저 떠오르는 것

	비 율(%)
태극기	26.9
백의민족	26.4
단일민족	17.3
단 군	11.7
한 글	10.4
애국가	4.1
무궁화	1.1
기 타/모 름	2.1
N=1,038	100.0

응답은 백의민족이라는 응답으로 26.4%였다. 세 번째로는 단일민족이라는 응답으로 17.3%였다. 전체적으로 볼 때, 태극기와 같은 공식적 국가상징에 대한 강조가 확인되고, '단일민족'이라는 혈연공동체적 인식 역시 중요하게 나타났다.

그런데 〈표 1-1〉의 결과는 사실 한국인을 정의해온 기존의 통상적 인식에서 크게 벗어나지 않는다. 이러한 결과가 나온 것은 아마도 '한민족'이라는 개념을 대한민국 영토 내에 거주하는 사람들만을 대상으로 인식하였기 때문일 것이다. 그러나 이전과는 달리 세계화시대가 도래하면서 한국사회 역시 국제화되고 대외적 교류가 활발해진 상황을 고려하면서, 한국인을 어떻게 정의하는지 살펴보는 것이 보다 흥미로울 것이다. '외국에 거주하거나 외국에서 태어난 한국인' 혹은 '절반만 한국인의 혈통'을 갖는 이들을 포함한 '범(汎) 한국인', 그리고 나아가 한국인으로 귀화한 외국인 혹은 한국에 장기간 거주하면서 한국인으로 정체성을 갖거나 갖고 싶어하는 외국인을 포함하게 될 때 한국인 혹은 한민족에 대한 정

〈표 1-2〉 진정한 한국인이 되기 위해 중요한 점

(단위: %)

'진정한 한국인'	중요하다	중요하지 않다	평 균[1]
대한민국 국적 유지	88.2	11.1	1.65
한국어의 사용	87.0	12.6	1.70
전통, 관습 준수	82.1	16.9	1.85
대한민국에서 출생	81.9	17.7	1.80
한국인의 혈통	80.9	18.3	1.84
대한민국의 정치제도, 법 준수	77.5	20.6	1.97
생애 대부분을 한국에서 거주	64.6	34.7	2.13

주: 1) 평균은 '매우 중요하다' (1), '대체로 중요하다' (2), '별로 중요하지 않다' (3), '전혀 중요하지 않다' (4)는 각 응답의 평균으로 숫자가 낮을수록 중요도에 대한 인식이 크다.

의나 인식은 달라질 수도 있을 것이다.

전통적으로 인식되어온 한국인의 범주를 넘어서 지리적, 문화적, 그리고 혈통적으로 보다 확대된 한국인의 정체성을 확인하기 위해 '진정한 한국인의 조건'에 대해서 살펴보았다. 〈표 1-2〉의 결과는 '진정한 한국인이 되기 위해 각 항목의 조건이 얼마나 중요한 것인지'를 물은 응답에 대한 반응이다. 전반적으로 제시된 항목 모두에 대해 긍정적인 응답의 비율이 높게 나타났지만 항목간 적지 않은 차이도 확인된다.

가장 두드러진 특성은 대한민국 국민으로서의 정체성이 가장 강하게 나타났다. '진정한 한국인이 되기 위해서' 중요한 것 가운데 한국국적을 유지해야 한다는 응답이 가장 높게 나타났다. 전체 응답자의 88.2%가 한국인으로의 정체성을 위해 국적을 유지하는 일이 중요하다고 응답했다. 응답에 대한 평균값도 가장 낮게 나타나 국적유지의 중요성에 대한 높은 인식을 확인해준다.

두 번째로는 '한국어 사용'이라는 응답으로 87%로 높게 나타났다. 앤더슨은 민족주의의 기원을 설명한 《상상의 공동체》에서 공통의 언어가 근대적 민족형성의 중요한 요인이 되었다고 지적한 바 있는데, 〈표 1-2〉에서는 흥미롭게도 '한국어'라는 공통의 언어가 우리의 정체성을 확인해주는 중요한 요인으로 작용하고 있다. 언어와 함께 전통, 관습 등의 중요성에 대한 인식도 높게 나타났다.

흥미로운 점은 '대한민국에서 출생해야 한다', '한국인의 혈통을 가져야 한다'거나 '평생의 대부분을 대한민국에서 거주해야 한다'는 응답보다 국적유지, 공동의 언어에 대한 중요성이 높게 나타났다는 점이다. 즉, 혈연공동체에 대한 강조보다, 또 한반도라는 지리적 연고중심의 정체성 인식보다 대한민국이라는 정치공동체의 소속감, 그리고 언어, 전통·관습 등의 문화적 요인에 대한 중요성의 인식이 더욱 높다는 점은 매우 주목할 만한 특성이다. 단순화의 위험이 있기는 하지만, 이러한 결과는 혈연, 지연보다 소속감, 의식, 문화요인이 한국인이라는 정체성을 규정하는 데 더욱 중요하게 작용하고 있음을 시사해 준다. 〈표 1-2〉의 결과는 이와 같은 의미 있는 특성을 시사해 주지만 항목간 비율의 차이가 크지 않다는 점에서 여기서의 결과만으로 이런 결론을 단정짓기는 어려워 보인다.

이 때문에 추가로 몇 가지 질문에 대한 응답패턴을 살펴보았다. 이번에는 자신들이 가깝게 느끼는 정치적 소속감의 단위에 대해서 살펴보았다. 〈표 1-3〉에서 보듯이 우리나라 사람들이 가장 가깝게 느끼는 정치적 소속감은 '대한민국 국민'이었다. '대한민국 국민'이라는 소속감이 중요하다는 인식은 보다 혈연적 의미가 강조되는 '한민족'이라는 응답보다 매우 강하게 나타났다. 과거 '단일민족'으로서의 혈통의 순수성과 혈연에 기초한 한민족의 일원으로서 한국인을 규정했다면, 〈표 1-3〉의 결과는 대한민국이라는 국가단위의 정치공동체의 일원으로서의 정치적 소속감이 보다 강조되고 있음을 알게 해준다. 앞에서 본 '국적유지가 중요

〈표 1-3〉 지역 단위별 정치적 소속감

소속감의 단위	중요하다[1] (%)	평 균[2]	표준편차
읍/면/동민	54.8	2.44	0.87
시/군/구민	53.2	2.50	0.82
광역시/도민	39.4	2.71	0.84
대한민국 국민	78.7	1.97	0.77
한민족	66.9	2.18	0.83
아시아인	46.6	2.57	0.88
세계인	29.4	2.86	0.84

주 1) : '매우 중요하다'와 '대체로 중요하다'의 응답을 합한 비율.
2) : 평균은 '매우 중요하다' (1) '대체로 중요하다' (2) '별로 중요하지 않다' (3) '전혀 중요하지 않다' (4)는 각 응답의 평균으로 숫자가 낮을수록 중요도에 대한 인식이 크다.

하다'고 한 〈표 1-2〉의 결과와도 맥을 같이하는 것이다. 이러한 응답패턴에 연령별 차이는 그리 크지 않았다. '대한민국 국민', '한민족' 다음으로는 소규모 하위 지역단위인 읍/면/동 그리고 시/군/구에 대한 소속감이 강하게 나타났다. 그러나 이들 단위에 대한 평균값은 대한민국 국민이나 한민족 단위에 비해 매우 큰 차이를 보이고 있음을 알 수 있다. 〈표 1-2〉, 〈표 1-3〉의 결과를 종합해 볼 때, 한국인의 정체성과 관련해 많은 사람들이 중요하게 생각하는 가치는 대한민국이라는 정치공동체의 소속감이라고 할 수 있을 것 같다.

그런데 이와 같이 우리의 정치적 정체성과 관련해 볼 때 대한민국 국적이 중요하다는 인식은 '누구까지를 한국사람으로 볼 것이냐'에 대한 궁금증을 불러일으킨다. 누구는 한국사람이고 누구는 아니라는 식으로 구분하는 정체성 구분의 기준은 도대체 어떤 것일까? 〈표 1-4〉의 결과는 이에 대한 또 다른 흥미로운 결과를 보여준다. 대한민국 국적을 취득

〈표 1-4〉 한민족 구성원 〔중복응답 허용〕

한민족?	북한주민	해외동포 1세	해외동포 2,3세	해외 입양아	한국국적 포기	한국 국적 취득 외국인
그렇다(%)	79.7	71.1	34.2	57.9	9.1	28.1

한 외국인은 한민족으로 봐야 하냐는 질문에 대해 28.1%가 그렇다고 응답했다. 이에 비해 '한국인이었지만 국적을 포기한 사람도 한민족으로 봐야 하느냐'는 질문에 대해서는 단지 9.1%만이 그렇다고 응답했다. 한국인으로 귀화한 외국출신자들을 '우리나라 사람'으로 받아들이는 데 대해 여전히 보수적이고 폐쇄적 시각이 나타나지만 28.1%라는 비율은 국적포기자를 우리나라 사람으로 간주하는 것에 비해서는 월등히 높은 비율의 긍정적 응답이다. 즉, 대한민국 국적을 포기한 사람은 한민족, 혹은 우리나라 사람으로 볼 수 없다는 인식이 대다수를 차지한다. 앞에서 확인한 사실과 같이 '대한민국인'으로서의 강한 정체성이 여기에서도 확인된다.

이러한 사실은 가수 유승준 씨의 미국국적 취득문제라든지 최근 이중국적 허용여부를 둘러싼 우리사회의 논란의 원인을 보여준다. 그런데 최근 우리사회에서 논란이 되었던 이중국적이나 국적포기의 문제는 사실 병역문제와 긴밀한 관련을 갖는다. 다음의 기사는 우리사회에서 이중국적, 국적포기를 바라보는 시각의 일단을 보여준다.

> 이중국적자의 병역의무도 논란거리다. 남자인 이중국적자는 병역의 의무가 생기는 18세 이전에만 한국국적을 포기하면 병역을 면제받고, 18세 이후라도 가족과 본인이 모두 영주권자이면 병역을 면할 수 있다. 2003년 임명된 진대제 정보통신부 장관의 장남이 이렇게 병역을 면제받아 구설수에 오른 바 있다. 또 국내병역법은 18세 이후에는 병역을 마치거나 면제될 때까지 한국국적을 포기할 수 없도

> 록 하고 있어 이중국적자가 해외에 머물 경우 병역의무가 사라지는 35세까지는 이중국적 상태를 유지할 수도 있다. 이중국적자는 또 한국에 거주하더라도 전쟁과 같은 국가적 위기상황에서 미국 등 해당국 국민으로서 신변안전을 우선 보장받고, 외국대학에 진학할 경우 입학은 물론 학자금대출 등록금 장학금 등 모든 면에서 외국인과 동등한 대우를 받게 돼 한국인이면서도 외국인으로서의 많은 지위를 누린다. 이에 따라 전문가들은 "이중국적자가 병역 등 국내의무를 회피하지 않도록 제도적 보완책을 강화하고 특히 고위공직자 임용에 있어서는 가족의 이중국적 문제에 대한 엄격한 기준을 마련할 필요가 있다"고 지적하였다(《한국일보》 2005. 1. 6.).[1]

그런 점에서 본다면 '한국인이었지만 국적을 포기한 사람'을 한민족으로 볼 것이냐는 시각은 연령에 따라서 달라질 수도 있을 것으로 예상해 볼 수 있다. 병역의무의 이슈의 직접적 대상이 되는 20대의 경우에 이 문제에 대해 보다 엄격한 입장을 나타낼 수도 있을 것으로 보이기 때문이다. 〈표 1-5〉에서 보는 것처럼 실제로 20대 응답자들 가운데 '대한민국 국적포기자'를 한민족으로 인정한다는 응답은 평균보다 낮은 7.1%로 나타났다. 병역의무 요인이 어느 정도 반영된 것으로 보인다. 그러나 흥미롭게도 이들 국적포기자에 대해 가장 큰 거부감을 보인 연령집단은 50대 응답자였다. 이들 가운데 3.5%만이 국적포기자를 한민족으로 인정할 수 있다는 응답을 했다. 50대 집단에서 국적포기자에 대한 강한 거부감은 이들 연령집단이 대체로 군대에 가야할 자식을 갖는 연령층이라는 사실과 관련이 있을 것으로 추정된다. 연령과 무관하게 전반적으로 국적포기자에 대한 거부감이 크지만, 20대와 50대 연령층에서 특히 거부감의 강도가 큰 것은 앞서 지적한 대로 이중국적자의 국적포기가 병역의무와 관련이 있다는 사실을 강하게 시사해준다.

---

1) http://news.hankooki.com/lpage/society/200501/h2005010918540821950.htlm (검색일 2006. 3. 10).

〈표 1-5〉 한민족 인정에 대한 연령별 인식

(단위: %, 명)

	대한민국 국적 포기자	한국 국적 취득 외국인	N
20대	7.1	36.2	224
30대	11.1	29.3	257
40대	12.0	25.4	239
50대	3.5	25.4	141
60대 이상	9.4	22.1	177
평 균	9.1	28.1	1,038

한편, 한국국적을 취득한 외국인을 한민족으로 간주할 수 있느냐는 질문에 대한 응답에서도 연령별로 다소 차이를 보인다. 〈표 1-5〉에서 보듯이, 나이가 젊을수록 이 사안에 대해 개방적인 반면, 나이가 들수록 그 비율이 낮아진다. 20대 응답자 가운데 36.2%가 한민족으로 볼 수 있다고 응답한 반면, 60대 이상 유권자들 가운데 그 비율은 22.1%에 불과했다. 젊을수록 혈연적 동질성보다 국적이라는 정치공동체의 소속감을 보다 중시하는 특성이 확인된다.

이상에서 살펴본 대로 국적포기자에 대한 강한 거부감, 국적취득 외국인에 대한 포용이라는 특성은 앞서 본 결과와 마찬가지로 혈연, 지연과 같은 전근대적 가치보다 대한민국이라는 정치공동체를 중심으로 한 근대 민족국가적 정체성의 중요성이 확인되는 것이라고 할 수 있다. 혈연보다 국적이 중요하다면 해외에 거주하는 동포들은 한국인의 정체성이라는 측면에서 어떻게 바라보고 있는지 살펴보는 일이 필요할 것 같다. 〈표 1-6〉은 해외 각 지역에 거주하는 동포들에 대한 친근감의 정도를 정리한 것이다.

해외에 거주하는 동포에 대해서는 전반적으로 친근감이 높은 편이었지만 몇 가지 차이점이 확인된다. 우선 지적할 수 있는 점은 북한동포에

〈표 1-6〉 해외 거주 동포에 대한 친근감의 정도

(단위: %)

	재미동포	재일동포	중국 조선족	러시아 고려인	북한동포
남이다	27.7	27.1	25.3	30.6	21.7
대한민국 국민이다	68.2	68.3	70.1	62.3	73.5

대한 일체감의 정도가 상대적으로 높았다는 점이다. 여기서 흥미로운 점은 재미동포나 재일동포는 국내방문이 자유롭고 한국 내 친척이나 친구들이 많은 편이어서 상대적으로 교류가 잦았고 또 쉽게 방문할 수도 있었던 이들인 반면, 북한동포는 말할 것도 없고 중국 조선족 역시 최근까지 이들과의 교류는 거의 완전하게 끊어져 있었다는 점이다. 상호교류의 빈도에 대한 분명한 차이에도 불구하고 재미동포, 재일동포보다 북한동포나 중국 조선족에 대한 친근감의 정도가 더 높게 나타났다. 이러한 차이가 나타난 한 원인은 '대한민국 영토'에 대한 인식과 관련이 있는 것으로 보인다. 즉, 어디까지를 대한민국의 영토로 보느냐에 따라서 해외동포를 바라보는 인식에 차이가 생겨날 수 있기 때문이다. 우리나라의 영토를 '남한'만으로 인식하느냐, 북한까지를 포함하는 한반도 전체로 규정하느냐, 아니면 한반도뿐만 아니라 만주지역까지 포함하는 보다 넓은 지역으로 인식하느냐에 따라 이들 동포들을 대한민국 국민으로 바라보는 시각이 달라질 수 있을 것이다. 만일 한반도뿐만 아니라 만주까지 대한민국의 영토로 인식한다면 그곳에 거주하는 북한, 조선족 동포들에 대해 보다 강한 동질감을 갖는 것은 논리적으로 일관된 시각으로 볼 수 있을 것이다. 이번 조사에서 우리 영토를 현 헌법규정대로 '한반도와 부속도서'로 보는 이들은 47%, 또한 '한반도와 만주까지'로 보는 이들도 25%에 달한다. 그러나 우리 영토를 남한지역만으로 국한하는 사람들도 25.8%에 이른다. 영토에 대한 인식에도 상당한 차이가 존재하고 있음을 알 수 있다. 이와 같은 영토인식과 재외동포의 정체성 인식

〈표 1-7〉 영토에 대한 인식과 해외 거주 동포에 대한 친소감

영토에 대한 인식	해외 거주 동포에 대한 친소감[1]				
	미국동포	일본동포	조선족	러시아 고려인	북한동포
남한지역	2.93	2.90	2.90	2.70	2.90
한반도	2.99	3.03	3.00	2.89	3.13
한반도+만주	2.94	3.04	3.10	3.03	3.21
평 균	2.96	3.00	3.00	2.88	3.09
ANOVA	F=0.55 p=0.58	F=2.15 p=0.12	F=4.03 p<0.05	F=9.65 p<0.01	F=9.95 p<0.01

주 1) : * 1-(완전히 남이다) ; 2-(남이다) ; 3-(대한민국 국민에 가깝다) ;
4-(대한민국 국민이다)의 응답의 평균값임.

간의 관계를 분석하였다.

〈표 1-7〉은 매우 흥미로운 결과를 보여준다. 대한민국의 영토가 남한지역에 국한되어 있다고 간주하는 응답자들은 해외거주 동포를 대한민국 국민으로 간주하는 경향이 상대적으로 약하다는 사실을 알 수 있다. 모든 해외동포에 대해 이러한 경향이 일관되게 나타났고 특히 조선족, 러시아 고려인, 북한동포에 대한 시각차이는 분산분석 결과 통계적으로도 유의미한 차이가 있는 것으로 나타났다. 그런데 이 가운데서도 북한동포를 바라보는 시각차이가 다른 지역동포들에 비해 상대적으로 크게 나타났다는 점이 주목할 만하다. 대한민국을 남한지역만으로 인식하는 응답자와 한반도 혹은 한반도와 만주지역으로 인식하는 응답자 간 북한주민을 바라보는 시각의 차이는 상대적으로 매우 크게 나타났다. 남북한간 통일을 당연한 것으로 받아들이고 북한영토를 '회복해야 할 실지(失地)'로 간주하던 과거의 시각과 비교하면 남한만의 국가정체성을 강하게 느끼는 '새로운 집단'이 등장했다는 사실을 시사해 준다. 이러한 '새로운 집단'은 연령과 긴밀하게 연계되어 있는 것으로 보인다.

〈표 1-8〉 연령별 영토인식

(단위: %)

	연 령	20대	30대	40대	50대	60대 이상
영토 인식	남한 지역	36.7	30.0	21.4	13.9	24.0
	한반도 지역	39.9	40.8	50.0	59.7	56.7
	한반도+만주	23.4	29.2	28.6	26.4	19.3
계		100.0	100.0	100.0	100.0	100.0
x^2 =39.2 df=8 p<0.01						

〈표 1-8〉에서 보듯이, 우리나라의 영토에 대한 인식은 연령별로 그 차이가 분명하게 나타났다. 특히 20대, 30대 젊은 연령층과 그 이상 연령층 사이에 분명한 인식의 차이가 확인된다. 50대 이상 연령층에서는 남북한을 포함한 한반도지역 전체가 우리의 영토라고 하는 인식이 60%에 가까운 반면, 20대, 30대 층에서의 응답은 겨우 40%정도이다. 그 대신 젊은 연령층에서는 남한지역만이 우리의 영토라는 응답이 다른 연령층에 비해 상대적으로 높게 나타났다.

이러한 영토에 대한 상이한 인식은 남북한을 바라보는 시각에도 차이가 나타났다. 전반적으로 볼 때 남북한이 서로 별개의 독립국가라는 응답이 높았다. 79.4%의 응답자들이 남북한을 별개의 국가로 간주했다. 그러나 〈표 1-9〉에서 보듯이 이처럼 높은 응답비율 가운데서도 영토인식에 따른 차이가 확인된다. 우리나라 영토를 남한만으로 규정하는 이들 중 남북한이 서로 별개의 독립국가라는 시각을 갖는 이들의 비율이 가장 높게 나타났다. 영토의 범위를 확대해 갈수록 남북한이 별개의 국가가 아니라는 응답의 비율이 높아지고 있다. 이전에는 북한 땅을 회복해야 하는 '미수복 고토(故土)'로 간주하거나 혹은 남북통일을 민족결합을 위한 지상과제로 간주했다면, 이제는 대한민국 국민 중 적지 않은 수가 북한을 상호분리된 별개의 정치체로 간주하고 있으며, 남한만의 대

〈표 1-9〉 영토인식과 남북한을 바라보는 시각

(단위: %, 괄호안 단위: 명)

남북한은 별개의 독립국가?	영토인식			평 균(N)
	남한지역	한반도 전 지역	한반도와 만주	
그렇다	85.1	79.7	73.3	79.4(796)
그렇지 않다	14.9	20.3	26.7	20.6(206)
	100.0	100.0	100.0	100.0(1,002)
x^2 =11.1 df=2 p<0.01				

한민국을 인식하고 있다는 사실이 잘 나타난다.

〈표 1-2〉, 〈표 1-3〉, 〈표 1-4〉에서 확인한 것처럼 민족정체성의 요건으로 대한민국 국민, 대한민국 국적이 강조되는 가운데, 〈표 1-8〉, 〈표 1-9〉에서 보듯이 남한지역만을 국가영토로 인식하고 또 남한과 북한을 별개의 국가로 바라본다는 것은 이제 '남한만의 민족주의' 혹은 '대한민국 민족주의'가 등장했다는 사실을 강하게 시사한다. 즉 이번 조사결과는 한반도의 남쪽에 국한된 대한민국이라는 정치공동체의 소속감이 한국인으로서의 정체성에 보다 중요한 요건으로 간주되었다는 사실을 보여준다.

〈표 1-6〉의 결과와 관련해 또 한 가지 주목해야 할 요인은 '모국어 사용'이라는 요인의 영향이다. 〈표 1-2〉에서도 진정한 한국인의 조건으로 한국어 사용이 중요하다는 응답비율이 높았다. 앤더슨(Anderson, 2002: 173)이 "언어를 국기, 의상, 민속무용과 같이 민족됨의 상징(*emblem*)으로 취급하는 것은 언제나 잘못된 것이다. 언어에서 가장 중요한 것은 실제로 특별한 결속감을 만들며 상상의 공동체를 창조해낼 수 있는 능력이다"고 주장한 대로, 언어는 민족을 구성하고 공동의 정체성을 갖게 하는 데 매우 중요한 요인이다. 〈표 1-6〉에서 북한동포나 중국 조선족에 대한 수용성이 상대적으로 높게 나타나는 것은 러시아 고려인을

〈표 1-10〉 모국어 사용의 중요성과 해외거주 동포에 대한 친소감

모국어 사용	해외거주 동포에 대한 친소감[1]				
	미국동포	일본동포	조선족	러시아 고려인	북한동포
중요하다	2.98	3.01	3.02	2.90	3.11
중요하지 않다	2.84	2.87	2.90	2.82	3.01
t-test	t=1.68 p<0.1	t=1.76 p<0.1	t=1.53 p=0.14	t=0.87 p=0.38	t=1.24 p=0.22

주: 1) * 1-(완전히 남이다) ; 2-(남이다) ; 3-(대한민국 국민에 가깝다) ; 4-(대한민국 국민이다)의 응답의 평균값임.

비롯한 다른 해외동포들과는 달리 모두 동포사회에서 우리말을 사용해 왔고 따라서 우리와 언어가 소통되는 집단들이기 때문이다. 재미동포나 재일동포의 경우 이민 1세들과 2세들간 동질성에 대한 인식의 차이가 크게 나타나는 것도 바로 이런 공통의 언어라는 요인과도 관련이 있는 것으로 보인다. 〈표 1-4〉에서 본 대로, 해외동포 2, 3세를 한민족으로 보느냐는 데 대해 단지 34.2%만이 그렇다고 대답했는데, 같은 질문에서 해외동포 1세에 대해서는 71.1%가 그렇다고 응답했다. 일반적으로 해외동포 2, 3세는 언어소통이 잘 안 되는 집단으로 인식된다는 점을 고려할 때 이해할 수 있는 응답이다. 〈표 1-10〉은 한민족의 정체성에 대한 모국어의 중요성과 각 해외동포별 심리적 거리감의 관계를 분석한 것이다. 그 결과가 흥미롭다. 미국동포와 일본동포에 대해서 정체감에 대한 인식과 모국어 사용에 대한 인식이 90% 유의수준에서 통계적으로 유의미한 것으로 나타났다. 앞서 언급한 대로, 언어소통에 어려움이 없는 북한동포나 조선족과는 달리 미국, 일본거주 동포들에 대한 인식이 모국어 사용에 대한 인식에 따라 통계적으로 유의미한 차이를 보이는 것은 〈표 1-6〉에서 나타난 각국거주 동포에 대한 정체감의 차별적 인식

이 앤더슨이 말한 민족정체성 형성에서 동일한 언어 사용의 중요성을 확인시켜 주는 것이라고 할 수 있다. '모국어 사용'이 중요하다고 한 이들 가운데서 북한동포의 대한민국 정체성에 대한 인식이 강하게 나타나는 것도 이런 인식을 반영한 것이라고 할 수 있다.

이상에서 본 대로 혈통이나 출생요인보다, 대한민국이라는 정치적 공동체의 귀속감, 그리고 한국어라는 공통언어와 같은 근대적 민족형성의 가치가 한국인의 정체성을 규정하는 중요한 요인으로 나타났다. 그런 만큼 북한과 구분되는 별개의 단위로서 남한만의 정체성이 이전에 비해 강조되고 있다.

2) '외국계 한국인'에 대한 수용성과 개방성

지금까지의 논의는 한민족으로서의 동일한 혈통을 가졌지만 거주하는 곳이 외국이거나 외국에서 태어났거나 혹은 외국으로 국적을 옮기게 되는 경우를 대상으로 한 것이었다. 즉 기본적으로 외모나 혈통상의 동질성을 전제로 한 정체성의 문제를 다룬 것이었다. 그런데 이번에는 외모나 혈통이 다른 외국출신을 한국인으로 받아들이는 문제에 대해서는 어떤 인식을 갖고 있는지 그 특성을 찾아보고자 한다. 앞에서 본 〈표 1-4〉에서는 한국국적 외국인이 한민족이라는 응답이 전체적으로 28.1%였다.

그런데 〈표 1-11〉에서 나타난 결과는 매우 흥미롭다. 부모 가운데 한 명만 한국인이라도 한국국적을 가질 권리가 있다는 데 대해 동의한 비율은 72.8%에 달한다. 이에 명시적으로 반대한 의견은 10%를 겨우 넘은 수준이다. 국내에 거주하는 혼혈 한국인들이 과거 사회적으로 적지 않은 편견과 차별의 대상이 되었던 사실을 생각할 때 이 결과는 예상 밖으로 높은 수치이다. 이 조사가 행해지고 난 이후에 주목받은 연기자 다니엘 헤니나 미식축구 스타 하인스 워드에 대한 높은 사회적 관심이 그저 우연적이지만은 아님을 〈표 1-11〉의 결과는 보여준다. 한편, 혈통이

〈표 1-11〉 다른 혈통의 한국인에 대한 수용성

(단위: %)

	그렇다	그저 그렇다	그렇지 않다
한국국적이 아니어도 한국에서 태어나면 한국인이다	68.2	16.1	15.6
다른 나라에서 태어나도 부모 중 한 명만 한국국적이면 한국 국적을 가질 권리가 있다	72.8	16.2	11.0
재외동포가 아니라도 이주한 외국인들이 일정기간 거주하면 한국 국적 취득 자격이 있다	62.9	22.8	14.3

절반도 포함되지 않은 순수한 외국계혈통을 가진 이들에 대해서도 상당한 수준의 개방성을 보여준다. 한국국적이 아니어도 한국에서 태어나면 한국인으로 간주할 수 있다는 데 대한 응답이 68.2%에 달했다. 국적취득과 관련해 속인주의를 채택하는 상황에서 이와 같은 속지주의에 대한 높은 응답은 한국인의 정체성을 규정하는 기존의 인식과 비교할 때 무척 흥미롭다. 이런 인식의 변화는 한국에 장기간 거주하는 외국인에게 한국국적을 허용해도 좋다는 데 대한 높은 긍정의 응답에서도 다시 확인된다. 62.9%의 응답자들이 한국에 이주한 외국인들에게 한국국적을 부여할 수 있다고 응답했다. '혈연중심의 단일민족'개념으로부터 상당한 정도 변화된 인식의 특성을 확인할 수 있다. 더욱 주목할 점은 〈표 1-11〉에서 나타난 응답패턴이 연령이나 성별 등 인구사회적인 집단에 따른 차이도 별로 없다는 점이다. 즉 한국인의 정체성을 순수한 혈연중심으로 규정하려는 인식으로부터의 변화는 사회내부 집단간 커다란 인식의 차이 없이 전반적으로 수용되고 있다.

그러나 이런 정체성의 개방화의 추세를 지나치게 강조하는 일은 위험해 보인다. 과거에 비해서 외국계 한국인에 대한 인식상의 개방성이 확

〈표 1-12〉 외국인에 대한 태도

(단위: %)

	자녀가 외국인과 결혼해도 반대 않음			같은 외국인이라도 출신 나라에 따라 느낌 다름			외국 노동자 유입으로 우리나라 사람 일자리위협		
	그렇다	그저 그렇다	아니다	그렇다	그저 그렇다	아니다	그렇다	그저 그렇다	아니다
20대	36.0	33.8	30.2	56.5	30.0	13.5	24.5	33.2	42.3
30대	35.2	29.2	35.6	65.2	21.6	13.2	35.6	31.2	33.2
40대	24.9	27.9	47.2	52.2	26.7	21.1	38.9	32.5	28.6
50대	27.3	22.4	50.3	55.6	27.5	16.9	49.7	28.7	21.7
60대+	27.0	18.4	54.6	57.1	23.3	19.6	59.2	17.8	23.1
평 균	30.5	27.1	42.3	57.6	25.7	16.6	39.8	29.3	30.8
교차 분석	x^2=37.9 df=8 p<0.01			x^2=14.6 df=8 p<0.1			x^2=60.7 df=8 p<0.01		

대된 것은 분명한 것으로 보이지만 여전한 조심스러움이나 소극성도 함께 확인되기 때문이다. 〈표 1-12〉는 이러한 상호모순적이거나 양면적일 수 있는 인식의 특성을 찾아보기 위한 것이다.

여기서 몇 가지 주목할 만한 특성을 확인할 수 있다. 외국계도 한국인으로 수용할 수 있다는 개방적 태도를 보인 앞에서 본 결과와는 달리 여기서는 이런 문제에 대해 소극적, 폐쇄적 특성도 동시에 확인된다. 자녀가 외국인과 결혼해도 반대하지 않겠다는 견해는 전체적으로 30.5%에 불과했으며 그렇지 않다는 응답이 42.3%로 보다 높았다. 이 질문에 대한 응답패턴은 연령별로 차이가 크게 나타났는데, 20~30대 연령층에서 긍정적 응답이 높았던 반면 40대 이상 연령층에서는 부정적 응답의 비율이 높았다. 20대에서는 찬성이 반대보다 높았고 30대는 두 응답의 비율이 서로 비슷했다. 40대 이상 연령층의 경우 자녀결혼의 문제가 '현실적 이슈'로 느껴질 수 있는 것이라는 점을 고려하면, '나와 직접 관련 없는

〈표 1-13〉 외국인의 한국 국적 취득 쉽게 해야 하나

	매우 그렇다	그렇다	별로 그렇지 않다	전혀 그렇지 않다	N
%	2.8	28.1	52.4	16.7	1001

경우'에 대해서는 상대적으로 너그러울 수 있지만 '나와 관련된 문제'에 대해서는 소극적 태도를 보이는 것으로 이해할 수도 있다.

한편, '같은 외국인이라도 출신국가에 따라 느낌 다르다'는 설문항에 대한 응답 역시 앞의 〈표 1-11〉과는 다소 다른 결과이다. 한국에 거주하는 외국인들에게 한국국적을 주어야 한다는 응답이 높았지만 출신국가마다 느낌이 다르다고 하는 데 대해 57.6%가 그렇다고 응답했고 아니라는 응답의 비율은 단지 16.6%에 불과했다. 이 질문에 대한 응답은 다른 질문항목에 비해 연령별 차이도 상대적으로 크지 않았다. 출신국가에 따라 외국인에 대한 우리 사회의 수용성·개방성의 차이가 존재한다는 것을 보여준다. 즉 국적취득을 개방하더라도 아무에게나 허용할 수는 없다는 제한적·차별적 인식이 확인된다. 〈표 1-13〉의 결과 역시 이러한 인식을 뒷받침해준다. 외국인의 한국국적 취득을 쉽게 해야 하느냐는 질문에 대해서 69.1%의 응답자가 부정적 응답을 했다. 긍정적 응답이 20~30대 젊은층과 전문대 이상 고학력층에 다소 높게 나타나기는 했지만 전반적으로 한국국적 취득을 쉽게 하는 데 대한 거부감은 적지 않다고 할 수 있다. 이러한 응답과 출신국가마다 느낌이 다르다는 응답의 패턴을 함께 고려할 때, 〈표 1-11〉에서 나타난 한국거주 외국인에 대한 국적허용에 대한 개방적 태도가 현재 우리사회에 증가하는 동남아 출신 외국인을 적극적으로 포용하려는 것으로 보기는 어려울 것 같다.

이와는 달리 오히려 외국인 노동자의 유입에 대해 불안한 시선을 보내는 모습도 나타났다. 〈표 1-12〉에서 보듯이 외국인 노동자의 유입이 국내 일자리에 위협이 된다고 생각하는 이들의 비율이 39.8%로 제법 높게

나타났다. 이에 대해서는 연령별로 시각차이가 확연하게 드러났는데 60대 이상 연령층에서 매우 높은 불안감이 확인되었고, 50대 연령층에서도 상대적으로 높게 나타났다. 이들 집단에서 나타난 불안감은 20대 연령집단의 두 배 이상에 해당되는데, 흥미로운 점은 실제 일자리를 찾아야 하는 젊은 세대보다 나이든 세대에서 불안감이 더욱 크게 나타났다는 점이다. 외국인 노동자의 다수가 현재 우리나라 노동력이 기피하는 산업에 집중되어 있기 때문에 젊은층에서는 그들을 노동시장의 경쟁자로 간주하지 않기 때문일 것으로 추측된다. 그러나 50~60대 연령집단에서 나타난 응답의 패턴을 고려할 때, 상당한 수준의 막연한 심리적 거부감도 존재하는 것으로 보인다. 일반적으로 '외국인 노동자'로 지칭되는 이들의 다수가 동남아인들이라는 점을 고려하면, 앞에서 논의한 대로 '출신국가에 따라 느낌이 다르다'는 데 대한 응답과 맥락을 같이 하는 것으로 볼 수 있을 것 같다.

이상에서 살펴본 바를 정리하면, 한국인이 자신의 정체성을 규정하는 데 있어서 혈연적 동질성에 대한 엄격성은 다소 완화되었다고 할 수 있다. 외국혈통을 가진 한국인에 대한 거부감이 줄어들었고 혼혈인에 대한 편견도 많이 줄어든 것으로 보인다. 그러나 이러한 인식의 변화는 제한적이며 지나치게 확대해석하는 일은 피해야 할 것 같다. 외국인을 우리사회에 받아들이는 데 대한 '조심, 주저, 소극, 불안'의 태도도 동시에 나타나기 때문이다. 특히 한국인의 정체성을 규정해온 혈연적 동질성의 완화가 보편적 개방성으로 이어진 것은 아니며 인종적 편견이나 문화적 유사성에 따라 차별적으로 나타난다는 사실도 지적할 점이다. 이처럼 '외국계 한국인'의 문제는 규범적 차원에서는 관대하고 개방적 모습을 보이면서도 현실과 부딪히는 상황에서는 엄격하고 배타적인 정체성으로 회귀하려는 이중적 모습을 보인다.

4. 결 론

이 장의 관심은 한국인을 규정하던 정체성에 어떤 변화가 생겨나는지 살펴보려는 것이었다. 앞에서의 논의 결과 몇 가지 흥미로운 특성이 확인되었다. 가장 주목할 점은 한국인이 갖는 정체성이 전통적 가치, 즉 혈연공동체나 지연중심의 특성보다 이제는 대한민국이라는 정치공동체의 소속감, 즉 정치적 정체성이 중요한 것으로 나타났다는 점이다. 대한민국이라는 정치공동체에 소속되어 있느냐의 여부가 우리의 정체성을 규정하는 데 매우 의미 있는 것이 되었다. 국적포기자에 대한 강한 거부감이나 국적을 취득한 외국인에 대한 개방적 태도 역시 이런 점에서 이해할 수 있다. 더욱이 북한과의 관계에서도 남북한을 상호 별개의 독립국가로 바라보는 시각이 일반적이었고 이는 영토에 대한 인식에서도 잘 나타나고 있다. 즉 북한과 구분되는 별개의 정치적 단위로서 대한민국을 바라보고 대한민국이라는 정치적 공동체의 소속감 속에서 자신들의 정체성을 찾는 것이다.

또한 앤더슨이 말한 대로 정체성의 인식에 있어서 공용언어의 중요성 역시 확인되었다. 이런 특성은 특히 해외동포를 바라보는 시각에서 잘 나타난다. 북한동포와 조선족에 대한 상대적 개방성과 해외동포 2, 3세나 러시아 고려인에 대한 거리감은 바로 이와 같은 정체성을 규정하는 데 언어의 동질성이 갖는 중요성을 보여주는 것이다. 이와 같이 정치적 소속감, 언어의 공유라는 요인에서 본다면 우리나라 사람들이 생각하는 '한국인'은 한민족이라는 혈연적 특성에 의한 관계보다 근대적 의미의 민족주의가 남한이라는 지역에 국한되어 형성되고 있는 것이다.

그러나 대한민국이라는 정치적 공동체의 소속감에 대한 강조는 혈연적 동질성을 전제로 한 차별적 정체성이라는 점에서 한계를 갖는다. 즉 우리나라 사람들이 생각하는 정체성은 여전히 혈연적 요인을 중시하고 있다. 이러한 특성은 '외국계 한국인'을 바라보는 시각 속에서 확인되고 있다. 규범적 수준에서 외국계 한국인에 대해 개방적이고 수용적인 모습을 보이지만 실제생활 속에서는 여전히 폐쇄적이고 협소하게 한국인을 규정하려는 모습도 나타난다.

그런 점에서 볼 때 이 시점에서 한국인들이 자신의 정체성을 규정하는 방식은 혈연을 중시하는 전통적 인식과 정치적 정체성 등이 강조되는 근대적인 민족주의적 특성이 공존하는 특성을 보인다고 할 수 있다. 특히 혈연적, 문화적 정체성을 강조하면서도 동시에 남한만의 정치적 정체성이 한국인을 정의하는 중요한 요소로 부각되고 있다. 즉 혈연에 기초한 막연하고 애매한 한민족, 한국인이라는 자기정의로부터, 이제는 보다 구체적이면서도 근대적 속성을 함께 내포한 '대한민국 민족주의'가 형성되고 있는 것이다.

제 2 장

집단정체성, 사회균열, 그리고 정치균열

김 민 전

1. 들어가는 말

'나는 누구인가?', '우리는 누구인가?', '대한민국의 정체성은 무엇인가?'. 최근 들어 한국사회가 자주 던지는 담론이다. 광복 이후 60여 년간 숨가쁘게 달려왔고 그 결과 우리는 지구상에서 가장 가난한 나라 중의 하나에서 세계 10위권의 경제규모를 가지게 되었다는 점을 생각하면, 지금쯤 우리자신을 다시 한번 되돌아볼 필요가 있는 것은 분명하다. 또한, 한반도는 이데올로기 전쟁의 참화를 겪었던 전 세계에 몇 안 되는 곳이었다는 점을 감안해도 탈냉전과 함께 한번쯤 우리를 가다듬어 볼 필요가 있는 것도 사실이다.

그러나 최근의 정체성 담론은 차분하게 우리사회를 반추하고 미래를 설계하는 차원에서 이루어지는 것이 아니라 '당신은 어느 쪽인가?' 라는 편가르기 차원에서 이루어지는 경향이 있다. 무언중에 어느 쪽이든 정체성의 선택을 강요받고, 또 그것을 밝히도록 강요받는 것이다. 즉, 정체성의 정치화가 일어나는 것이다.

이 때문에 우리사회는 남남갈등이라는 말이 보여주듯이 사회 각 집단

간의 갈등과 충돌이 고조되고 있다. 이러한 정체성의 정치화로 인해 정체성의 충돌이 일어나고, 사회가 분열되며, 사회전반의 갈등수준이 높아질 우려마저 제기되고 있다.

그러나 너무 동질적인 사회에서는 오히려 민주주의가 불가능하다는 밀(J. S. Mill)의 주장처럼, 정체성의 경쟁과 갈등은 민주주의를 하는 데 도움이 되는 긍정적 측면도 있다. 또한 사회를 구성하는 주요집단들의 정체성은 개인적 수준에서는 구성원들이 정치세계를 해석하고 정치적 행위를 하는 데 영향을 주며, 나아가 사회적 수준에서는 정치적 경쟁구도에 영향을 주어 정당의 수와 정당 간의 경쟁구도와 같은 정당체계에 영향을 주기도 한다.[1)]

따라서 정당체계 및 유권자의 투표행태 등과 같은 정치체계의 특징을 보다 잘 이해하기 위해서는 그 사회를 구성하는 주요집단 간에 어떠한 갈등의 축이 형성되는가를 이해하는 것이 필요불가결한데, 이 글에서는 우리사회를 구성하는 주요집단의 정체성이 어떠한 갈등양상을 만들고 있는지 한국사회 균열구조의 특성을 살펴보고자 한다. 나아가 어떠한 사회균열이 정책에 대한 지지, 정당에 대한 지지와 같은 정치균열로 전환되는지 그 특징을 살펴보고자 한다.

---

1) 보통 사회는 보다 작은 사회인 집단(*group*), 즉 유사한 문화적, 신체적 특징을 지닌 개인들의 모임으로 구성되어 있고, 사회적 관계 역시 전적으로 개인 대 개인의 관계로만 형성되는 것이 아니라 집단과 개인, 그리고 집단과 집단의 관계로 형성되는 경향이 있다. 물론, 사회라는 개념 자체를 거부하는 학자들도 있다. 예컨대, 알튀세(Louis Althusser) 등 일부 마르크스주의 학자들에게 있어서 사회란 계급체계 내에서의 지배이데올로기의 효과에 지나지 않는다고 한다. 한편, 엘스터(Jon Elster 1989)와 같은 방법론적 개인주의자들에게 있어서의 사회는 특정지역의 개인들의 합에 지나지 않는다.

2. 선행연구 검토: 정치에 대한 사회학적 설명

유권자의 투표행태는 그 유권자가 소속된 집단의 영향을 받는다는 베렐슨, 라자스펠트와 맥피(Berelson, Lazarsfeld & McPhee, 1954)의 연구가 발표된 이후부터 사회와 정치의 관계를 규명하려는 학문적 노력이 정치학의 중요한 한 부분으로 자리잡는데, 가장 대표적인 연구로는 립셋과 로칸(Lipset & S. Rokkan, 1967)의 연구를 들 수 있다.

립셋과 로칸에 따르면, 각 사회에는 그 사회 고유의 역사적 경험에 의해 형성된 사회적 구분의 도장이 찍혀있는데, 이러한 사회균열이 정당체계에 영향을 준다고 한다. 서유럽을 예로 들면, 근대 유럽사회 형성에 있어서 가장 중요한 혁명이라고 할 수 있는 국가혁명(*National Revolution*)과 산업혁명(*Industrial Revolution*) 과정에서 사회균열이 형성되었고, 그렇게 만들어진 사회균열이 정당체계의 형성에 영향을 주었다고 한다.

좀더 자세히 보면, 18, 19세기에 서유럽 전역을 휩쓸었던 국가혁명은 유럽사회에 중앙과 지방의 균열, 그리고 세속정부와 교회의 균열이라는 두 축의 사회균열을 초래했다고 한다. 중앙집권적이고 세속적인 성격을 지녔던 국민국가의 형성과정에서 한편으로는 중앙집권화의 정도와 속도 등을 두고 중앙과 지방이 대립했으며, 다른 한편에서는 전통적 권위를 행사했던 가톨릭교회와 마찰하게 되었는데, 이것이 유럽사회의 지속적인 사회균열의 축으로 남아 있다는 것이다.

또한, 나라마다 약간의 시차가 있기는 하지만 19세기에 유럽전역으로 확산되었던 산업혁명은 도시와 농촌, 그리고 자본과 노동자 간의 갈등을 발생시켰다고 한다. 산업화의 진행은 산업화 이전 경제적 부의 원천이었던 토지에 기반한 세력과 산업에 기반한 세력 간의 갈등, 즉 도시와 농촌 간의 갈등을 초래하였다. 그리고 산업화가 진행됨에 따라 산업에 기반한 세력이 압도적인 우위를 보이게 되자 자본가와 노동자 간의 새로운 균열구조가 나타나게 되었다.

결국 립셋과 로칸에 따르면, 유럽사회는 근대에 있었던 국가혁명과 산업혁명의 결과 중앙과 지방, 세속정부와 교회, 도시와 농촌, 그리고 자본과 노동의 사회균열이 형성되었고, 이러한 균열축을 따라 정당의 경쟁구도가 만들어지게 되었다는 것이다.[2)]

립셋과 로칸 이후의 사회와 정치의 관계를 주목하는 연구들은 립셋과 로칸의 주장을 증명하거나 반박, 혹은 보다 발전시키기 위한 것이라고 해도 과언이 아니었다. 예컨대, 클럽, 밀러 등(Clubb et al., 1980 ; Miller, 1977 ; Ersson, Janda, Lane, 1985)의 연구는 지역, 계층과 같은 전통적 사회균열이 투표결정에서 주요한 요인임을 실증적으로 보여 주고 있으며[3)], 로스와 우윈스(Rose and Urwin's, 1969)의 연구는 전후 정당체계의 안정성을 실증적 연구를 통해 보여준다.[4)]

그러나 정당체계의 안정성을 주장하는 립셋과 로칸의 연구와 달리 1970년대부터 서유럽의 정당체계는 적지 않은 변화를 경험하였다. 녹색당은 물론, 좌익자유정당(Left-Libertarian)과 같은 신좌파정당, 프랑스의 국민전선(National Front)과 같은 신우파정당 등 신생정당이 출현하였고, 기존 거대정당에 대한 지지를 철회하는 유권자가 대폭 증가하였다.

이는 일견 립셋과 로칸의 연구를 부정하는 듯이 보이기도 하였지만, 다수의 학자들은 이러한 정당체계 변화의 원인을 사회구조의 변화에서 찾게됨에 따라 다시 립셋과 로칸의 사회균열이라는 개념에 의존하였다.

---

2) 립셋과 로칸에 따르면 사회균열은 급속히 변화하는 것이 아니라 상당히 오랜 기간 고착되어(*freeze*) 있기 때문에 정당체계는 안정성을 유지하는 경향이 있다고 한다.

3) 특히, 어슨·잔더·래인(Ersson, Janda, Lane, 1985)은 16개국 93개의 정당을 분석한 이후 지역이 정당의 지지의 차이를 대부분 설명할 수 있지만, 일정지역 내에서는 계층과 종교의 중요성을 발견하였다.

4) 이들은 17개국 76정당에 대한 지지의 응집력(*social cohesion*)을 측정하고, 종교와 계층에 기반을 둔 정당이 가장 응집력이 강함을 주장한다.

즉, 사회의 현대화(*societal modernization*)에 따라 전통적인 집단정체성이 잠식되어 정당체계의 변화가 초래되었다는 것이다. 특히 벨(Bell, 1973)과 잉글하트(Inglehart, 1977 ; 1990)는 현대사회는 제 3의 혁명인 후기산업혁명을 경험하고 있으며 이에 따라 제 1 · 2 혁명에 형성된 정치구도가 재편성되고 있다고 주장한다.[5)]

한편, 신제도주의자들은 사회균열구조가 정당체계로 전환되는 과정에 주목하는데, 쉐보르스키(Przeworski) 등은 사회적 균열이 정치적 균열로 전환되는 데 정치엘리트의 역할이 중요함을 강조하고 있다. 정치엘리트들이 어떠한 정치전략을 사용하는가에 따라서 특정 사회균열이 정치균열로 전환되기도 하며 그렇지 않기도 한다는 것이다.

신제도주의자들에 따르면, 정치엘리트들은 사회균열을 정치균열로 전환시킴에 있어서 제도, 사회구조, 그리고 문화 및 역사적 맥락을 고려해 정치전략을 세우게 된다고 한다. 제도를 예로 들면, 선거제도에 따라 정치엘리트들은 정당의 핵심지지층을 결집시키는 전략을 사용할 것인지 아니면 다수의 대중을 끌어모으는 전략을 사용할 것인지에 대한 판단이 달라지기도 하는데, 일반적으로 절대다수제(결선투표제)나 상대다수제(최다득표제)에서는 다수의 대중을 끌어 모으는 캐치 올(*catch all*) 전략을 사용할 가능성이 높은 반면, 비례대표제에서는 핵심지지층의 결속을 중시하는 경향이 있다.

특히, 최근의 신제도주의자들은 사회균열이 정치균열로 전환되는 과정을 좀더 정밀하게 밝히고자 노력하고 있는데, 가장 대표적인 학자로는 콕스(Cox, 1997)를 들 수 있다. 콕스에 따르면 사회균열은 자연상태에서 경쟁하는 정당과 후보자의 수 및 표의 분포를 설명할 수 있지만,

---

5) 립셋 자신도 최근의 논문에서 전통적인 사회균열 이외에 탈물질주의와 같은 새로운 균열구조가 나타나고 있음을 인정하고 있다. "The Indispensability of Political Parties", *Journal of Democracy* 11. 1(2000), pp. 48~55.

〈그림 2-1〉 콕스의 선호 · 제도 · 정당체계의 관계

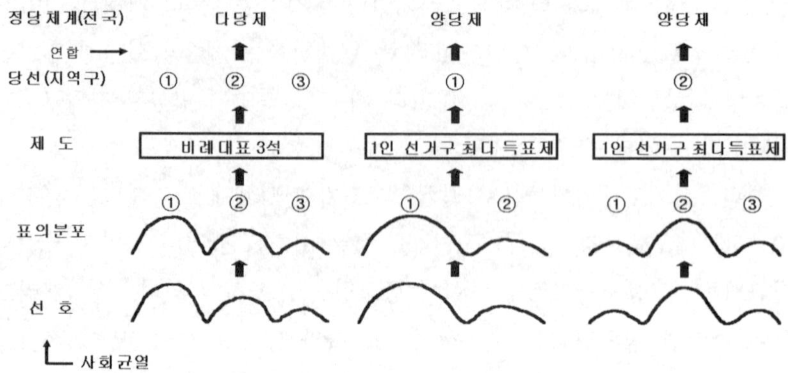

그 이후 당락을 결정하는 것은 선거제도이다.

콕스는 특히 개별선거구 차원(미시적)에서 선거결과가 모여 전국적 정당체계(거시적 차원)를 이루는 메커니즘의 규명에 주의를 기울이고 있다. 행정부는 전국적 단위에서 선출(대통령제) 혹은 구성(의원내각제)하기 때문에 정치인들은 행정부권력을 획득하기 위해 서로 연합하는데, 이것이 전국적 단위에서 선거구간 연합을 형성하는 원인이라고 한다.

한편, 다렌도르프(Dahrendorf)와 같은 사회학자는 물론이고 정치학자들도 사회균열구조가 그 사회의 갈등, 혹은 정치적 안정 등에 미치는 영향에 주목하는데, 대표적으로 래와 테일러(Rae and Taylor)는 한 사회의 주요균열축이 서로 중첩(*overlapping*)하는지 아니면 서로 교차(*crosscutting*)하는지에 따라 사회적 갈등의 정도와 정치적 안정성에 영향을 준다고 한다.

개인이 여러 집단에 속해 있으면 각 집단으로부터 다른 방향의 압력을 받고 그러한 경우에 개인들은 상호충돌하는 정체성 압력에 의해 덜 공격적이 되는데, 이러한 개인들로 구성된 집단은 다른 집단에 대한 공격성이 줄어들게 된다는 것이다.

예컨대, 한 지역에 거주하는 사람들은 경제적 상층부를 구성하는 반면, 다른 지역의 거주자들은 경제적 하층부를 구성한다면, 지역과 계층이라는 두 개의 균열축은 서로 강화하는 역할을 해 두 집단 간의 갈등을 증폭시킨다. 그러나 각 지역에 여러 계층이 골고루 존재한다면, 이는 지역균열과 계층균열이 서로 교차하는 것으로 집단간 갈등을 약화시키는 경향이 있다.

이러한 논리를 바탕으로 립셋은 안정적 민주주의의 운영을 위해서는 너무 동질적 집단을 지지자로 하는 정당보다는 다양한 집단의 지지자들로 구성된 정당이 필요하다고 주장한다. 정당이 특정 사회균열을 그대로 반영하는 경우에 정당간 갈등이 너무 첨예해지는 경향이 있기 때문에 민주주의의 운영이 어렵다는 것이다.

3. 개념정의 및 연구의 틀

위에서 간략하게 살펴 본 바와 같이 그간 사회균열이 투표결정 및 정당지지에 미치는 영향(미시적 연구)에 대한 연구는 물론이고 사회균열이 정치체제의 안정성 및 정당체계에 미치는 영향(거시적 연구)에 대해 수많은 연구가 진행되었다. 그 결과 정치세계를 보다 잘 이해하고 설명하는 데 주요한 단초를 마련할 수 있게 된 것도 사실이다. 그럼에도 불구하고 정작 '사회균열이란 무엇인가' 혹은 '사회균열을 어떻게 측정할 것인가?' 라는 질문에는 아직도 다양한 학문적 견해가 제시되어 있을 뿐 확립된 정의나 측정방법은 존재하지 않는 것으로 보인다.[6]

---

6) 초기의 연구자들은 사회균열을 사회적 실체로서 특징을 지닌 집단간의 차이로 보는 경향이 있었지만, 최근에는 외교정책에 대한 입장차이와 같이 실체적인 집단에 뿌리하지 않는 세계관의 차이 혹은 정책에 대한 입장의 차이도 포함하는 것으로 보는 경향이 있다.

예컨대, 립셋과 로칸은 사회구조적 관계에서 발생하는 갈등과 논쟁의 축을 사회적 균열이라고 정의하고 도시와 농촌, 노와 사, 중심과 주변, 종교와 세속국가의 균열축을 제시하는 반면, 엑슈타인(Eckstein, 1966)은 전통적인 사회적 특징의 공유여부로 나누어지는 부문별(*segmental*) 균열, 세계에 대한 해석과 관련된 문화적 균열, 그리고 구체적 정책의 차이에 의한 균열로 나눈다. 또, 래와 테일러(Rae and Taylor)는 계층, 종교, 언어와 같은 전통적인 사회적 특성(*trait*) 균열, 정당 및 정책에 대한 지지와 같은 의견(*opinion*) 균열, 그리고 후보자 및 정당에 대한 실제 투표와 같은 행태(*behavioral*) 균열로 나누기도 한다.

이러한 다양한 정의는 그 나름대로 장단점이 있는데, 립셋과 로칸의 사회균열 정의는 립셋 스스로도 인정하듯이 후기산업사회에 들어서면서 '탈물질주의'와 같은 의식이나 세계관에 기반한 균열이 중요한데, 이것을 반영하지 못하는 한계가 있다. 또한 엑스타인, 래, 테일러의 정의는 사회균열을 너무 폭 넓게 정의하여 정치균열의 의미까지 포함함에 따라 어떠한 사회균열은 잠재적 균열로 남아 있고 어떠한 사회적 균열이 정치적 균열로 활성화되는지 그 과정은 생략한 채 모두 사회균열로 치부하는 한계가 있다.

따라서 여기서는 사회균열과 정치균열을 분리하고 어떠한 사회적 균열이 정치적 균열로 활성화되는지 살펴보고자 한다. 또한, 사회균열을 정의함에 있어서는 갈등이 활성화된 균열을 중심으로 정의하지 아니하고 잠재적 균열까지 모두 포함하고자 하며, 전통적인 사회적 특징에 의한 균열은 물론 세계관이나 의식에 의한 균열까지 모두 포괄하고자 한다.

전통적인 사회적 특성을 공유한 균열로서는 소득수준, 연령, 학력, 성별, 거주지형태, 그리고 거주지역으로 구분하고자 하며, 세계를 바로 보는 시각 및 의식과 관련된 균열로는 이념, 계층의식, 그리고 국가정체성으로 구분하고자 한다.

정치적 균열은 정치적으로 활성화된 균열로서 정당 및 정책에 대한 지지와 같은 정치적 태도와 투표결정과 같은 정치적 행위로 구성된 것으로 보는데, 여기서는 정치적 태도와 관련된 균열만 고찰할 것이다.[7]

이와 같은 사회균열과 정치균열에 대한 정의를 바탕으로 우리 국민들은 어떤 사회균열을 심각하게 판단하는지, 사회균열의 상호관계는 어떠한지, 그리고 사회균열이 정치균열에 미치는 영향은 어떠한지 살펴보고자 한다. 특히, 사회균열의 상호관계는 래와 테일러의 문제의식에 따라 사회균열이 얼마나 상호교차하는지를 살펴볼 것이며, 나아가 사회균열 중 전통적 균열이 세계관 및 의식의 균열에 미치는 영향도 살펴볼 것이다. 이를 위해 2005년 9월 동아시아연구원과 중앙일보가 공동으로 한 달간에 걸쳐 조사한 국민정체성 조사결과 자료를 사용하였다.

이러한 연구의 틀은 사회균열, 정치균열, 그리고 정치적 결과에 대해 〈그림 2-2〉와 같은 관계를 전제한 것으로 선행연구들이 제시하는 퍼즐 조각을 맞추어 놓은 것이다.

사회균열은 전통적 사회적 특징에 의한 구분과 세계관 및 의식에 의한 구분으로 나누어 볼 수 있으며, 사회균열이 정치적으로 활성화되는 데는 그 시대에 당면한 문제가 무엇인가가 중요하지만 정치인의 역할 또한 중요하다. 정치인들이 어떤 사회균열을 정치적으로 이용하는가에 따라서 논쟁이나 갈등이 증폭되는 경향이 있는데, 이때 정치인의 전략적 판단에 영향을 주는 것은 정치제도, 사회적, 역사적, 문화적 맥락 등이다.

정치균열은 정당균열과 정책균열로 형성되는데, 정당균열은 비교적 안정적이고 장기적인 균열인 반면, 정책균열은 정책적 선호에 의해 형성되는 비교적 단기적이고 변화하기 쉬운 균열이다. 정책균열 가운데에는 정당균열이 반영되는 정책의 정치화(좀더 정확하게 정당화)가 형성되

7) 이 글에서 사용할 실증적 자료는 2005년 9월 동아시아연구원과 중앙일보가 공동조사한 자료인데, 투표행위가 발생한 지 상당한 시간이 소요한 이후에 조사한 자료이므로 투표행위에 대한 분석은 별 의미가 없을 것으로 판단하였기 때문이다.

〈그림 2-2〉 정체성 · 사회균열 그리고 정치균열

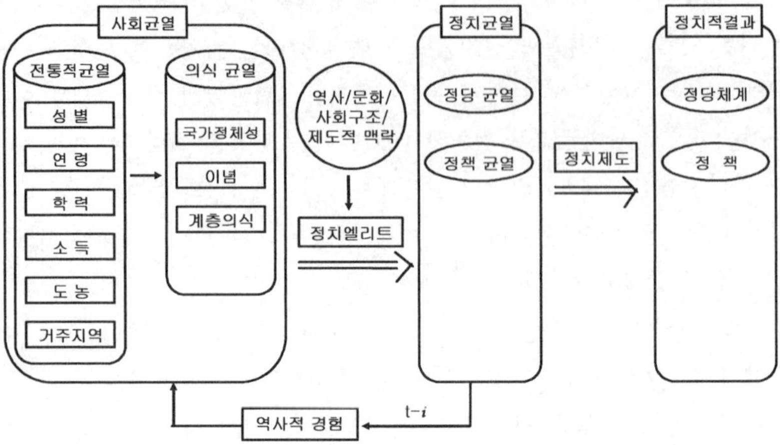

어 있는 균열도 있고 그렇지 않은 균열도 있다.

또한 정치적 균열이 자동적으로 정책이나 정당체계에 반영되는 것은 아니다. 어떠한 정치제도를 가졌는가에 따라서 정치균열이 정당체계로 전환되기도 하며 그렇지 않기도 하다. 마찬가지로 정책에 대한 선호가 정책에 반영되기도 하고 그렇지 않기도 하다.

4. 분 석

1) 한국사회 균열구조의 특징

(1) 집단간 거리감

사회 각 집단간 거리감 측정결과를 보면, 〈그림 2-3〉에 나타나 있듯이 잘 사는 사람과 못 사는 사람간의 거리감이 가장 크게 나타난 것(89.6%)

을 비롯해 기업가와 노동자(76.0%), 정규직과 비정규직(75.2%), 대기업과 중소기업(73.9%) 간의 거리감이 크게 나타나는 등 경제적 차원에 있어서 거리감이 매우 큰 것으로 나타났다.

경제적 측면에 있어서의 거리감은 〈그림 2-4〉에서 보듯이 자신이 중하위 이하의 계층에 속한다고 밝힌 응답자에게서 더 크게 나타났는데, 경기양극화로 중산층이 무너지는 것이 우리사회 전반에 있어 경제적 거리감을 키우는 것으로 보인다. 최근 한 시사주간지의 보도에 따르면, 하위계층 10%가 벌어들이는 소득이 국가전체 평균소득에서 차지하는 비율은 1995년엔 41%였으나 2003년에는 34%로 떨어진 반면, 같은 기간 상위계층 10%가 벌어들이는 소득이 전체 평균소득에서 점유하는 비율은 199%에서 225%로 급증한 것으로 나타났다(《뉴스위크》 2006. 1. 23).

특히 눈길을 끄는 것은 노동시장의 유연화에 따라 2001년 27%에서 2004년에는 37%로 비정규직 노동자가 급증했으며(《뉴스위크》 2006. 1. 23), 그 결과 정규직과 비정규직 간의 거리감을 심각하게 느낀다는 점이다. 전통적 사회균열인 노와 사 간에만 사회적 거리감이 존재하는 것이 아니라 노와 노, 사와 사 간에도 상당한 균열이 존재하고 있음을 보여주는 것이다. 이는 세계화와 후기산업사회로 특징지을 수 있는 현대사회의 사회균열이 산업화시기보다 훨씬 복잡해지고 있음을 의미하는 것이다.

경제적 거리감의 뒤를 잇는 것은 열린우리당과 한나라당 간의 거리감(86.0%)이다. 여야가 앞 다투어 상생의 정치를 외치기도 했고, 또 최근에는 여야가 함께 정권을 담당하자는 연정논란을 벌이기도 했지만, 우리 국민들은 탄핵에서 법사위 점거농성에 이르기까지 사활을 건 여야간 정쟁을 뚜렷이 기억하는 것으로 보인다.

장애인과 비장애인(75.4%), 학력(71.8%), 세대(63.5%), 이념(62.8) 간 거리감이 경제적, 정치적 거리감의 뒤를 잇는 반면, 영호남간의 거리감(59.8%)은 비교적 크지 않은 것으로 나타났다. 특히 관심을 끄는 것은

〈그림 2-3〉 집단간 거리감[8)]

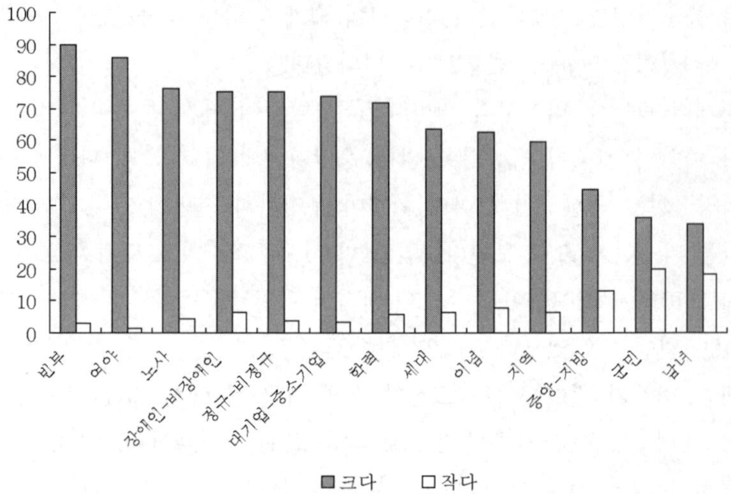

〈그림 2-4〉 계층 의식별 경제적 거리감

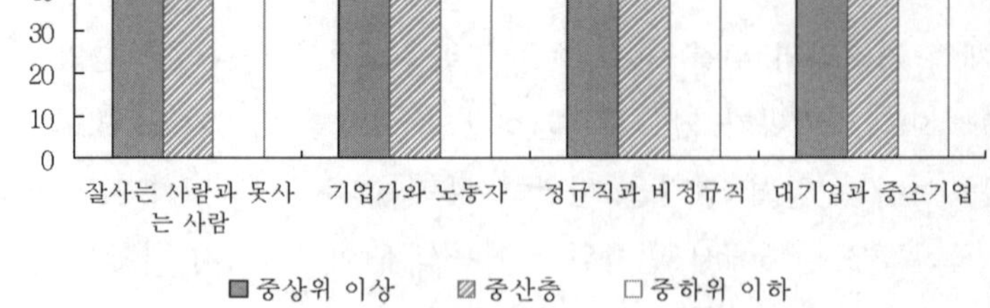

주: 거리감이 '매우 크다' 혹은 '대체로 크다'고 느끼는 사람의 비율임.

---

8) '크다'는 '매우 크다'와 '대체로 크다'로 응답한 응답자의 비율을 더한 것이며, '작다는 '매우 작다'와 '대체로 작다'로 응답한 응답자의 비율을 더한 것임.

지역감정이 한국정치의 고질적 병폐로 여겨지지만, 예상과 달리 지역간 거리감이 크게 나타나지 않았다는 점이다. 지역감정의 당사자라고 할 수 있는 영남과 호남에서도 마찬가지인데, 이는 정치인들이 실제 이상으로 지역감정을 정치적으로 마케팅하는 것이 아닌가 생각하게 하는 대목이다.

영호남 거리감은 세대별 차이가 크게 나타나는 점에서도 주목할 만한데, 50대(70%)가 영호남 거리감이 가장 큰 것에 반해, 40대와 30대에서는 지속적으로 줄어들어 20대는 50대에 비하여 20%포인트 정도 줄어들고 있다. 이는 지역감정이 세대를 내려오면서 지속적으로 약화되고 있음을 보여줄 뿐만 아니라 지역감정의 기원도 암시하는 것으로 보인다. 지금의 50대가 정치적으로 성숙한 시기인 박정희와 김대중이 경합했던 1971년 대통령선거부터 지역감정이 부각되기 시작되어 1980년 광주에 이르러 격화되었음을 유추할 수 있을 것이다. 이는 지역감정이 정

〈그림 2-5〉 세대별 지역간 거리감

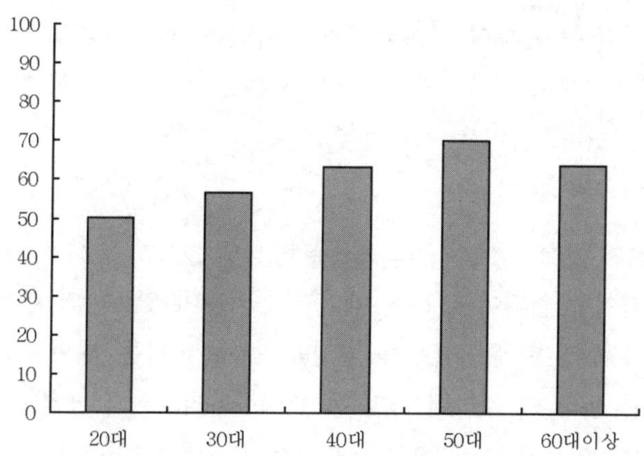

주: 거리감이 '매우 크다' 혹은 '대체로 크다'고 느끼는 사람의 비율임.

〈그림 2-6〉 지역별 지역간 거리감

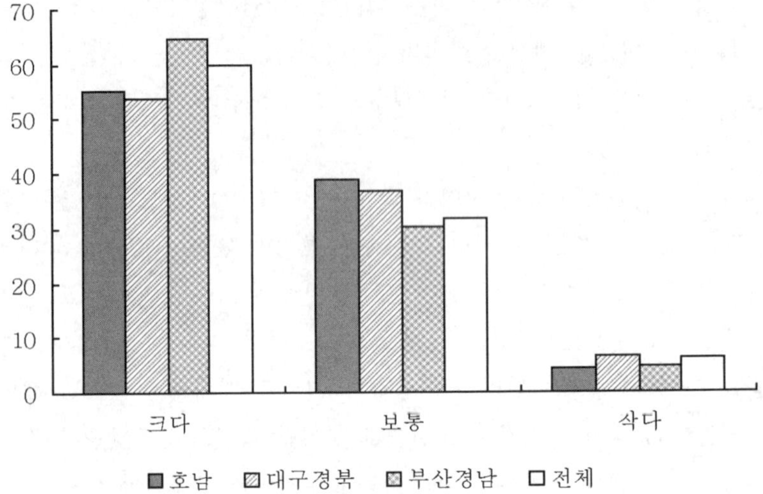

주: 거리감이 '매우 크다' 혹은 '대체로 크다'고 느끼는 사람의 비율임.

치적 이유로 발생된 것이며, 아직도 지역구도가 논란이 되는 것은 정치인들이 실제 이상으로 지역감정을 정치적으로 마케팅하고 있음을 의미한다.

한편, 권위주의시대의 주요균열의 축이었던 군과 민간인(35.9%) 간의 거리감, 이제는 사회균열의 축으로서는 의미가 없을 정도로 약화되었음이 드러났다.

(2) 전통적 사회균열의 상호관계: 중첩 혹은 교차?

사회균열이 중첩되어 있는지 아니면 교차되어 있는지의 여부에 따라 민주주의의 안정적 운영여부가 영향을 받게 된다는 래와 테일러(Rae and Taylor, 1970)의 주장에 따라 여기서는 우리사회의 균열구조가 얼마나 중첩되어 있는지 혹은 교차되어 있는지 살펴보고자 한다.

래와 테일러는 교차의 의미를 한 균열축에 의해 나누어진 집단들 가운데 같은 집단에 속하는 두 개인이 다른 균열축에 의해 나누어진 집단들 가운데 같은 집단에 속할 확률이라고 정의하고, 두 개의 균열축이 교차하는 정도를 계산할 수 있는 공식을 다음과 같이 제시했다.

$$XC = \sum_{i=1}^{m} \Pi^2 + \sum_{j=1}^{n} Pj^2 - 2\sum_{i,j} \Pi j^2$$

$$F1 = 1 - \sum_{i=1}^{m} \Pi^2$$

$$F2 = 1 - \sum_{j=1}^{n} Pj^2$$

주: XC = 교차지수, F1 = I 균열의 파편화 지수, F2 = J 균열의 파편화지수.
Pi = I 균열축에 의해 구분된 각 집단에 속하는 비율.
Pj = J 균열축에 의해 구분된 각 집단에 속하는 비율.
Pij = I 와 J 균열축이 교차하여 만들어지는 각 집단에 속하는 비율.
출처: Taylor and Rae(1969: 538~539).

래와 테일러가 제시한 공식에 따라 우리사회의 균열축이 얼마나 교차하는가를 본격적으로 살펴보기에 앞서, 각 집단별분포를 먼저 살펴보자. 전통적 특징을 공유한 집단으로 연령, 학력, 소득, 성별, 거주지구분, 거주지역으로 나누어서 크로스탭을 한 결과, 연령과 학력, 학력과 소득, 연령과 소득, 거주지구분과 소득, 거주지구분과 연령, 거주지구분과 학력, 성별과 학력, 권역과 소득, 권역과 학력의 카이 스퀘어값이 0.001수준에서 유의미한 관계를 가지는 것으로 나타났다.

연령이 높을수록 학력과 소득이 낮으며, 학력이 낮을수록 소득이 낮으며, 읍면지역에 거주하는 응답자가 학력과 소득은 낮은 반면 연령은 높고, 권역별로는 서울, 경기, 인천지역에 거주하는 응답자가 학력과 소득이 높은 것으로 나타났다. 결국 연령, 학력, 소득, 거주지구분, 거주지역의 균열이 상당히 중첩되어 있는 것으로 드러난다.

이렇게 중첩된 균열축 중 몇 가지의 예를 구체적으로 살펴보자. 먼저

〈표 2-1〉 연령과 학력 교차분석

(괄호안 단위 : %)

	중졸 이하	고졸	전문대재 이상	모름/무응답	계
20대	2 (0.9)	49 (22.0)	172 (77.1)	0 (0)	223 (100.0)
30대	3 (1.2)	101 (39.8)	150 (59.1)	0 (0)	254 (100.0)
40대	13 (5.5)	114 (48.3)	109 (46.2)	0 (0)	236 (100.0)
50대	39 (26.7)	76 (52.1)	30 (20.5)	1 (0.7)	146 (100.0)
60대 이상	113 (63.1)	47 (26.3)	19 (10.6)	0 (0)	179 (100.0)
계	170 (16.4)	387 (37.3)	480 (46.2)	1 (0.1)	1,038 (100.0)

〈표 2-1〉에 제시된 연령과 학력의 관계를 보면, 20대의 77.1%가 전문대졸 이상의 학력을 가진 반면, 단 0.9%만이 중학교 이하의 학력을 가진 것으로 나타났다. 그러나 60대 이상의 경우에는 63.1%가 중학교 이하의 학력을 가진 반면, 10.6%만이 전문대 졸업 이상의 학력을 가지고 있어서 연령과 학력의 균열축이 상당히 중첩된 것을 볼 수 있다.

〈표 2-2〉에 제시된 거주지구분과 소득의 관계를 보면, 대도시 거주자 중 100만 원 미만의 소득을 가진 자는 6.3%, 100만 원 이상 200만 원 미만의 소득을 가진 자는 21.2%이지만, 읍면거주자 중 100만 원 미만의 소득을 가진 자는 23.8%, 그리고 100만 원 이상 200만 원 미만의 소득을 가진 자는 38.5%나 되는 것으로 나타나고 있어 거주지구분에 따라 소득차이가 큰 것으로 나타났다.

또한, 〈표 2-3〉에 제시된 거주권역과 소득의 관계를 보면, 서울, 인

〈표 2-2〉 거주지구분과 소득 교차분석

(괄호안 단위 : %)

	100만 원 미만	100~199만 원	200~299만 원	300~399만 원	400만 원 이상	모름/무응답	계
대도시	31 (6.3)	104 (21.2)	138 (28.2)	123 (25.1)	65 (13.3)	29 (5.9)	490 (100.0)
중소도시	29 (6.8)	105 (24.6)	130 (30.5)	75 (17.6)	62 (14.6)	25 (5.9)	426 (100.0)
읍/면	29 (23.8)	47 (38.5)	23 (18.9)	10 (8.2)	9 (7.4)	4 (3.3)	122 (100.0)
계	89 (8.6)	256 (24.7)	291 (28.0)	208 (20.0)	136 (13.1)	58 (5.6)	1,038 (100.0)

〈표 2-3〉 권역과 소득 교차분석

(괄호안 단위 : %)

	100만 원 미만	100~199만 원	200~299만 원	300~399만 원	400만 원 이상	모름/무응답	계
서 울	9 (4.1)	32 (14.6)	61 (27.9)	62 (28.3)	39 (17.8)	16 (7.3)	219 (100.0)
인천/경기	9 (3.2)	46 (16.5)	93 (33.3)	64 (22.9)	45 (16.1)	22 (7.9)	279 (100.0)
대전/충청	17 (16.7)	40 (39.2)	21 (20.6)	9 (8.8)	10 (9.8)	5 (4.9)	102 (100.0)
광주/전라	25 (21.9)	33 (28.9)	26 (22.8)	14 (12.3)	12 (10.5)	4 (3.5)	114 (100.0)
대구/경북	17 (15.6)	36 (33.0)	27 (24.8)	15 (13.8)	10 (9.2)	4 (3.7)	109 (100.0)
부산/울산/경남	8 (4.7)	49 (28.8)	54 (31.8)	35 (20.6)	20 (11.8)	4 (2.4)	170 (100.0)
강원/제주	4 (8.9)	20 (44.4)	9 (20.0)	9 (20.0)	0 (.0)	3 (6.7)	45 (100.0)
계	89 (8.6)	256 (24.7)	291 (28.0)	208 (20.0)	136 (13.1)	58 (5.6)	1,038 (100.0)

〈그림 2-7〉 전통적 균열의 교차지수

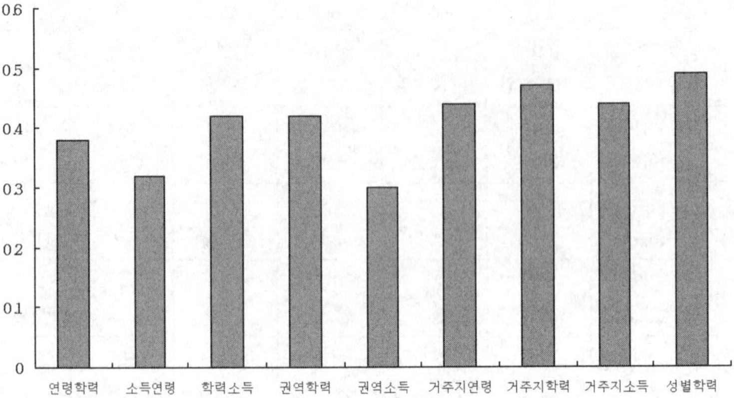

천·경기, 부산·울산·경남의 소득분포가 광주·호남, 대전·충청, 강원·제주의 소득보다 훨씬 높게 나타나고 있어 지역과 소득분포 역시 상당히 중첩된 면이 있음을 볼 수 있다.

그러면 여기서는 균열축이 중첩되고 있음의 반대개념인 균열축의 교차정도를 살펴보도록 하자. 래와 테일러의 공식에 따라 균열축의 교차정도를 계산해 보면, 거주권역과 소득의 교차가 0.30으로 가장 낮은 점수를 보이며, 연령과 학력이 0.38, 학력과 소득 그리고 거주권역과 학력이 0.42, 거주지와 소득이 0.44, 거주지와 학력이 0.47을 나타내며, 성별과 학력이 0.49로 가장 높은 점수를 보인다.

이상의 전통적 사회균열축의 중첩과 교차정도의 분석결과를 보면 수도권과 부산·울산·경남의 중산층 이상과 그 이외 지역의 중산층 이하를 중심으로 하는 갈등의 축이 가장 중첩성은 높고 교차성은 낮게 나타나 정치균열축으로 활성화될 가능성이 높은 것으로 보인다. 이는 현재의 지역구도와의 상당히 차이가 있는 것인데, 현재의 지역구도가 사회구조적 원인보다는 역사적 경험, 정치인의 마케팅 등과 밀접한 관계가 있음을 시사하는 것이기도 하다.

마찬가지 이유에서 고학력의 젊은 세대와 저학력의 기성세대와의 균열축 역시 정치적으로 활성화될 가능성이 높은 것으로 보인다. 그러나 거주지구분별 소득과 학력의 차이가 뚜렷함에도 불구하고 래와 테일러의 교차지수는 낮게 나타나지 않는데, 이는 읍·면지역 거주민의 수가 절대적으로 적은 것과 밀접한 관계가 있다. 1970년대 한국정치의 주요 균열축을 구성하던 여촌야도, 즉 농촌과 도시의 균열이 사라진 이유를 시사하는 것이기도 하다.

(3) 전통적 균열과 세계관 균열의 관계

립셋(Lipset) 자신도 인정하듯이, 후기산업사회에 들어서면서 개인은 점점 전통적인 사회적 특성을 공유하는 집단에서 벗어나 유사한 세계관을 가진 집단에 대해 강한 정체성을 느끼는 것으로 나타나고 있으며, 정치적 태도와 행동 역시 세계관 및 의식에 크게 영향을 받는 것으로 나타나는데, 여기서는 세계관 및 의식과 관련된 정체성을 국가정체성, 이념성향, 그리고 계층의식으로 구분하고, 이들 상호간에는 어떠한 관계가 있는지, 또 세계관의 균열과 전통적 균열에는 어떤 관계가 있는지 살펴보고자 한다.

먼저 자신이 밝힌 이념성향의 분포를 보자. 0~10의 스케일에서 0~4점을 진보, 5점을 중도, 6~10 점을 보수라고 정의할 때, 진보라고 자기의 이념정체성을 규정하는 응답자가 전체의 32.8%, 중도라고 밝히는 응답자가 39.6%, 그리고 보수라고 밝히는 응답자가 27.6%로 나타나고 있다.

한편, 계층정체성은 최상위계층, 중상위계층, 중산층, 중하위계층, 하위계층으로 나누어 측정하였다. 이를 중상위 이상, 중산층, 그리고 중하위 이하로 나누어보면, 중상위 이상은 전체의 3.4%, 중산층은 36.2%, 그리고 중하위 이하로 밝힌 응답자가 58.5%이다.

〈표 2-4〉 이념과 계층의식 크로스탭

(괄호안 단위 : %)

계층인식 \ 이념	4점 이하 (진 보)	5점 (중 도)	6점 이상 (보 수)	계
중상위 이상	9 (25.7)	12 (34.3)	14 (40.0)	35 (100.0)
중산층	141 (37.5)	146 (38.8)	89 (23.7)	376 (100.0)
중하위 이하	183 (30.1)	242 (39.9)	182 (30.0)	607 (100.0)
모름/무응답	7 (35.0)	11 (55.0)	2 (10.0)	20 (100.0)
계	340 (32.8)	411 (39.6)	287 (27.6)	1,038 (100.0)

이념적 정체성과 계층정체성의 관계를 살펴보면, 중상위 이상이라고 밝힌 응답자들 가운데에서는 보수라고 자신의 이념적 정체성을 밝힌 응답자가 40%로 가장 많은 반면, 진보라고 밝힌 응답자는 25.7%에 지나지 않는다. 그러나 중산층이라고 밝힌 응답자들 가운데에서는 자신의 이념성향을 진보라고 밝힌 응답자가 37.5%로 다른 계층정체성을 가진 이들보다 많이 나타난 반면, 보수라고 밝힌 응답자는 23.7%로 상대적으로 적은 것으로 나타났다. 자신의 계층정체성을 중하위 이하라고 밝힌 응답자들 가운데에서는 자신을 중도라고 밝힌 응답자가 훨씬 높게 나타났다.

이렇게 계층의식에 따라 독특한 이념성향의 분포를 보이지만, 계층의식과 이념성향이 선형적 관계를 가지고 있지는 않기 때문에 통계학적으로 유의미한 것으로 나타나지 않는다. 즉, 계층정체성과 이념정체성이 중첩되어 있다고 판단하기 어렵다.

〈그림 2-8〉 국가정체성 분류

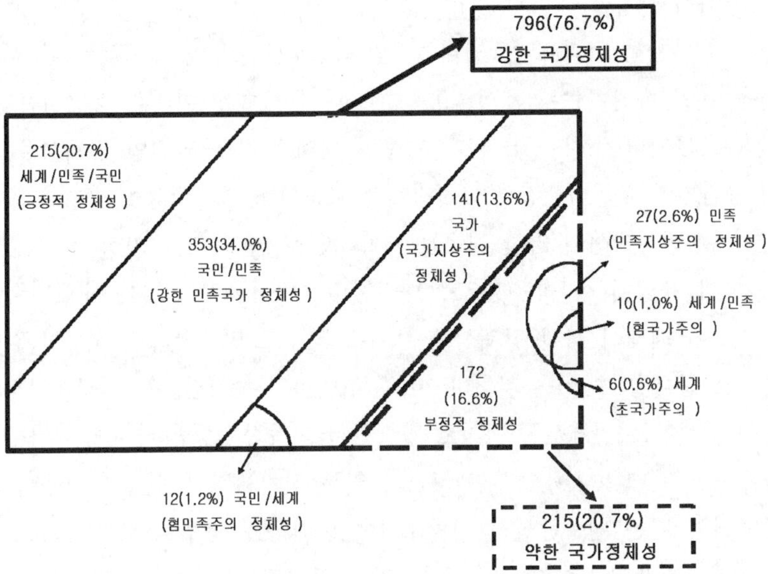

한편, 국가정체성은 국가에 대해서 얼마나 가깝게 혹은 가깝지 않게 느끼는지의 여부로 측정하였다. 매우 혹은 대체로 가깝게 느끼는 경우는 강한 국가정체성, 그리고 별로 혹은 전혀 가깝지 않은 경우는 약한 국가정체성으로 구분하였는데, 강한 국가정체성을 드러낸 응답자는 전체의 76.7%인 반면, 약한 국가정체성을 노출한 응답자는 20.7%로 나타났다.

여기서 잠깐 국가정체성과 민족정체성, 그리고 세계인정체성의 관계를 살펴보면, 우리 국민은 국가정체성이 민족정체성(63.9%)이나 세계인정체성(27.1%)보다 강한 것으로 드러났다.

특히 주목할 점은 국가정체성과 민족정체성, 그리고 세계인정체성이 상호 긴장관계에 있는 것이 아니라 통계학적으로 유의미할 정도로 상호 연관을 갖고 있다는 것이다. 즉, 세계인정체성이 강한 이가 민족정체성이 강하고, 민족정체성이 강한 이가 국가정체성도 강한 경향이 있는 것으로 나타났다.

좀더 자세히 살펴보면, 세계인, 민족, 국가 모두에 있어서 강한 정체성을 보인 응답자는 전체의 20.7%로 나타나는데, 이러한 응답자는 전반적으로 거버넌스(*governance*) 기구에 대해 매우 긍정적인 정체성을 가진 응답자로 보인다. 강한 국가정체성과 강한 민족정체성을 가지고 있지만, 세계인정체성이 약한 경우는 전체 응답자의 34%로 가장 많은 응답자가 이 유형에 속하는 것으로 나타났다. 이러한 응답자는 대한민국과 한민족에 대해서 강한 정체성을 보이는 경우로 민족국가 정체성이 강한 경우로 분류할 수 있을 것이다. 아주 미미하긴 하지만, 강한 세계인정체성과 강한 국가정체성을 가지고 있으면서 민족정체성만 약하게 나타나는 경우도 있는데(1.2%), 이는 최근의 일부 정치세력이 주장하는 우리 민족끼리와 같은 민족중심적 정치수사에 반대하는 경우로 보인다.

한편, 전체 응답자의 20.7%가 약한 국가정체성을 지닌 것으로 나타났는데, 세계인정체성, 민족정체성, 그리고 국가정체성이 모두 약한 부정적 집단정체성을 가진 경우는 전체의 16.6%로 나타났다. 세계인정체성과 민족정체성은 높지만 국가정체성만 약한 경우는 현 국가체제에 대한 불만이 많은 혐국가주의로 판단할 수 있을 텐데, 전체 응답자의 1%가 이러한 유형에 해당하는 것으로 나타났다. 국가정체성·민족정체성은 모두 약하면서 세계인정체성만 높게 나타나는 응답자는 초국가주의자로 분류할 수 있으며, 전체의 0.6%가 이러한 유형에 해당한다. 국가정체성과 세계인정체성은 모두 약하면서 민족정체성만 높은 경우는 민족지상주의자로 볼 수 있을 터인데 이들의 수는 전체 응답자의 2.6%로 나타났다.

한편, 이념성향 및 계층의식과 국가정체성, 민족정체성, 그리고 세계인정체성과의 관계를 보면, 통계학적으로 유의미한 관계를 발견하기 어렵다. 이는 국가, 민족, 세계인정체성은 이념성향이나 계층의식과는 중첩되어 있지 않음을 의미하는 것으로, 이 세 지표가 응답자가 가진 세계관의 각기 다른 부분을 측정하는 것을 의미한다고 볼 수 있다.

그러면 이러한 세계관 및 의식에 의한 정체성과 전통적 집단정체성은 어떤 관계를 가지고 있는지 살펴보자. 〈표 2-5〉는 세계관 정체성과 전통적 정체성 간의 관계에 대해 회귀분석한 결과를 보여주고 있는데, R^2 값이 각각 0.09와 0.02로 이념정체성과 국가정체성에 전통적 집단정체성이 미치는 영향은 크지 않은 것으로 나타났다. 반면 계층정체성 분석의 R^2은 0.24로 계층의식의 변화량을 사회적 특징으로 상당부분 설명할 수 있는 것으로 나타났다.

먼저 이념성향에 대한 분석을 자세히 보면, 이념성향은 연령과 0.01 수준에서 통계학적으로 유의미한 관계를 가진 것으로 나타났으며, 소득수준과 0.05 수준에서 통계학적으로 유의미한 것으로 나타났다. 연령은 이념성향과 정(+)의 관계가 있는 것으로 드러났는데, 이는 연령이 높아질수록 이념성향은 보수화하는 반면, 연령이 낮아질수록 진보적 성향이 있음을 의미한다.[9] 또 소득수준과 이념성향은 부(-)의 관계를 나타내는데, 이는 소득수준이 높아질수록 이념성향은 진보적 성향이 있음을 의미한다. 소득수준이 높을수록 보수적이라는 통념과 다른 결과가 나온 것은 우리사회에 있어서의 '이념'이라는 의미는 재분배와 관련된 입장이 아니라 남북관계 및 국가안보와 관련된 입장이라는 측면에서 정의되는 경향이 있음과 유관한 것으로 보인다.

국가정체성은 대한민국과 '강한' 혹은 '대체로 가깝다'고 느끼는 경우에는 강한 국가정체성(1로 코딩하였고)으로, '별로' 혹은 '전혀 가깝지 않

9) 연령을 제외하고 회귀분석을 실시하면 학력이 통계학적으로 유의미한 것으로 나타나며, 학력과 이념성향은 부(-)의 관계를 나타낸다. 즉, 학력이 높아질수록 이념성향은 진보적 성향을 나타내는 것이다. 그러나 학력과 연령의 상관관계가 매우 높기 때문에 두 변수를 동시에 넣고 분석한 경우에는 연령만이 통계학적으로 유의미하게 나타난다.

〈표 2-5〉 전통적 균열과 세계관 균열: 회귀분석

	이념성향	계층의식	국가정체성
성 별	-0.07(-0.54)	-0.12(-2.72)**	-0.02(-0.70)
연 령	0.03(5.97)**	-0.07(-2.86)**	-0.01(-1.14)
학 력	-0.1 (-1.13)	-0.12(-3.46)**	-0.02(-0.79)
소 득	-0.07(-1.97)*	-0.17(-14.03)**	0.01(1.42)
도 농	-0.03(-0.29)	0.05(1.46)	-0.06(-2.76)**
서울경기	-0.03(-0.17)	0.11(1.60)	-0.04(-1.03)
호 남	-0.25(-1.04)	0.10(1.13)	-0.01(-0.24)
영 남	0.20(1.00)	0.03(0.37)	0.00(0.05)
R^2	0.09	0.24	0.02

*$p < 0.05$, **$p < 0.01$.

다'고 느끼는 경우에는 약한 국가정체성으로(2로 코딩) 측정했는데, 국가정체성은 거주지의 구분과 밀접한 관계가 있는 것으로 나타났다. 읍면지역, 즉 농촌으로 갈수록 국가정체성이 강한 반면, 대도시로 올수록 국가정체성이 낮은 것으로 나타났다.

한편, 계층의식은 전통적 사회균열의 영향을 상당히 받는 것으로 나타났는데, 성별, 연령, 학력, 그리고 소득이 모두 0.01 수준에서 통계학적으로 유의미한 것으로 나타났다. 여성이 남성보다 계층의식이 높은 것으로 나타났으며, 연령이 높을수록, 학력이 높을수록, 그리고 소득이 높을수록 자신이 상위계층에 속한 것으로 인식하는 경향이 있음이 드러났다. 이는 우리사회의 계층의식에는 단순히 소득수준만 반영되는 것이 아니라 학력수준과 연령까지도 반영한 개념임을 의미한다.

2) 사회균열과 정치균열의 관계

정치균열 중 가장 즉각적이고 또 상당한 지속성을 지닌 균열이 바로 각 정당을 지지하는 사람들간에서 나타나는 집단정체성의 균열인 정당균열이다. 그러나 정당에 대한 지지여부뿐 아니라 특정정책에 대한 찬반여부를 두고 균열이 일어나기도 하는데, 이러한 균열은 보통 정당균열에 비해 불안정적이고 단기적인 경향을 가지고 있다. 정당에 대한 지지가 정책에 대한 입장에 영향을 주기도 하고 정책에 대한 지지가 그 정책을 옹호하는 정당에 대한 지지로 변화하기도 하지만, 기성정당이 사회가 원하는 이슈에 대하여 침묵하는 경우에는 정당지지와 무관한 정책지지가 나타날 수도 있는데, 여기서는 정당균열이 사회균열과 어떠한 관계에 있는지, 그리고 우리사회의 주요 정책적 이슈와 정당균열 및 사회균열은 어떠한 관계를 가졌는지 살펴보도록 하자.

정당지지와 사회균열과의 관계를 살펴보기 위해 열린우리당, 한나라당, 민주노동당에 대한 지지를 각각 1로 코딩하여 각각에 대해 프로빗 분석을 하였다. 그 결과는 〈표 2-6〉에 제시되어 있는데, 우리의 정당균열은 사회균열을 상당히 반영한 것으로 나타났다. 열린우리당, 한나라당, 민주노동당의 지지를 사회균열로 설명가능한 확률은 각각 0.33, 0.29, 그리고 0.76이다. 모두 상당히 높은 확률을 나타냈지만, 특히 민주노동당에 대한 지지가 사회의 균열구조를 대폭 반영한 것으로 나타났다.

각 정당의 지지에 대한 분석을 상세히 살펴보면, 열린우리당에 대한 지지확률은 연령이 낮을수록, 진보적일수록, 그리고 호남에 거주할수록 높은 것으로 나타나고 있다. 반면, 한나라당에 대한 지지확률은 연령이 높을수록, 보수적일수록, 그리고 영남에 거주할수록 높은 것으로 나타나고 있다.

한편, 민주노동당은 열린우리당이나 한나라당이 반영하지 않는 독특한 사회균열구조를 반영한다는 점에서 흥미로운데, 민주노동당에 대한

〈표 2-6〉 사회균열과 정당지지: 프로빗 분석

	열린우리당	한나라당	민주노동당
성 별	0.03 (0.33)	0.06 (0.58)	-0.40** (-3.03)
연 령	-0.01* (-2.09)	0.16** (3.65)	-0.015** (-2.44)
학 력	-0.07 (-0.92)	0.01 (0.11)	0.14 (1.27)
소 득	-0.03 (-0.93)	-0.004 (-0.13)	0.01 (0.29)
이 념	-0.06 (-2.13) *	0.06** (2.30)	-0.06* (-1.92)
계층의식	0.10 (1.40)	0.07 (1.10)	-0.16 (-1.78)
국민정체	-0.12 (-0.10)	0.18 (1.62)	0.35 (2.47) **
도 농	0.08 (1.05)	0.02 (0.25)	-0.02 (-0.20)
서울경기	0.19 (1.17)	0.24 (1.84)	0.46 (1.92)
호 남	0.41 (2.21) *		0.67 (2.40) **
영 남	-0.15 (- 0.89)	0.76 (5.74) **	0.39 (1.53)
P	0.33	0.29	0.76

* $p < 0.05$, ** $p < 0.01$.

지지확률은 남성일수록, 연령이 낮을수록, 진보적일수록, 호남에 거주할수록, 그리고 국가정체성이 약할수록 높은 것으로 나타났다. 앞에서 기술한 바와 같이 국가정체성의 강약은 '대한민국'에 대해 가깝게 느끼는 정도로 측정하였는데, 민주노동당 지지자들 가운데에는 국가정체성이 약한, 즉, 대한민국에 대해 가깝게 느끼지 않는 응답자들의 비율이 높은 것이다.

민주노동당은 약간의 예외를 보이긴 하지만, 전체적으로 보아 한국 정당체계는 사회균열 중 세대균열, 이념균열, 그리고 지역균열의 다층적 균열을 반영하는 것으로 볼 수 있다.

그러면 우리사회에서 현안이 되는 구체적 정책현안에 대한 입장의 차이는 어떠한 사회균열을 반영하는지, 그리고 정당에 대한 지지와는 어떠한 관계에 있는지 살펴보자.

과거사처리에 대한 입장은 진상규명 및 책임자를 엄중하게 처벌해야 한다는 입장에서부터 과거사에 더 이상 집착해서는 안 된다는 입장까지

〈표 2-7〉 정책균열과 사회균열 및 정당균열: 프로빗 분석

		과거사	성장-분배	국가보안법	통 일
사회균열	성 별	0.13(1.69)	-0.02(-0.33)	0.04(0.61)	0.08(1.41)
	연 령	0.01**(3.34)	0.01**(2.89)	0.01**(2.52)	-0.08**(-3.10)
	학 력	-0.09(-1.49)	-0.02(-0.35)	-0.03(-0.62)	-0.05(-1.28)
	소 득	0.04(1.86)	0.03(1.60)	0.01(0.71)	0.04**(2.44)
	이 념	0.06**(2.80)	0.01(0.89)	0.06**(4.26)	0.05**(3.49)
	계층인식	-0.73(-1.30)	-0.06(-1.48)	-0.03(-0.65)	0.06(1.45)
	국가정체성	0.01(0.08)	0.01(0.07)	-0.15*(-2.15)	0.22**(3.42)
	도시-농촌	0.25(0.41)	0.24(0.52)	0.07(1.51)	0.04(0.95)
	영 남	-0.02(-0.18)	0.06(0.82)	-0.01(-0.12)	0.01(0.09)
	호 남	-0.37(-2.77)**	-0.25**(-2.43)	-0.45(-4.66)**	-0.24(-2.58)**
	충청, 강원, 제주	0.43(3.50)**	0.22(2.33)**	0.27(2.96)**	0.11(1.30)
	R^2	0.09	0.05	0.10	0.06
정당균열	열린우리	-0.29**(-2.72)	-0.12(-1.53)	-0.21**(-2.74)	-0.14*(-1.95)
	한나라	0.30**(3.32)	0.11(1.56)	0.29**(4.38)	0.04(0.59)
	민주노동	-0.51(-3.72)**	-1.60(-1.52)	-0.29(-2.89)**	-0.23(-2.42)**
	R^2	0.04	0.01	0.05	0.01

주: 지역은 더미변수로 전환하였으므로 경기, 영남, 호남, 충청·강원·제주의 4 지역 중 회귀분석에서는 1지역을 제외한 3 지역에 대해 회귀하게 되는데, 호남과 충청·강원·제주의 정책성향이 확연히 구분되므로 여기서는 경기 지역을 제외하고 3 지역에 대해서 회귀하였음.

* $p < 0.05$, ** $p < 0.01$.

4단계로 측정했는데, 연령이 낮을수록, 그리고 진보적일수록 엄정한 처리를 원하는 것으로 나타났다. 과거를 경험하지 않은 세대일수록, 그리고 과거의 지배이념과 다른 이념을 가지고 있을수록 과거에 대해 엄정한 잣대를 대고 있는 것이다. 또 지역적으로는 호남지역 거주민이 엄정한 처리를 원하는 경향이 있는 반면 충청·강원·제주지역 주민이 관용적 처리를 원하는 경향이 있는 것으로 나타났다. 이는 우리의 지역균열이 단순한 감정적 균열이 아니라 지역에 따라 정책선호에서도 차이가 있음을 보여주는 것이다.

과거사처리에 대한 입장과 정당지지와의 관계를 보면, 열린우리당과 민주노동당의 지지자들은 엄정한 처리를 원하는 반면, 한나라당 지지자들은 관용적 처리를 원하는 경향이 있는 것으로 나타났다. 결국 과거사의 처리문제는 정당간 균열이 확연하게 반영된 정책이슈이며, 이에 따라 정책지지의 사회균열구조와 정당지지의 사회균열구조가 상당히 일치하는 것이다.

국가보안법에 대한 입장은 '철폐', '새로운 법으로 대체', '부분적 수정' 그리고 '유지'의 4단계로 측정했는데, 이 역시 아주 강하게 정당화가 이루어진 정책이슈로 드러났다. 열린우리당과 민주노동당 지지자들은 국가보안법에 대해 부정적 경향이 있는 반면, 한나라당 지지자들은 긍정적 입장을 강하게 보여준다.

국가보안법에 대한 정책균열 역시 정당균열과 상당히 일치하는 것으로 나타났는데, 연령, 이념성향, 그리고 거주지역의 영향을 많이 받는 것으로 나타났다. 연령이 낮을수록, 그리고 진보적일수록 국가보안법의 철폐 내지는 수정보완을 원하는 반면, 연령이 높을수록, 그리고 보수적일수록 국가보안법의 유지를 원하는 것으로 나타났다. 또한, 지역적으로는 호남거주자가 다른 지역에 비해 부정적 태도가 강한 반면, 충청·강원·제주지역 거주자는 다른 지역에 비해 긍정적 태도가 강한 것으로 나타났다.

그러나 성장과 분배 중 어느 것을 우선시해야 하는가에 대한 입장에 있어서는 통계학적으로 유의미한 정당지지자별 차이가 드러나지 않는다. 이는 우리의 정당균열이 경제정책에 대한 입장을 거의 반영하고 있지 않음을 의미한다. 뿐만 아니라 경제정책에 대한 입장은 소득이나 계층인식과 같은 경제적 측면에서 사회균열을 반영하지도 않는 것으로 나타났다. 비단 경제문제뿐만 아니라 다른 정책이슈나 정당지지에서도 소득이나 계층의식이 거의 반영되지 않기는 마찬가지인데, 이는 심리적 차원에서는 경제적 균열이 중요하지만, 서구의 여러 나라와 달리 정책적 균열, 그리고 정당균열로 전환되지는 못했음을 의미한다. 이러한 측면에서 최근 노무현 대통령과 열린우리당이 시도하는 양극화의 정치쟁점화 노력이 경제적 측면의 사회균열을 정치화시키는 데 성공할 것인지의 여부가 주목된다.

분배냐 성장이냐는 입장의 차이와 사회균열의 관계를 보면, 연령과 호남 및 충청, 강원, 제주지역이 통계학적으로 유의미한 것으로 나타났는데, 연령이 높을수록 성장, 연령이 낮을수록 분배를 선호하는 경향이 있다. 또한 호남지역은 다른 지역에 비해 분배를 선호하는 경향이 있는데 반하여 충청 · 강원 · 제주는 성장을 선호하는 경향이 강한 것으로 나타났다는 점도 흥미롭다.

특히 주목할 점은 정당지지나 통일안보정책에 대한 입장에 영향을 주는 주요 균열구조인 이념성향이 성장이냐 분배냐의 문제에서는 의미 있는 균열구조로 작용하지 않는다는 것이다. 이는 우리의 이념성향이 경제문제를 중심으로 형성된 것이 아니라 남북관계 등에 대한 입장을 중심으로 형성된 것임을 의미하는 것으로 볼 수 있다. 이렇게 우리의 이념성향이 서구와 다른 패턴을 보이는 것은 압축성장과 남북대치라는 우리의 독특한 상황에서 비롯된 것으로 보이는데, 압축성장과 남북대치가 완화된 상황에서 이념성향이 경제문제를 중심으로 재편될 것인지의 여부가 주목된다.

통일에 대한 입장은 '빨리 통일해야 한다'에서부터 '굳이 통일할 필요가 없다'에 이르기까지 4단계로 측정했는데, 연령, 소득, 이념, 국가정체성, 그리고 지역이 통계학적으로 유의미한 수준에서 영향을 주는 것으로 드러났다. 연령이 낮을수록 통일에 대해 소극적 입장을 가진 반면, 연령이 높을수록 통일에 대해 적극적 입장을 드러낸다. 분단시기가 길어질수록 통일에 대해 소극적 태도를 보이는 것이다. 한편, 이념성향의 측면에서 보면, 진보적일수록 통일에 대해 적극적인 반면, 보수적일수록 통일에 대해 소극적인 것으로 나타났다. 정당에 대한 지지나 주요정책에 대한 지지에서 젊은 세대와 진보주의자, 그리고 구세대와 보수주의자가 입장을 같이 했지만, 통일문제에서는 진보주의자들과 구세대, 그리고 보수주의자들과 젊은 세대가 유사한 입장을 보이는 것이다. 이는 통일문제가 제기되면 젊은 세대와 진보주의가 취해온 공동입장에 균열이 생길 수 있음을 의미하는 것이다.

또한, 국가정체성이 강할수록 통일에 적극적인 반면, 국가정체성이 낮을수록 통일에 소극적인 경향이 있는 것으로 나타났는데, 이는 대부분의 응답자가 통일을 제3의, 중립적 체제로의 통일을 전제하는 것이 아니라 대한민국의 정체성을 유지하는 통일을 전제로 하기 때문으로 보인다. 한편, 다른 정책이슈와 달리 소득수준이 통계학적으로 유의미한 변수로 나타나는데, 소득이 낮을수록 통일에 적극적인 반면, 소득이 높을수록 통일에 소극적인 것으로 나타났다. 그리고 호남은 다른 지역에 비해 통일에 적극적인 것으로 드러났다.

통일에 대한 입장은 경제문제에 비해서는 정당화가 이루어져 있지만, 국가보안법이나 과거사처리에 대한 입장에 비해서는 정당화가 이루어져 있지 않은 것으로 드러났다. 민주노동당의 지지자들이 가장 통일에 적극적이며 열린우리당 지지자들이 그 뒤를 따르지만, 회귀분석의 R^2나 각 상관계수의 신뢰수준은 국가보안법이나 과거사처리에 대한 회귀분석에 비해 낮게 나타났다. 이는 정당들이 국가보안법이나 과거사 처리문제는 적극적으로 이슈화했던 것에 반해, 통일문제는 그렇지 않았던 것과 연관이 있는 것으로 보인다.

5. 결 론

한 사회의 갈등수준과 민주주의의 안정성, 그리고 정치균열 및 정당체계를 이해하기 위해서는 집단정체성의 충돌이 만들어내는 사회균열에 대한 이해가 선행되어야 하는데, 우리 국민들이 느끼는 가장 강력한 심리적 사회균열축은 빈부, 노사, 정규직과 비정규직, 그리고 대기업과 중소기업의 차이와 같은 경제적 균열축으로 드러났으며, 학력, 세대, 이념균열이 그 뒤를 따르고 있다. 한편, 우리사회의 전통적 균열축이었던 지역, 도농, 민군의 균열은 그다지 중요하게 느끼지 않은 것으로 드러났다.

그러나 심리적으로 느끼는 사회균열축이 곧 세계를 바라보고 해석하는 시각에 영향을 주고, 나아가 정당과 정책에 대한 태도에 영향을 주는 사회구조의 균열축은 아니다. 이 글에서는 세계관 및 의식과 관련된 집단정체성으로 국가정체성, 계층의식, 그리고 이념성향을 상정하고, 세계관 및 의식균열과 전통적 사회균열의 관계를 보았는데, 국가정체성은 거주지구분에 영향을 받는 것으로 나타났다. 즉, 농촌에 거주할수록 국가정체성이 강한 반면, 도시에 거주할수록 국가정체성이 낮은 것으로 드러났다. 계층의식은 성별, 연령, 학력, 소득의 영향을 받는 것으로 나타났는데, 여성이 남성보다, 연령이 많을수록, 학력이 높을수록, 그리고 소득이 높을수록 계층의식이 높은 것으로 나타났다. 이념성향은 연령과 소득수준에 영향을 받는 것으로 드러났는데, 연령이 낮을수록 그리고 소득수준이 높을수록 진보적으로 나타났다. 최상위의 소득수준을 가진 집단은 보수적 성향을 드러내지만, 중산층이 중하위층에 비해 진보성향을 드러내는 까닭이다.

세계관과 관련된 집단정체성의 상호관계를 보면, 국가정체성, 이념성향, 그리고 계층의식이 서로 중첩된 것이 아니라 상당히 교차하는 것을 볼 수 있다. 특히 계층인식과 이념성향이 상당히 교차하는 것으로 나타나는데, 이는 우리사회의 이념성향이 경제문제를 중심으로 형성된 것이 아님을 보여주는 동시에, 본격적인 계층정치가 등장하지 못한 이유를 짐작하게 한다.

전통적 사회균열과 세계관 균열을 망라한 전체 사회균열축 중 정당지지에 영향을 주는 균열축은 연령, 이념, 그리고 지역이다. 열린우리당에 대한 지지는 연령이 낮고 진보적이며 호남에서 높은 반면, 한나라당은 연령이 높고 보수적이며 영남에서 지지가 높은 경향이 있다. 한편, 민주노동당은 연령이 낮고 진보적이며 호남에서 지지가 높다는 점에서 열린우리당과 지지기반이 상당히 겹치는 듯이 보이지만, 남성과 국가정체성이 약한 이들 가운데에서 지지율이 높다는 점에서 특이성을 보인다.

정책에 대한 지지와 정당균열 및 사회균열의 관계를 보면, 과거사처리와 국가보안법 문제는 정당화가 상당히 이루어진 이슈여서 정당지지에 따라 입장이 명확히 차이가 난다. 열린우리당 지지자와 민주노동당 지지자들이 과거사의 엄정한 처리와 국가보안법의 철폐 및 수정에 적극적인 반면, 한나라당 지지자들은 과거사의 관용과 국가보안법의 유지를 선호하는 입장을 보인다. 과거사처리 및 국가보안법에 대한 입장과 사회균열의 관계를 보면, 연령, 이념, 지역이 중요한 요소로 작용한다. 연령이 낮고, 진보적이고 호남지역에 거주할수록 과거사의 엄정한 처리와 국가보안법의 철폐에 적극적이다. 정책균열과 정당균열이 거의 일치하는 것이다.

그러나 성장이냐 분배냐 같은 경제문제에서는 정당화가 거의 이루어지지 않아 정당지지에 따라 입장의 차이가 명확히 드러나지는 않는다. 또한 사회균열과의 관계를 보아도 연령에 따른 입장차이는 명확하지만 이념에 따른 입장차이는 명확히 드러나지 않는 등 기존의 정책균열과는 차이가 있다.

결국 과거사처리, 국가보안법, 남북관계 등과 관련된 문제에서는 정당지지자별 입장차이가 명확할 뿐 아니라 정당균열과 정책균열이 거의 일치하지만, 경제 등 그 밖의 이슈에 있어서는 정당지지자간 입장차이가 명확히 드러나지 않을 뿐만 아니라 뚜렷한 정책균열이 형성되어 있지도 않은 것이다. 그동안 경제문제 등과 관련해서는 우리 정당들이 진지한 고민을 하지 않았고 그 결과 정당간 정책차이가 뚜렷이 구별되지 않았던 것이 주요한 원인으로 보인다.

그러나 양극화의 심화로 규정하든지 신빈곤층의 양산으로 규정하든지간에 압축성장이 끝나고 분배구조가 악화되는 객관적 상황과 더불어 심리적 차원에서 빈부거리감의 확대되고 있는 것은 정치엘리트에게는 정치시장의 구조가 변화하고 있음을 의미하는 것이며, 이에 따라 새로운 마케팅전략이 등장할 가능성이 매우 높은 시점으로 보인다. 정치엘리트들이 재빠르게 정치시장의 변화에 맞춰 정치전략을 수정할 것인지, 그리고 정치전략의 변화가 정치균열의 구조를 변화시키고, 나아가 정당체계의 변화를 가져올 수 있을 것인지 지켜볼 시점이다.

제 3 장

계급정체성과 한국인의 정치행태

정 한 울

1. 경제양극화 심화와 계급정치의 가능성

이 글에서는 2000년대 들어와 계급정치가 활성화될 조건이 성숙되고 있다는 판단하에 한국정치학계에서 진행되었던 계급변수에 대한 연구성과를 비판적으로 검토하고자 한다. 즉 계급변수가 정치행태에 미치는 영향을 경험적 데이터를 가지고 분석하고자 한다.

지난 수십 년간 서구 민주주의에서 계급정치(*class politics*)가 약화되어 정치행태와 선거결과에 미치는 영향력이 급격히 상실되었다는 평가가 확산되었다(Erikson, 2005 ; Evans, 2000 ; Bartle, 1998 ; Dalton, 1996). 그러나 1980년대 이래 소득불평등(*income inequality*)현상이 심화되면서 사회주의정당의 전통이 없고 계급변수가 투표행태에 미치는 영향이 유럽에 비해 상대적으로 약했던 미국에서조차 경제적 양극화 현상이 심화되면서 계급정치에 대한 학계의 관심이 비상하게 높아지고 있다(Rueda et al., 2000).[1)]

1) 미국정치학회(APSA)에서 2001년부터 제이콥스(Lawrence Jacobs)와 스카

사회적 양극화(*status polarization*)가 심화되고 계급이슈를 매개로 정당 일체감(*party identification*)이 활성화될 때 계급투표의 영향력이 강화될 것으로 본 미국 주류정치학의 관점에 따르자면, 한국에서도 소득양극화 문제와 계급변수에 대한 학문적 관심을 기울여야 할 필요조건들이 성숙되고 있다(Campbell et al., 1964).

현실정치에서도 17대 총선을 거치면서 계급정당을 표방하는 민주노동당이 제도권에 진출하고 2006년에는 현 정부가 양극화문제를 정치적으로 이슈화하면서 경제적 불평등문제와 계급적 갈등문제는 주요한 정당경쟁의 소재로 등장하였다. 사회운동 차원에서도 민주노총과 한국노총 등 노동운동 진영이 소득불평등의 문제를 주요 정치쟁점으로 부각시키는 전략을 구사해나감에 따라 계급적 이슈가 이후 정국의 뇌관으로 인식되는 상황이다.[2)]

계급정치의 가능성이 높아지고 있지만, 기존연구들은 계급변수 자체를 종속변수나 독립변수로서 가정하기보다는 이론적 논의에서 배제하거나 이념이나 투표행태를 분석하기 위한 일종의 통제변수로서 활용해온 측면이 크다(Evans, 2000). 한국에서도 계급변수에 대한 충분한 이론적·경험적 검토 없이 학문적 관심사에서 벗어나 있던 것이 사실이다. 방법론적 차원에서도 계급변수 측정을 위한 지표로서 소득, 교육수준, 직업 등의 객관적 지표들은 그나마 다른 설명변수를 통제하기 위한 목

치폴(Theda Skocpol)이 공동책임을 맡고 무려 15명의 저명학자들이 참여하는 태스크포스를 구성하여 "American Democracy in an Age of Rising Inequality"라는 보고서를 *Perspectives on Politics*(2004)에 실었다. 이 보고서는 발표 당시부터 논란을 불러일으킨 바 있으며 2006년 1월에는 *Political Science & Politics*지가 이 보고서에 대해 후속논쟁을 특집으로 다룰 정도로 학문적 반향이 크게 일어나고 있다.

2) 1월 18일 노무현 대통령의 신년회견 이후 양극화 원인진단부터 해소방안에 이르기까지 광범위한 논란이 벌어졌다. 논쟁의 주요논리에 대해서는 "청와대-중앙일보 양극화 해법 6자 난상토론", 《중앙일보》 2006. 2. 24 참조.

적으로 간혹 사용된 반면, 스스로 인지하는 주관적 계급지표, 즉 계급정체성(*class-identity*)에 대한 연구성과는 거의 전무한 실정이다.

이 글은 한국에서 계급정치 연구의 가능성을 확인하기 위해 우선 기존의 계급지표가 한국사회의 객관적인 계급구조를 얼마나 반영하는지 주관적 지표와 객관적 지표의 비교를 통해 살펴본다. 다음으로 계급정체성이라는 주관적 계급지표가 유권자의 정치적 행태(이념, 정책선호, 투표행태)에 미치는 영향을 분석함으로써 계급균열이 정치적 균열로 발전하는지 살펴보고자 한다. 분석결과를 토대로 결론에서는 왜 한국에서 계급정치의 가능성이 제한받는지 추론적 차원에서 나름의 답변을 제시하고 이후 연구과제를 제기하려고 한다. 이 글에서 주로 활용하는 데이터는 동아시아연구원에서 2005년 9월에 실시한 정체성 여론조사 데이터이다.

2. 기존연구 검토 및 연구방법론

1) 기존연구 검토

한국에서는 정치적으로나 이론적으로 '계급연구'에 대한 관심이 부족한 상태이다. 과거 권위주의시대에 '계급'에 대한 관심은 '반정부=공산주의=친북'의 동의어로서 정권에 의한 억압의 대상이었고 반대로 진보운동진영에서 '계급'은 '혁명과 저항'의 상징이었다. 이러한 역사적 현실하에서 '계급'은 이래저래 학문적 관심의 대상이 되기는 힘들었다(김동춘, 1997).

IMF 이후 소득불평등 문제가 부각되면서 최근 계급문제나 소득양극화 문제에 대한 정책적 · 학문적 관심이 되살아났지만 대부분 소득불평등의 원인 및 정책적 대안에 대한 경제학적 접근이 주를 이루거나 소득 및 계급의 불평등구조 자체에 연구의 초점이 맞추어져 있다. 즉, 지금까지 한국사회에서의 계급연구는 프랜디(Prandy, 2000: 237~238)가 제기한 계급연구의 두 축인 ① 사회학에 기반한 계급의 본질(*nature*) 연구, ② 정치학에 기반한 계급과 정치행태 간의 관계연구 중에서 후자를 지나치게 간과했다는 비판이 가능하다.[3] 2000년대 들어와 한국의 정치행태를 압도적으로 규정하던 지역균열 요인이 약화되었지만 그 공백을 이념 및 세대요인이 메우면서 계급이슈에 대한 관심은 상대적으로 미흡했던 것이 사실이다. 그러나 축적된 연구의 양이 많지 않지만 내용적으로는 몇 가지 중요한 연구결과들이 없었던 것은 아니다.[4] 기존 연구결과를 요약하면 다음과 같다.

첫째, 기존연구 결과들은 서구에서 이념이 주로 물질적 분배이슈를 중심으로 한 계급적 균열을 반영했지만, 한국에서 경제적 계급은 이념분화를 설명하는 요인으로서 큰 의미가 없다고 본다(강원택, 2004 ; 이내영, 2002). 즉 한국의 경우 주로 남북관계 및 대미관계 등 외교안보이슈와 사회적 인권문제를 중심으로 이념적 차이가 나타나지만 전통적 계급이슈인 성장-복지노선을 둘러싼 이념적·계급적 갈등이 확인되지 않는 것이다. 대신 한국에서는 세대 및 교육이 이념균열을 보다 잘 설명해준다(이내영, 2002) 고 한다. 즉, 젊고 학력이 높을수록 진보적이며 반대로 연령이 많고 학력이 낮을수록 보수적이라는 것이다.

둘째, 계급별로 나타나는 정치적 행태의 차이가 서구의 경험과 상이하게 나타난다는 것이다(강원택, 2004). 서구 민주주의 국가의 경우 최근 계급정치가 약화되었다는 평가에도 불구하고, 하위계급(*lower class*) 혹은 노동계급(*working class*) 은 대체로 진보적 이념을 가지고 있으며 정책적으로도 진보적 정책을 선호하는 것으로 나타난다. 투표행태에서도 저소득층 및 하위계급은 노동당 혹은 민주당 같은 진보적이거나 리버럴

3) IMF 이후 소득불평등 현상 및 계급개념에 대한 체계적 연구라고 할 수 있는 신광영(2004) 의 연구가 대표적이다.

4) 현재까지 일반국민의 정치적 선호 및 투표를 설명하는 변수로서 계급요인을 체계적으로 검토한 본격적 연구는 강원택(2004) 을 들 수 있다.

한 정당을 선호하는 경향이 여전히 존재한다. 반대로 중간계급(*middle class*) 혹은 상위계급(*upper class*)은 이념적·정책적으로 보수적이며 정당지지에서도 보수당을 지지하는 경향이 뚜렷하게 나타난다(Erikson, 2005 ; Evans, 2000).[5] 그러나 한국에서는 반대로 저소득층, 하위계급이 보수적 정책과 보수정당을 지지하고 고소득층, 상위계급이 진보적 정책 및 보다 개혁적인 정당을 지지한다고 본다(강원택, 2004 ;이내영, 2002).

셋째, 계급에 대한 측정지표로서 자신이 어느 계급에 속한다고 보는가라는 주관적 계급정체성을 분석지표로 활용한 논의는 거의 존재하지 않는다. 대신 객관적 지표 중에서 소득과 교육수준이 이념성향 및 후보선택에 유의미한 영향을 미친다는 점을 밝혔다. 또 다른 객관적 계급지표인 직업에 대해 분석한 강원택(2004)은 직무에 따른 분류로서 노무직(*manual*)·비노무직(*non-manual*) 구분은 이념성향에 큰 영향이 없지만, 직종별로 화이트칼라 계층, 전문직, 학생계층이 블루칼라보다 진보성이 강하게 나타남에 따라 이른바 탈물질적 가치균열의 영향이 있을 수 있다고 주장한다(강원택, 2004: 80~82). 이렇게 객관적 계급지표들이 한국인의 정치행태를 설명하는 데 부분적으로 의미가 있지만 설명력은 그다지 크지 않다는 평가가 지배적이다. 하지만 주관적 계급지표에 대한 체계적 검토가 이루어지지 않아 계급변수가 개개인의 이념성향 및 정치적 행태에 미치는 영향력을 종합적으로 고찰했다고 보기는 힘든 상황이다.

이러한 기존연구 결과들은 한국의 계급분포 및 계급별 특성을 이해하는 데 기본 출발점을 제공한다는 점에서 학문적으로 적지 않은 기여를 한 것으로 보인다.

이 글에서는 이러한 기존연구의 결과를 상당부분 수용하면서도 몇 가

---

5) 이러한 패턴은 계급정치가 유럽에 비해 상대적으로 약하다고 평가받는 미국 정치에서도 쉽게 확인할 수 있는 패턴이다. 탈물질적 가치균열이 기존의 물질적 계급균열을 대체했다고 주장하는 달튼조차도 이러한 패턴이 존재한다는 점을 부정하지 않는다(Dalton, 1996).

지 문제에 대한 이론적 수정의 필요성을 제기하고자 한다.

필자는 하나의 공식처럼 이해되는 소득수준을 기준으로 한 '저소득층=보수', '고소득층=진보'라는 계급별 이념성향 패턴이 한국의 정치적 현실을 제대로 반영하지 못한다는 가설을 제기하고자 한다. 사실 한국에서도 기득권층의 정치행태에서 강한 보수적 성향을 확인할 수 있는데, 이들이 상당부분 한국사회의 고소득층이라는 점을 생각하면 '고소득층=진보' 가설은 쉽게 이해되지 않는다. 특히 기존연구들이 '고소득=진보' 가설을 설명하는 논리로 잉글하트(Inglehart)의 탈물질적 가치이론을 도입하는데, 이에 대한 충분한 경험적 검토가 없었다는 점 역시 '고소득층=진보' 가설에 의문을 남게 만드는 요인이다.[6]

다음으로 방법론적 차원에서도 전면적 검토가 필요하다고 본다. 첫째, '고소득층=진보'라는 가설이 잘못된 지표에 의한 측정의 문제로부터 비롯될 수 있다는 점에 주목하고자 한다. 따라서 기존의 소득구분 분류가 객관적 소득분포를 잘 반영하는지 확인할 것이다. 기존 여론조사들이 대체로 소득분류 기준에 대한 학문적 합의 없이 적용되었고, 소득계층의 해석에서 자의적 해석이 존재했다는 점을 고려할 때 충분히 설득력이 있다고 판단된다.

둘째, 미국 및 유럽의 선행연구에서는 계급의 측정지표로서 소득, 학력, 직업 등의 객관적 지표를 중시하는 입장(Erikson 외, 2005 ; Stonecash 외, 2003)과 주관적 계급정체성(*class identity*)을 중시하는 입장(Campbell et al., 1964 ; Ambrason et al., 1995 ; Bartel, 1998)이 여전히 경쟁중이다. 즉, 어느 지표가 객관적 경제현실의 변화를 더 잘 포착하고 설명하는가는 주요논점 중의 하나이다(Stonecash 외, 2000). 한국에서는 별도의 검증과

6) 강원택(2004), 이내영(2002) 공히 '고소득=고학력=진보' 성향의 등장원인을 직접적으로 검증하지는 않지만 유력한 설명가설로서 탈물질적 가치균열을 제기한다는 점에서는 공통적이다.

정 없이 주관적 지표가 배제되었다는 점이 심각한 문제가 아닐 수 없다. 이 글에서는 한국의 기존연구에서 계급의 측정지표로서 배제되었던 '주관적 계급정체성'을 계급연구지표로 적용해 '주관적 계급요인'이 유권자의 이념과 정치행태에 어떠한 영향을 미치는지 살펴보기로 한다.

2) 연구방법: 객관적 계급지표와 주관적 계급지표

한국뿐 아니라 계급연구가 많이 축적된 서구학계에서도 '계급'(*class*)의 개념은 상당히 자의적일 수 있고 포괄적 개념이라는 데 공감대가 형성되어 있다(Eulau, 1955: 365). 기존 계급연구에서 계급은 '사회적 가치(*value*)와 명예(*honor*)의 불균등한 배분(*inequal distribution*)의 결과로 발생하는 계층화(*stratified*)된 사회적 집단'이라는 포괄적 개념정의가 통용된다(Campbell et al., 1964: 184~186). 여기서 배분되는 사회적 가치와 명예는 결국 개인 혹은 집단이 추구하는 이익을 의미하며 따라서 계급분류에서 가장 중요한 개념은 사회적 이익배분구조에서 차지하는 해당계급의 위치(*class location*)라고 할 수 있다. 계급을 측정하는 지표는 결국 한 사회의 이익배분 구조에서 특정 사회적 집단의 위치를 표현해주는 잣대를 의미한다.

객관적 계급지표를 강조하는 전통에서는 소득, 교육수준, 직업을 기준으로 계급위치를 파악하는(Stonecash et al., 2000 ; Erikson, 2005, 178) 반면, 주관적 계급지표를 중시하는 입장에서는 스스로 자신을 어느 계급에 위치시키는가를 계급구분의 잣대로 삼는 차이가 있다(Campbell et al., 1964: 186 ; Brooks and Manza, 1997).[7]

7) 스톤캐쉬 외(2000: 737)나 에릭슨 외(2005: 178) 등 대다수 학자들은 어느 특정지표가 보다 우월한 계급지표로서 우월하다기보다는 연구주제에 적절한 지표를 선택해야 함을 강조한다(2005: 178).

(1) 객관적 소득지표의 타당성 검토: 소득지표는 한국의 소득분포를 반영하는가

해외연구 및 국내연구에서 객관적 지표 중 가장 많이 사용되는 지표는 '소득'(*income*)이다. 그러나 가장 적절한 객관적 계급지표로 평가받는 '소득'의 경우도 보다 면밀한 방법론적 검토를 필요로 한다. 브랜돌리니(Brandolini et al., 2006: 21)는 ① 명목소득(*market income*), 총소득(*gross income*), 가처분소득(*disposable income*)의 구분, ② 측정단위로서 가장, 가족, 개인, 납세자 등의 구분, ③ 가족구성원 수 가중치 부여 여부, ④ 공공재분배 효과를 반영하였는지 여부 등에 대한 명확한 구분이 선행되어야 한다고 주장한다. 그러나 한국의 소득연구에서는 이러한 엄격한 기준으로 구분되지 않는다. 무엇보다 연구자들마다 고·중·저소득층 구분기준에 대한 명확한 합의가 존재하지 않아 한국의 여론연구에서 '소득' 지표가 '객관적 소득분포'를 반영하지 못하는 문제가 나타날 수 있다.

기존에 발표된 연구들의 일부사례만 검토해 보더라도 연구자와 조사기관에 따라 소득분류의 객관적 기준이 존재하지 않음을 확인할 수 있다. 현재까지 발표된 경험적 연구만 보더라도 저소득층 기준은 60만 원 미만(김재한, 1996: 79), 90만 원 미만(김욱, 1998: 211), 100만 원 미만(강원택, 2004: 79) 등 다양하다. 물론 최근에는 대체로 100만 원 이하로 수렴되는 경향을 보인다. 그러나 고소득층의 기준은 더욱 편차가 크다. 150만 원 이상(김재한, 1996), 180만 원 이상(김욱, 1998), 190만 원 이상(강원택, 2000)부터 200만 원 이상(World Value Survey, 2000)[8], 300만 원 이상(이내영, 2003: 124; 이숙종, 2003: 119), 400만 원 이상(EAI 정체성여론조사, 2005) 등 연구자 편의와 조사시점에 따라 자의적으로 분류되는 한계가 있다.

〈표 3-1〉에서 통계청이 발표한 전국 소득분위별 월소득평균과 몇 개

---

8) 이 조사결과에서 한국국민의 소득분류에 대한 확인은 www.worldvaluessurvey.org에서 확인이 가능하다.

〈표 3-1〉 통계청 발표 소득분위별 월소득 분포와 여론조사에서 나타나는 소득분포 비교

2005 통계청 발표 (단위: 만 원)			소득분류	정체성 여론조사 EAI(2005)		17대 국회의원선거 선거학회(2004)[1]		정부정책평가조사 EAI(2003)	
구 분	분포(%)	월소득		구분(만 원)	분포(%)	구분(%)	분포(%)	구분(만 원)	분포(%)
5분위	80~100	607	최고소득	400이상	13.2	80~100	0.1	300이상	26.2
4분위	60~80	355	고소득	300~399	20.1	60~80	18.4		
3분위	40~60	262	중간소득	200~299	28.0	40~60	41.4	200~300	37.2
2분위	20~40	184	저소득	100~199	24.4	20~40	27.6	200미만	36.8
1분위	하위 20	86	최저소득	100미만	8.8	하위 20	12.5		

자료: 통계청(2005); 《한겨레》(2006. 2. 8).

의 여론조사에서 적용한 소득구분을 비교해보면 적지 않은 문제점이 발견된다. 2005년 통계청발표에 따르면 전국가구를 5등급으로 나누었을 때 소득순위 하위 1~20%에 속하는 1분위의 경우 월평균소득이 86만 원이었고, 하위 21~40%까지의 2분위는 평균 184만 원, 중간인 3분위는 262만 원이었다. 상위 1~20%에 속하는 5분위의 경우 607만 원이었고, 그 아래인 4분위는 355만 원으로 나타났다.

2005년 EAI 조사의 소득분류의 경우 100만 원 미만, 100~200만 원, 200~299만 원, 300~399만 원, 400만 원 이상이라는 계급구간은 통계청 발표 소득분위별 월소득평균이 그 구간 내에 실제 위치한다는 점에서 소득분포와 크게 차이가 난다고 보기는 힘들다. 그러나 4분위와 5분위(상위 20%)의 소득격차는 252만 원(607~355만 원)으로 크게 차이가 난다. 따라서 기존의 계급구간은 상위 20%층과 20~40%층의 소득격차를 제대로 반영하기 힘든 조건이라 할 수 있다.

실제 여론조사에서 최고의 고소득층으로 분류된 응답자의 월소득평균이 600만 원대에 많이 못 미치는 사람들로 표본추출이 된다면 최고소득층의 구분이 객관적인 실제 소득분포를 왜곡할 가능성이 크다. 가령 일부연구에서처럼 '200만 원 이상의 응답자'를 고소득층으로 분류하는 경우에는 중산층에 속한 사람의 인식이 고소득층의 여론으로 왜곡될 개연성이 충분하다.

(2) 주관적 계급측정 지표의 적용

이 글에서는 한국에서 정치행태를 설명하는 변수로서 주관적 '계급일체감' 지표의 유용성을 확인하고자 한다. 미국의 경우 주관적 계급측정 지표로서 센터스(Centers, 1949)의 지표가 많이 활용된다. 그는 ① 하위계급(*lower class*), ② 노동계급(*working class*), ③ 중간계급(*middle class*), ④ 상위계급(*upper class*)의 네 범주로 분류하지만, 전통적으로 하위계급과 상위계급에 대한 응답자가 매우 적었기 때문에 '노동계급'과 '중간계급'의 이분형척도로 환원하여 분석한다.[9] 이 글에서 사용하는 "2005 EAI 국가정체성 여론조사 데이터"는 센터스의 지표에 대해 '최하위계층', '중하위계층', '중산층', '중상위계층', '최상위계층'이라는 다섯 범주의 척도를 사용하여 조사했다. 서구연구에서 사용하는 '노동계급'(*working class*)이라는 범주는 한국에서는 개념상의 혼란과 과거 권위주의시대의 이념적 색깔씌우기의 여파가 남아 있을 수 있다는 점을 고려해 제외했다. 따라서 이 글에서 사용하는 주관적 계급척도는 '서열적 위계 속에서의 소속집단'의 위치를 의미하는 것으로 볼 수 있다.[10]

주관적 계급변수의 경우 응답자가 실제 얼마나 자신의 사회적 위치를 정확하게 이해하는지에 대한 의문이 제기되는 것이 사실이지만 응답자 스스로의 계급인식과 일체감이 개인의 정치행태에 보다 직접적인 영향을 미친다는 것이 미국 주류학계의 입장이다. 그 결과 미국학계에서는 주관적 계급정체성이 1940년대 이래 계급투표를 분석하는 지표로 일반화되어 왔다(Abramson, Aldrich, and Rohd, 1995: 53). 물론 미국의 논의를 그대로 따를 이유는 없지만, 최소한 한국에서도 주관적 계급지표로서의 적실성을 따져볼 필요가 있다.

이를 위해 우선 이러한 주관적 계급지표가 객관적 경제상황의 변화를 역사적으로 잘 반영하는지 살펴볼 필요가 있다. 개인과 사회에서 나타나는 경제적 상황변화를 잘 포착하는 지표야말로 실제 계급적 투표행태

---

9) 에릭슨 외에 따르면 2002년 GSS(General Social Survey) 조사결과 하위계급 5%, 노동계급 45%, 중간계급 46%, 상위계급 4%로 나타났다(Erikson et al., 2005: 178).

10) 프랜디는 서구의 'working class' 및 'middle-class' 계급구분이 위계적(*hierarchial*) 요소와 범주적(*categorical*) 요소를 혼돈하는 문제를 지적하면서 계급간 갈등을 논할 때는 범주적 측면이, 계급간 이익을 구분하고 정당지지패턴이 사회화되는 과정에서는 위계적 요소가 강조된다고 한다. 그는 위계적 차원에서의 계급개념이 계급별 투표성향의 차이를 보다 잘 설명할 수 있다고 본다(Prandy, 2000: 237~258).

의 변화를 잘 설명할 수 있다고 할 수 있기 때문이다(Stonecash et al., 2000: 737). 또한 주관적 계급정체성을 실제 객관적인 사회적 재화의 분배상태와 비교해볼 필요가 있다. 주관적 계급집단별로 배분된 사회적 재화규모의 차이가 클수록 주관적 계급이 객관적인 소득양극화 및 사회양극화현상을 잘 반영한다고 할 수 있다.

3. 주관적 지표를 통해 본 한국의 계급구조

1) 주관적 계급분포의 역사적 변화: 축소되는 중산층

2005년 이번 조사에서 스스로 최상위계층에 속한다고 답한 응답자는 0.1%, 중상위계층에 속한다는 응답자는 3.3%로 극히 적었으며 스스로 중산층이라고 느끼는 응답자는 36.4%였다. 반대로 자신을 중하위계층에 속한다고 본 응답자는 전체 41.9%에 달했고, 최하층에 속한다고 한 응답자도 16.4%에 달했다.

〈그림 3-1〉과 〈그림 3-2〉를 비교해보면 주관적 계급지표는 한국경제의 상황변화에 다른 소득양극화 현상의 변화추이를 비교적 잘 반영하는 것으로 보인다. 〈그림 3-1〉에서 경제성장률이 평균 6~10%을 오르내리는 1984년부터 1990년대 초반까지 소득불균형 지수가 지속적으로 하락하는 추세를 보여주었는데, 이는 〈그림 3-2〉에서 중산층과 상위계급의 확대로 이어지면서 소득양극화 현상이 완화되고 있다는 발견과 일맥상통한 결과이다. 〈그림 3-2〉에서 보면, 심리적 계급의식을 시기별로 살펴본 결과 1984년 이후 1990년, 1995년 여론조사결과를 보면 1980년대 중후반 이후의 경제호황에 힘입어 IMF 사태직전의 시기까지 스스로를 '중산층'이라고 응답한 비율을 보면 37% → 44% → 40%로 증가하다 완만한 감소추세로 돌아섰다. 그러나 1995년 중산층의 감소는 하위계층

〈그림 3-1〉 한국의 10분위 소득배율과 GDP 성장률 변화추이

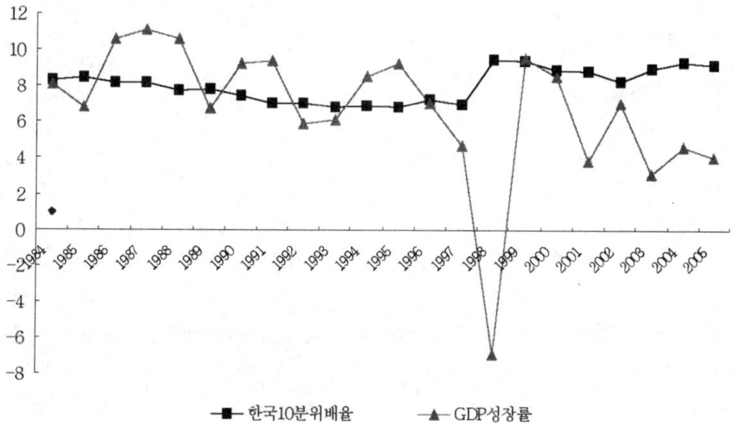

자료: 한국은행(2005) ; 통계청(2006).

의 증가보다는 상위계층의 증가(9→12%) 추세로 이어졌다는 점을 고려해야 한다. IMF 직후인 1999년 조사에서는 중산층의식을 가진 사람이 33%로 급감했고 2000년에는 외환위기를 극복하면서 39%로까지 회복되는가 싶더니 이번 조사에서는 다시 36%로 떨어졌다. 대신 스스로를 하층계층으로 느끼는 응답자들이 58%까지 치솟고 있다. 마찬가지로 경제성장률이 4~6%대로 내려온 2000년대 이후 조사결과를 보면 주관적 계급지표의 양극화현상이 심화되고 있음을 쉽게 확인할 수 있다. 이 시기 객관적 경제지표들을 보면 IMF 이후 경제성장률이 감소하고 소득양극화 현상이 심화되고 있음을 확인할 수 있다. 즉, 객관적 경제지표의 악화는 소득불평등의 심화로 나타나고 주관적 지표에서는 중산층의 감소 및 하위계급의 증가로 나타나는 패턴을 확인할 수 있다.

1990년, 1995년, 2000년 세 차례 동일한 주관지표를 가지고 경제적 분배추이를 분석한 이정우(2005)의 분석 역시 주관적 계급지표가 10년

〈그림 3-2〉 20년간 주관적 계급분포 변화(%)11)

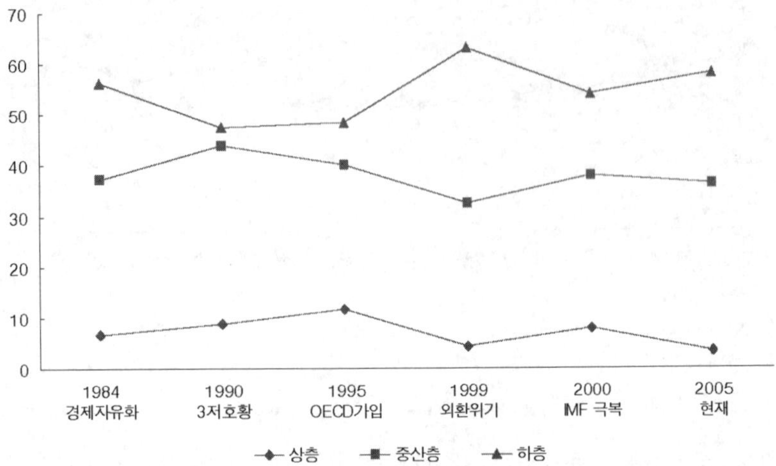

자료: 서울대 사회과학연구소 · KOSSADA[12] (1984~2002) ; 《동아일보》(1990. 4. 1) ; 한국사회과학협의회 · KOSSADA(1995~2001) ; 한국가족연구회 · KOSSADA(1999~2004) ; KOSSADA(2000~2001) ; 동아시아연구원(2005).

간 현실경제의 움직임을 그대로 반영한다는 결론을 내린다. 본 연구결과에서도 1980년대 중반 이후 한국경제의 객관적 지표와 비교해볼 때 주관적 계급분포는 경제성장이나 소득불평등 정도의 변화에 반응하면서 변화하고 있다는 평가가 가능하다.

---

11) 이 결과들의 척도에는 약간의 차이가 존재한다. 1984, 1995년 자료는 7점 척도(1~3점이 하층, 4점이 중간층, 5~7점이 상층), 1990, 1999, 2000, 2005년 데이터는 5점 척도(1~2점이 하층, 3점이 중간(산)층, 4~5점이 상층)를 3개 계급으로 재분류한 결과이다.

12) KOSSADA는 한국사회과학도서관에서 관리하는 여론조사 데이터 아카이브로서 각종 연구단체에서 수행한 여론조사 데이터를 축적한다. http://www.kssl.or.kr(검색일: 2005. 9. 30).

2) 경제사회적 이익의 분배구조와 계급정체성

계급을 '경제적 · 사회적 가치에 대한 불균등한 배분구조에서 위계적으로 구분되는 사회적 집단'으로 정의한 조건에서 '주관적 계급지표'가 분석도구로서 타당성을 갖기 위해서는 한 사회의 경제적 가치와 이익의 불균등한 배분상태를 제대로 반영하는지 살펴볼 필요가 있다. 소득은 사회적으로 배분되는 경제적 이익의 대표적인 사례이다. 〈표 3-2〉에서 확인할 수 있는 바와 같이 소득 100만 원에서 200만 원 미만의 응답자들은 중산층이나 상위계층보다는 최하위층과 중하위층으로 인식하는 경향이 강하고 200만 원에서 300만 원 미만의 응답자들은 중하위계층으로 응답하는 비율이 상대적으로 높았다. 즉, 소득이 많을수록 상위계급에 일체감을 갖고 있으며 반대로 소득이 적을수록 하위계급에 일체감을 갖는 패턴이 뚜렷이 드러났다. 카이제곱 통계량을 검증해본 결과 유의도가 0.01 미만으로서 두 변수간의 상호관계가 통계적으로도 유의미했다.

특히 한국에서 계급갈등을 완충하는 역할을 하는 것으로 알려진 중산층의 경우 월 가계소득이 300만 원 이상이 되는 소득계층들(200~399만 원 소득층의 57.8%, 400만 원 이상 소득층의 57.8%)의 대다수가 주를 이루고 있다. 〈표 3-1〉의 통계청구분으로는 4분위(상위 20~40%)에 속하는 응답자들이 중산층의식을 보유하고 있음을 보여준다. 또한 소득분위상으로는 중산층에 속하는 200~299만 원의 응답자의 경우 많은 응답자들(56.3%)이 중하위계층에 일체감을 나타냈다. 심지어 소득수준이 400만 원을 넘는 중상수준의 집단의 경우에도 25.2%가 스스로를 중하위계층이라 대답했고, 3%는 스스로를 최하층으로 분류했다. 물론 100만 원 미만 응답자의 12.4%, 100~199만 원 미만 응답자의 25%는 실제 소득구조에서 차지하는 위치보다 높은 중산층의식을 갖는 등 반대되는 경향이 존재하는 것은 사실이지만 대체로 자신의 실제 소득분위보다는 상대

〈표 3-2〉 주관적 계급과 소득분배 분포(%)13)

월평균 가정소득(n=968)	최하위계층	중하위계층	중산층	상위계층
카이제곱 검증 p< 0.01	16.2(157)	43.1(417)	37.1(359)	3.6(35)
100만 원미만(9.2/89)	43.8	43.8	12.4	—
100~199만 원(26.0/252)	29.4	44.8	25.0	0.8
200~299만 원(29.8/288)	11.5	56.3	30.9	1.4
300~399만 원(21.1/204)	3.4	33.8	57.8	4.9
400만 원이상(13.9/135)	3.0	25.2	57.8	14.1

주: 1) '모름/ 무응답'은 결측처리함.
2) 괄호 안에서 앞의 수치 해당 응답자의 비율, 뒤의 수치는 빈도수.

적으로 낮은 계급에 위치시키는 경향이 나타나고 있다.

여기서 다른 사회경제적 변수와 주관적 계급변수 사이의 교차분석을 통해 다른 사회적 균열이 주관적 차원의 계급균열과 중첩되는지 〈표 3-3〉의 결과를 가지고 살펴보도록 한다. 우선 객관적 계급지표들로 활용되는 학력별·직업별로 주관적 계급인식에 어떠한 차이가 존재하는지 살펴보자. 분석결과 계급일체감이 학력수준에 따라 많은 편차를 보인다. 대재 이상에서는 과반수(49.2%) 가까이 중산층과 상위계층이라고 응답한 반면, 고졸 응답자의 경우는 36.2%, 중졸 이하에서는 25.6%로 떨어진다. 이는 교육기회가 한국사회에서의 계급위치를 결정하는 데 중요한 요인이 됨을 의미하는 것이다.

또한 직업별로 보면 강원택(2004)의 기존 연구결과와 마찬가지로 사무/기술직, 경영/관리직, 학생층 등 화이트칼라층에 속하거나 속할 가능성이 높은 직업군에서 중산층의식이 상대적으로 높게 나타나고, 반대

13) 박스는 전체응답의 평균을 상회하는 셀을 의미한다.

〈표 3-3〉 사회경제적 배경 변수와 주관적 계급인식(%)

분 류(n=1,038)		최하위계층	중하위계층	중산층	상위계층
전 체(%)		16.4(170)	41.9(434)	36.4(378)	3.4(35)
학 력**	중졸이하(165)	32.5	41.9	25.0	0.6
	고 졸(364)	18.0	45.8	33.3	2.9
	대재이상(488)	10.5	40.4	44.4	4.8
직 업*	농/임/어업(29)	22.2	25.9	48.1	3.7
	자영업(164)	19.9	42.2	36.6	1.2
	판매/서비스(146)	19.0	44.4	31.7	4.9
	기능/숙련공(44)	20.9	58.1	14.0	7.0
	일반작업직(38)	25.6	48.7	25.6	
	사무/기술직(191)	12.7	41.8	41.3	4.2
	경영/전문직(51)	7.8	35.3	47.1	9.8
	주 부(229)	15.0	41.6	40.3	3.1
	학 생(58)	8.9	35.7	55.4	
	무직/기타(88)	22.6	50.0	25.0	2.4
연 령**	20대(224)	11.9	40.2	43.4	4.6
	30대(257)	18.2	45.5	34.0	2.4
	40대(239)	12.8	45.3	38.0	3.8
	50대(141)	18.0	44.6	34.5	2.9
	60대 이상(177)	25.0	37.2	34.3	3.5
지 역**	서울(224)	10.6	40.4	46.3	2.8
	인천/경기(270)	17.2	41.6	37.0	4.2
	대전/충청(104)	28.2	38.8	32.0	1.0
	광주/전라(113)	21.6	48.6	27.0	2.7
	대구/경북(113)	20.7	45.0	29.7	4.5
	부산/울산/경남(169)	10.7	48.8	35.1	5.4
	강원/제주(45)	20.0	24.4	55.6	

주: 1) '모름/ 무응답'은 결측처리하지 않고 표기만 하지 않음.
2) 괄호 안에서 앞의 수치 해당응답자의 비율, 뒤의 수치는 빈도 수.
* 카이제곱 검정결과 $p < 0.05$, ** $p < 0.01$.

로 기능/숙련공, 일반/작업직에 종사하는 사람들의 대다수가 중하위계급이나 최하위 계급인식을 갖는 것으로 나타났다.[14] 강원택은 '서비스계급과 봉급생활자로 대변되는 관리/전문직의 경우 기본임금뿐 아니라 임금상승, 직업안정성, 연금혜택 등에서 매우 유망한 노동계약조건을 갖지만 반대로 일반기능/기술직 노동계급의 경우 시간제노동, 노동감시, 과중한 노동 등 열악한 노동계약조건으로 정치적 태도에 큰 차이를 보인다고 주장한다. 이처럼 화이트칼라와 블루칼라 사이에 정치적 태도와 이념성향의 차이가 존재하는 것은 사실이지만 이들이 노동계급 내부의 하위범주라는 점에서 노동계급 이외의 계급정치 행태를 설명하는 데에는 근본적 한계가 있다. 주관적 계급정체성은 이러한 한계를 극복하면서 전 사회계층을 아우르는 분석틀로서 활용될 여지가 크다고 할 수 있다.

지역별로 계급정체성 분포를 살펴보면 역시 서울 지역주민의 46.3%가 중산층이라고 응답하여 다른 지역주민에 비해 중산층의식이 상당히 강하다. 반면 호남 및 대구 경북지역 주민들의 경우 다른 지역에 비해 중산층의식의 비중이 작고 상대적으로 하위계급의식이 강한 것으로 나타났다. 이러한 결과는 이 지역주민들이 느끼는 지역경제 침체현상을 반영하는 결과이며 부가 지역별로 불평등하게 배분되는 현상을 단적으로 보여주는 결과라 할 수 있다.[15]

---

14) 이는 계급을 주로 노동계급내에서 네 개의 하위범주, 즉 ① 프티 부르주아지(*petty bourgeoisie*), ② 서비스계급 및 봉급생활자 계급(*service class and salariat*), ③ 일상적 비육체노동자(*routine nonmanual class*), ④ 노동계급(*working class*)로 분류하고 기본적 계급이익의 상충이 서비스계급과 노동계급 사이에서 발생한다고 본 골드덥 외(Goldthorpe, 1992)의 논의와도 일치한다(Evans, 2000: 406~407).

15) 이는 1990년, 1995년, 2000년 한국사회과학연구협의회에서 5년마다 진행하는 지역별 소득불평등 분석결과와 정확히 일치하는 것이다(이정우, 2005: 93).

〈그림 3-3〉 세대별 학력분포(%)[16]

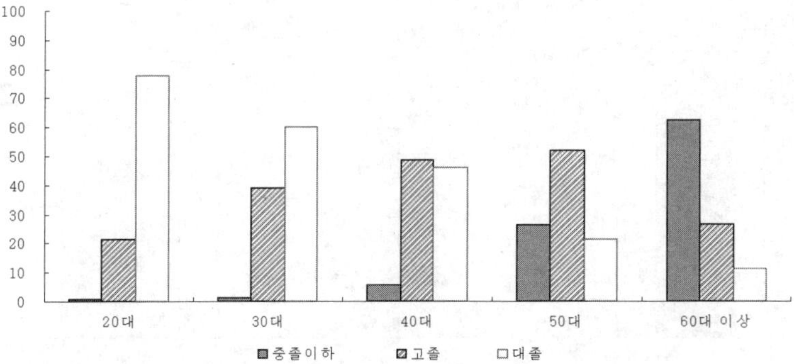

* 카이제곱 검정결과 $p < 0.05$, ** $p < 0.01$.

한편 연령별 · 학력별로 나타나는 주관적 계급정체성의 차이를 살펴보면 재미있는 특징을 볼 수 있다. 우선 연령별로 보면 20대에서는 중산층이, 30~50대에서는 중하위계층이, 60대 이상에서는 최하위계층이 평균이상의 응답비율을 보여주고 있다. 즉, 나이든 세대일수록 하위계급에, 젊은 세대일수록 상위계급에 가까운 의식을 가지고 있다는 것이다. 이러한 차이를 만들어내는 요인은 세대별로 나타나는 교육기회의 불균등한 상태를 반영하는 것으로 보인다. 〈그림 3-3〉에서 볼 수 있듯이 응답자들이 젊은 세대일수록 학력이 높고, 나이든 세대일수록 학력이 낮다. 〈그림 3-4〉는 학력별 소득의 격차를 뚜렷하게 보여준다. 즉 중졸 이하의 저학력자의 경우 월소득 200만 원 이하에 집중적으로 분포되어 있고, 반대로 대재 이상의 고학력자들은 월 소득 300만 원 이상에 집중되어 있다.

결론적으로 '주관적 계급'정체성은 학력, 직업 등의 사회적 가치 및 기회의 불평등한 분배상황을 반영할 뿐 아니라 세대나 지역별로 나타나

16) '모름 / 무응답'은 결측처리하지 않고 표기만 하지 않음.

〈그림 3-4〉 학력별 월소득분포(%)

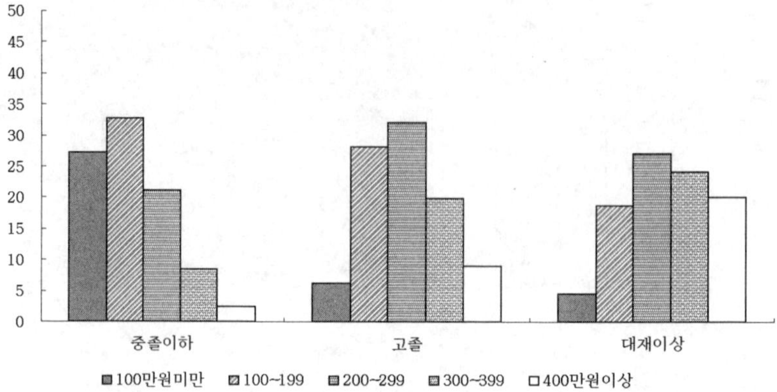

* 카이제곱 검정결과 $p < 0.05$, ** $p < 0.01$.

는 경제적 불평등을 보여주는 지표로서도 의미가 있음을 보여준다고 할 수 있다. 다만 주관적 정체성의 경우 여타의 사회적 배경변수들과 상호관계가 높을 것으로 추측되기 때문에 정치행태를 설명하는 독립적 변수로서 의미가 있는지를 살펴보기 위해서는 면밀한 검증을 필요로 한다.

4. 계급정체성과 정치적 태도

계급정체성이 사회경제적 처지의 차이를 보여주는 지표라는 것이 확인되었다면 사회경제적 이익의 불균한 배분을 반영하는 계급지표가 유권자 개개인의 이념성향과 정치적 행태에 어떠한 영향을 미치는지 살펴볼 차례이다. 이 장에서는 본격적으로 한국에서의 계급정치의 가능성에 대해 검토하고자 한다. 즉, 계급정체성의 차이가 개인의 정치적 태도에 어떠한 영향을 미치는지 ① 이념, ② 정책, ③ 투표행태 등을 통해 살펴보도록 한다.

1) 계급정체성과 이념: 진보적 상위계급 vs. 보수적 하위계급?

서구 특히 유럽에서 이념이 성장과 분배와 같이 계급적 가치를 반영한 개념이라면 한국사회에서 이념은 주로 인권문제나 대북/대미문제에 대한 안보이슈에 대한 입장차이를 반영한다고 하는 것이 기존연구의 결과이다(이내영, 2002 ; 강원택, 2004). 또한 서구의 연구들에서 서구에서 저소득층일수록 진보적이고, 고소득층이며 상위계급일수록 보수적이라는 주장은 일종의 상식처럼 이해되고 있다(Erikson et al., 2005: 180).

그러나 한국에서는 역으로 고소득층, 고학력층이 진보적이고, 반대로 저소득층, 저학력이 보수적이라는 가설이 통용되어 왔다. 월소득과 주관적 이념성향 분포를 살펴보면 한국에서는 고소득층일수록 진보적이고 저소득층일수록 보수적이라는 기존의 이론을 재확인해 주는 것처럼 보인다. 〈그림 3-5〉는 응답자 스스로 자신의 이념을 평가하는 문항에 대해 0~4점(진보), 5점(중도), 6~10(보수)라는 11점 척도에 대해 답한 값을 소득집단별로 평균을 내어 비교한 결과이다. 따라서 응답 평균이 5점 미만은 진보적, 5점을 초과하면 보수적 성향을 띤다고 해석할 수 있다. 조사결과 100만 원 미만, 100~199만 원 미만의 소득층에서는 이념 평균이 각각 5.28, 5.30으로 보수적 성향이 나타난다. 그러나 200만 원~300만 원 미만', '300만 원~400만 원 미만', '400만 원 이상'의 소득집단은 각각 4.68, 4.57, 4.65로 대체로 진보적 성향을 보여준다.

그러나 '고소득층=상위계급=진보'라는 가설을 무작정 수용하기 어려운 것은 앞서 강조한 것처럼 고소득층의 범주가 객관적 소득분포를 반영하지 못했을 뿐 아니라 연구자에 따라 임의 기준에 의해 분석된 측면이 크기 때문이다. 여기서는 '주관적 계급지표'를 통한 '고소득층=상위계급=진보'라는 가설에 대한 검토를 수행하고자 한다.[17] 즉 스스로 고

17) 에반스는 서구의 계급정치가 약화되었다는 논리들의 대다수가 척도 및 분석

〈그림 3-5〉 소득분류별 이념평균점수

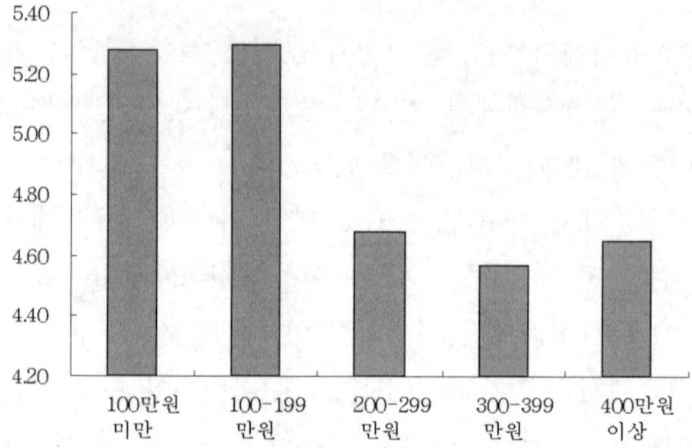

ANOVA Test: F=5.378, df=5, $p < 0.01$
N=1,038, 전체평균=4.86

〈그림 3-6〉 계급정체성별 이념평균점수

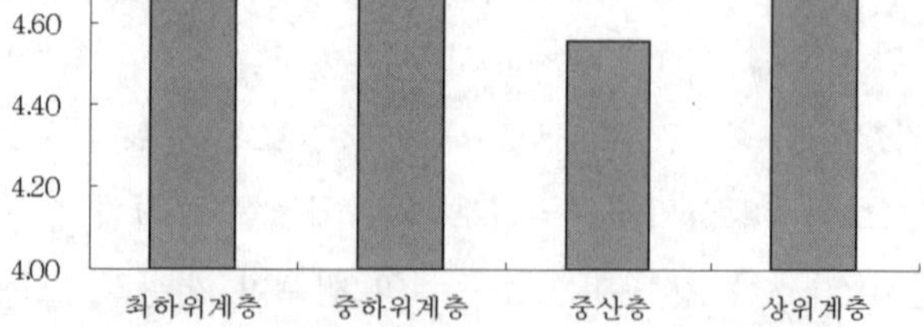

ANOVA Test: F=7.677, df=3, $p < 0.01$
N=1,038, 전체평균=4.86

방법의 문제로부터 발생했음을 주장한 대표적 학자로서 척도 및 분석방법을 조정할 경우 여전히 계급정치가 서구에서도 상당한 영향력을 행사한다고 주장한다(Evans, 2000).

소득층 혹은 상위계급으로 위치짓는 사람들의 경우 객관적 소득지표를 통해 도출된 결과와 달리 보수적이라는 이 연구의 가설을 검토해 보고자 한다. 이를 위해 11점 척도로 측정한 자기이념 점수에 대한 주관적 계급지표별로 분산분석(ANOVA) 검정결과를 소득별 이념평균과 비교한다.

〈그림 3-6〉의 분석결과를 정리해보면 첫째, 한국사회에서 고소득층이 진보적이라는 가설과 달리 스스로를 한국사회에서 상위계층에 속한다고 생각하는 사람들은 최하위층 응답층과 함께 보수적 이념성향을 갖는 것으로 나타났다. 둘째, 소득분포별 이념평균 분포의 유형과 계급정체성별 이념평균 분포의 유형에도 큰 차이가 존재했다.[18] 주관적 계급지표에 따른 이념평균 점수를 보면 최하위계층에서 중산층에 이르기까지는 계급등급이 올라갈수록 진보적 성향이 강해지지만 상위계층은 보수적 이념성향이 강해지는 (V)형 분포를 띤다. 최하위계층과 최상위계층의 자기이념성향을 스스로 보수적이라고 응답하는 경향이 강한 반면 한국에서 중산층에 가까울수록 스스로를 진보적이라고 생각하는 경향이 많다는 것이다. 특히 최상위계층의식을 갖는 사람들이 보수적 성향을 가진다는 결과는 이들이 기존의 소득지표에서 충분히 반영되지 못했던 한국사회의 실제 최고소득층의 여론을 보여줄 수 있다는 점에서 중요한 발견이다. 고소득층과 상위계급이 진보적이라는 기존연구의 결과는 재론의 여지가 있음을 보여주는 결과라 할 수 있다.[19]

또한 계급과 이념성향 간의 상관관계를 살펴보면 하위계층에서 중간층까지는 계급이 올라갈수록 진보적 성향이 강해지는 특징을 보여주지

---

18) 자기이념점수는 0(매우 진보)에서 4점까지(진보), 5점은 중도, 6점(보수)~10점(매우 보수)까지 11점으로 분류하여 응답자가 스스로의 이념위치를 측정한 값이다.

19) 물론 이러한 가설을 한 번의 여론조사 분석을 통해 검증할 수는 없다. 이후 객관적 소득지표에서 최상위 20%에 속하는 응답층의 평균소득 정도는 파악할 수 있는 척도개발을 통해 추가 검증해볼 필요가 있을 것이다.

만, 스스로를 상위계층이라고 생각하는 사람들에게서는 역으로 보수적 성향이 나타나는 등 일관된 이념성향 패턴을 보여주지 않는다. 이러한 결과는 상위계급의 경우 서구에서처럼 이념을 경제적 차원에서 이해하는 반면, 중산층 이하의 집단들의 경우 경제외적 차원에서 이념적 태도를 결정하는 것은 아닌지 의문을 갖게 한다. 즉 계급별로 이념결정요인이 분절적일 수 있다는 것이다. 이는 후속연구에서 다뤄질 주요주제 중의 하나가 될 것이다.

2) 계급정체성과 정책선호: 계급이 정책태도를 결정하는가?

특정계급에 속한 개인이 자신이 속한 계급의 이해관계와 이념적 대안을 연결시키지 못한다면 실제 개별정책에서는 더더욱 계급변수가 미치는 영향력을 기대하기 어려울 것이다. 이러한 가정을 확인하기 위해 경제·정치·외교영역의 주요 정치적 쟁점들에 대한 계급적 선호분포를 살펴보기로 한다.

주요 정치적 쟁점들은 최소한 노무현 정부의 등장 이후 정치권 및 언론 등에서 정치적, 이념적 갈등을 양산했던 위치이슈(*positional issue*)[20]들을 중심으로 살펴보기로 한다. 우선 경제영역에서는 최근 논란이 본격화되기 시작한 '복지/성장 중 성장우선정책' 및 '국가개입 및 개인소유권을 제한하는 입장에 대한 태도', 정치영역에서는 노무현 정부 등장 이래 여당과 야당 사이에 정치적 쟁점을 형성했던 대표적 문항이다. 마지막으로 대북정책 및 한미동맹관계는 이념갈등이 심각한 이슈들이다. 이

20) 메이휴(Mayhew, 2000)와 달튼(Dalton, 1996)은 이슈를 ① 정책목표에 대한 이념적 위치(*position*) 구분이 가능한 위치이슈(*position issue*)와 ② 정책추진의 수행(*performance*)에 대한 평가로 입장차이가 나타나는 실적이슈(*performance issue*) 혹은 결합이슈(*valence issues*)로 구분한다. 여기서도 이러한 구분에 따라 정책선호를 평가한다.

〈표 3-4〉 계급별 · 이념별 정책선호 비교
(각 이슈에 대한 진보적인 입장의 응답비율)[21]

분 류(%)		경 제		정 치		외 교	
		성장복지	소유규제	국가보안법	과거사청산	대북지원	대미관계
주관적 계급	상위계급	40.6	37.1	39.4	68.6	58.8	28.1
	중산층	32.2	39.5	37.6	64.3	67.4	27.5
	중하위	41.0	39.1	46.1	68.6	63.6	37.7
	최하위	42.2	43.9	36.9	71.3	55.6	36.0
분 류(%)		경 제		정 치		외 교	
		복지우선	소유제한	국보법개폐**	과거청산**	대북지원**	자주외교**
주관적 이념 성향	진 보	39.9	44.7	51.8	71.6	74.8	46.0
	중 도	40.3	36.6	37.7	67.4	62.3	23.7
	보 수	32.3	40.3	33.8	61.2	50.4	32.6

* 카이제곱 검정결과 $p < 0.05$, **: $p < 0.01$

처럼 참여정부 등장이후 정치적 · 이념적 쟁점들이 되었거나 되는 이들 이슈들에 대해 계급정체성에 따라 유권자 선호분포의 특징을 살펴본다.

〈표 3-4〉는 주관적 계급지표별로 주요정책에 대해 진보적 입장을 갖는 유권자비율과 이념별로 나타나는 정책선호 분포를 비교한 것이다. 이념성향별로는 경제를 제외한 정치 · 외교분야 이슈들에 대해 뚜렷한 선호차이를 보여준다. 진보적 성향의 응답자일수록 국가보안법 개폐에 찬성하고 철저한 과거청산을 원할 뿐 아니라 보다 과감한 대북지원과 미국과의 자주적 관계를 지지한다. 이는 통계적으로도 카이제곱 검정결과 $p < 0.01$로서 유의미했다. 이념성향이 개개인의 국내정치와 대외안보인식에 영향을 미치고 있음을 확인할 수 있는 결과이다.

21) '모름 / 무응답'은 결측처리함.

〈표 3-5〉 계급별·이념별 노무현 정부 국정평가 비교
(각 이슈에 대한 긍정적인 응답비율)

분류		현 정부 긍정 평가			
		대통령국정	정치발전	경제발전	남북화해**
주관적 계층의식	상위층	22.9	15.6	8.6	43.3
	중산층	23.4	31.4	16.2	55.8
	중하위	19.7	33.4	16.2	64.7
	최하위	21.8	30.2	13.4	66.7
분류		현 정부 긍정 평가			
		대통령국정**	정치발전**	경제발전**	남북화해
주관적 이념성향	진보	29.5	42.6	21.4	61.8
	중도	18.5	28.0	14.3	61.3
	보수	15.9	23.1	10.3	59.9

* 카이제곱 검정결과 $p < 0.05$, ** $p < 0.01$

주관적 계급을 기준으로 보면 뚜렷한 패턴을 보기 힘들다. 경제분야에서는 상위계급이 중하위·최하위그룹과 함께 중산층에 비해 복지를 선호하는 경향을 보여주었지만 국가가 공공의 이익을 위해 개인의 소유권을 제한할 수 있다는 주장에 대해서는 가장 낮은 응답비율을 보여준다. 정치분야에서도 국가보안법개폐나 과거사청산 이슈에 대해서 다른 계급과 별다른 차이를 보여주지 않는다. 다만 외교분야에서는 대북지원에 찬성(58.5%)하거나 자주적 대미외교노선을 지지(28.1%)하는 비율이 다른 계급에 비해 상대적으로 낮게 평가되었다. 상위계급과 함께 이념적으로 보수적 성향이 강한 최하위계급 역시 자신의 이념적 성향과 정책선호가 뚜렷한 상관관계를 갖지 않은 것으로 나타났다. 대북지원에 대해서는 진보적인 응답비율(55.6%)이 가장 낮은 것으로 나타났지만 대미관계에 대해서는 진보적 응답비율(36.0%)이 상대적으로 높게 나타

났다. 그러나 통계적으로는 유의미한 차이를 보여주지는 못했다.

특히 두드러진 특징은 주관적 자기이념으로는 가장 진보적이라 할 수 있는 중산층의 경우 외교안보분야 이슈를 제외한 다른 영역에서는 다른 계급과 큰 차이가 없거나 오히려 보수적 여론이 상대적으로 강하게 나타난다는 점이다. 결국 주관적 계급정체성이 주요 정책이슈에 대한 정치적 선호를 결정하는 데 일관된 영향을 주지 못하는 것으로 해석할 수 있다. 즉 각 계층의 주관적 계급인식이 직접적으로 정책선호로 연결되는 것이 아니라는 것이다. 이는 주관적 계급인식이 사회경제적 이익의 양극화현상을 반영하면서도 동시에 이념적 사회갈등 축과 교차하면서 이념갈등을 완충하는 요인으로 작용할 수 있음을 시사하는 결과이다. 최소한 주관적 계급정체성은 이념갈등을 심화시키는 요인으로 보기는 힘들다.

그러나 〈표 3-5〉에서 노무현 정부의 전반적 국정평가와 정치·경제·남북관계별로 노무현 정부의 성취에 대해 평가하는 문항에 대해서는 이념별로는 말할 것도 없고 스스로를 상위계급으로 인식하는 층과 중산층 이하의 계층에서 적지 않은 차이가 발견된다. 전반적 국정평가와 관련해서는 계급정체성별로 큰 차이가 나타나지는 않는다. 그러나 세부적으로 정치, 경제, 남북관계에 대한 평가를 해보면 상위계급은 노무현 정부 등장 이후 정치발전에 대해 15.6%, 경제성장에 있어서는 불과 8.6%만이 긍정적 기여를 했다고 답할 정도로 대단히 비판적이다. 반면 중산층 이하 계급들에서는 긍정적 평가가 상위계급에 비해 두 배 가까이 높았다. 하지만 2005년 조사시점이 노무현 정부에 대한 비판여론이 사회 전체적으로 고조된 시기여서 대체로 긍정적 평가비율은 낮았다. 다만 남북관계 부분에 대한 노무현 정부에 대한 평가는 계급별로 일관된 편차를 확인할 수 있다. 상위계급일수록 긍정적 평가비율이 낮았다.

이러한 결과는 개인별 정책선호가 주관적 자기이념에 의해 강하게 영향을 받고 있음을 보여준다. 반대로 주관적 계급정체성의 경우 이념적 갈등이슈에는 큰 영향을 미치지 못하고 다만 현 정부의 세부 국정평가에 대해 상위계급과 중하위계급 간의 인식차이가 크게 벌어지고 있음을 확인할 수 있었다. 계급정체성이 일반적 이념이나 정책태도에 미치는 일관된 영향은 경험적으로 확인하기 힘들었지만, 최소한 상위계층의 이념적 보수성이나 현정부에 대한 비판적 태도를 설명하는 데는 의미가 있는 것으로 볼 수 있다.

3) 계급정체성과 투표행태

계급이 이념과 정책선호에 미치는 영향을 살펴본 결과 계급요인의 영향력이 존재하는 것은 사실이지만 부분적이며 제한적 의미를 갖는다는 점이 드러났다. 이제 계급이 투표행태에 미치는 영향력을 살펴봄으로서 한국에서의 계급정치의 특징을 살펴보기로 한다.

민주주의에서 다양한 이익간의 경쟁은 선거를 매개로 현실화되고 견제와 타협의 경로로 나아간다. 따라서 한국의 계급정치가 갖는 특징과 그 영향력을 살펴보기 위해서는 무엇보다 선거경쟁에 계급적 요인이 어떠한 영향을 미치는지 확인할 필요가 있다. 이 글에서는 객관적 소득지표와 주관적 정체성지표를 비교함으로써 계급요인이 후보선택과 맺는 상관관계를 검토하는 데 초점을 맞춘다. 이 과정을 통해 양 지표 중 어느 지표가 더 타당성이 높은 지표인지 검증해볼 수 있을 뿐 아니라 실제 계급요인이 정치적 경쟁으로 나타나는지 여부를 보여줄 수 있을 것이다.

우선 객관적 지표인 소득이 2002년 대선에 미친 영향부터 살펴보자. 〈그림 3-7〉에서 2002년 대선 당시 후보선택을 소득별로 살펴보면 계급별 투표행태에 적지 않은 차이가 발견된다. 당시 대선후보 선택에서 가장 눈에 띄는 결과는 전 소득계층에서 노무현 후보에 대한 지지가 높게 나왔다는 점이다. 좀더 자세히 살펴보면 월소득 100만 원 미만의 최저소득층과 200만 원에서 300만 원 사이의 소득계층 사이에서 노무현 후보

〈그림 3-7〉 소득별 2002년 대선 투표행태(%)

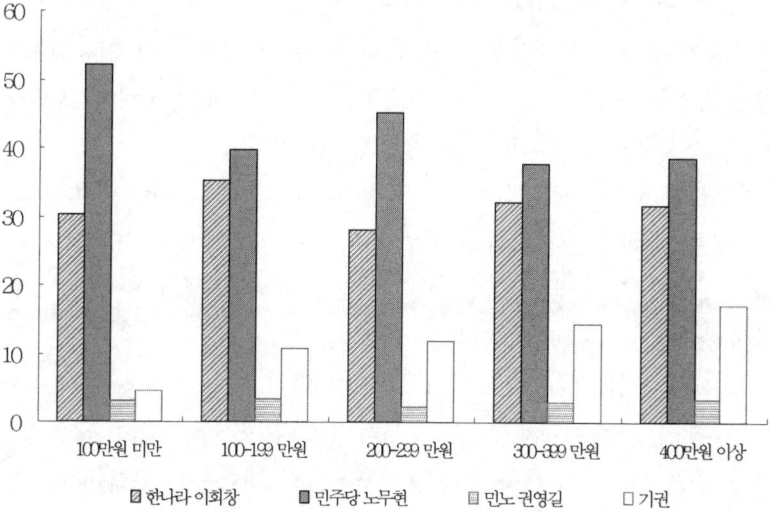

에 대한 지지가 각각 52.1%, 45.1%로 가장 높게 나왔다. 반면 이회창 후보는 전 소득계층에서 30% 남짓하게 고른 지지양상을 보여주었다. 재미있는 것은 이념적으로 보수적 성향이 강한 100만 원 미만의 계층에서 노무현, 이회창 후보 간 지지격차가 가장 크게 나타났다는 점이다.

이는 당시 대선의 선거경쟁이 '개혁' 대 '보수'라는 정치적 대결뿐 아니라 두 후보가 갖는 '서민이미지' 대 '엘리트이미지' 간의 치열한 공방이었음을 고려할 때 이들 계층에게는 계급정체성이 이념이나 지역 못지않게 중요한 영향을 미쳤던 것으로 추측해볼 수 있다. 그러나 400만 원 이상의 소득수준을 가진 응답자들에게서도 노무현 후보에 대한 지지가 앞선다는 점은 주목할 만한 결과이다.[22] 이들을 기존연구에서처럼 고소득층

22) 보수적 저소득층이 상대적으로 진보적인 후보에 투표하는 경향은 강원택의

으로 해석한다면 고소득층이 오히려 서민대통령 이미지를 강조한 노무현 후보의 지지기반이 되었다는 해석이 가능하기 때문이다. 그러나 앞서 밝힌 바와 같이 400만 원 이상이라는 소득등급은 한국의 최상위 소득계층을 제대로 반영하는 지표가 아니라는 점에서 역시 지표왜곡으로 인한 잘못된 측정으로 볼 수 있다. 주관적 계급지표를 통해서 보면 이러한 해석이 나름의 설득력이 있음을 알 수 있다.

〈그림 3-8〉을 보면 소득별 투표성향에서 확인되는 바와 마찬가지로 최하층과 중하층에서 이회창 후보와 노무현 후보에 대한 지지격차가 크고 중산층에서 그 격차가 최소화되는 경향은 동일하게 나타난다. 그러나 다시 상위계급으로 가면 이회창 후보(44.4%)와 노무현 후보(36.1%)에 대한 지지 우선순위가 뒤바뀌고 그 격차 역시 커지는 것을 쉽게 확인할 수 있다. 이는 중하위계층에서 노무현 후보가 강세를 보이고 상위계급에서 이회창 후보가 강세를 보이는 계급투표의 경향을 일관되게 보여주는 것이다.

2004년 총선에서도 상위계급에 속한다고 보는 사람들은 무려 51.4%가 한나라당 소속후보를 지지하고, 열린우리당 후보에 대한 지지는 20%에 불과했다. 총선에서도 최소한 상위계급과 중산층 이하 계급 간에는 뚜렷한 투표행태의 차이를 확인할 수 있는 것이다. 즉 상위계급이 보수적 정당을 지지하고, 중산층 이하의 계급에서는 보수적 정당에 대한 지지가 현저히 낮아지는 패턴이 유지되고 있다. 결국 투표행태를 봐

15대 대선조사 분석에서 이미 제기된 바 있는 문제이다. 강원택은 과거 민주적 선거문화가 본 궤도에 이르기 전에는 회유와 동원의 대상이 주로 저소득층에 집중되었을 가능성과, 15대 대선부터 활성화된 방송매체를 활용한 후보자에 대한 정보 접근이 용이해지면서 자신의 성향과 다른 선택을 했을 가능성을 제기한다. 이와 함께 이회창 후보 아들의 병역면제 의혹이 그의 강직한 이미지 대신 기득권 층의 일원이라는 이미지를 남기게 된 요인 역시 지적한다(강원택, 1998: 85~87).

〈그림 3-8〉 주관적 계급별 2002년 대선 투표행태(%)

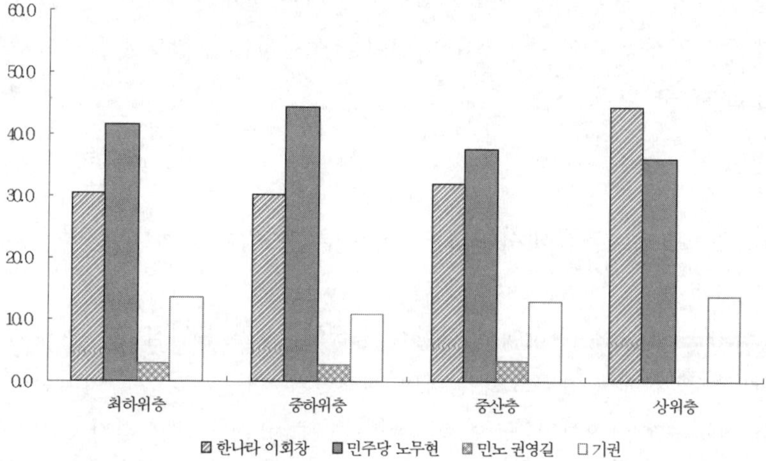

〈그림 3-9〉 주관적 계급별 2004년 총선지지 정당(%)

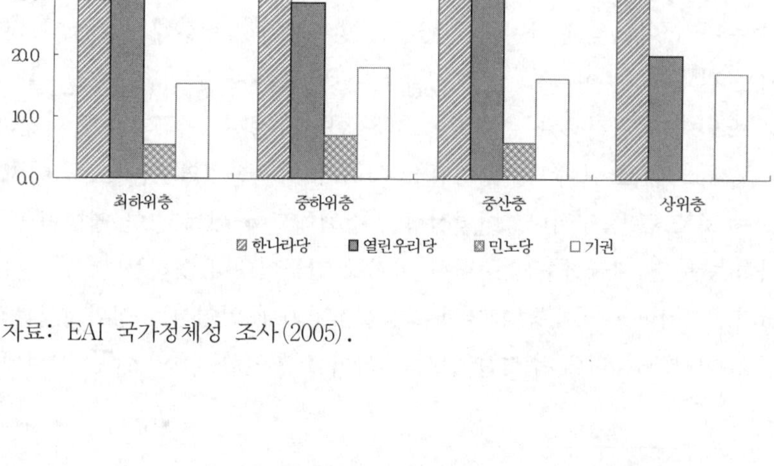

자료: EAI 국가정체성 조사(2005).

도 주관적 계급인식은 인구구성상 다수를 차지하는 중산층 이하의 계급들 사이의 투표행태의 차이를 설명하는 데는 한계가 있었지만 상위계층과 중하위계층 간의 투표행태의 차이를 설명하는 요인으로는 의미가 있다고 할 수 있다.

5. 결론: 한국에서는 왜 계급정치가 잠재되어 있는가

2006년 들어와 한국에서 사회적 양극화문제가 본격적 정치의제로 부각되는 상황에서 계급요인이 국민 개개인의 정치적 행태에 어떠한 영향을 미치는지 살펴보았다. 이 연구에서는 계급요인을 측정하기 위한 지표로서 주관적 계급일체감을 새롭게 적용하여 기존지표와의 비교를 시도하였다. 여론조사를 통해 파악한 소득분포가 실제 한국국민들의 소득분포 중에서 고소득층 여론이 체계적으로 과소대표되고 있으며 특히 최고소득층의 인식성향을 진보적으로 잘못 이해될 수 있는 가능성을 지적하였다.

주관적 지표를 통해 계급요인별로 나타나는 개개인 정치행태의 특징을 정리해보면 다음과 같다. 첫째, 중산층 이하의 계급에서는 소득수준이 높아질수록 진보적 성향이 강해지는 반면, 중산층 위의 상위계급은 뚜렷한 보수적 성향을 확인할 수 있었다. 이는 기존연구에서 계급요인과 주관적 이념성향 사이에 일관된 선형관계가 성립한다는 가정과 대비되는 결과이다. 여기서 상·하 계급집단별로 주관적 이념선호를 결정하는 요인이 독립적으로 존재하는 것은 아닌지 향후 연구과제를 남긴다.

둘째, 계급요인이 갖는 이념적 차이가 정책선호의 차이로 이어지지 않는 것도 큰 특징이다. 이념성향이 정책태도에 대해 강한 영향력을 행사하는 반면 계급변수는 뚜렷한 차이를 만들어내지 못하는 것으로 나타났다. 그러나 현직대통령과 정부의 실적평가에 있어서는 상위계급과 중산층 이하계급 간에 뚜렷한 인식의 차이를 확인할 수 있었다. 상위계급에 속한다고 본 사람은 현 정부의 실적평가에 대단히 인색했다. 이는 한국 기득권층이 현 정부의 반대여론의 진원지역할을 한다는 세간의 평가와 맥을 같이하는 결과라 할 수 있다.

셋째, 상위계급의 보수성은 기존선거의 투표행태에서도 나타난다. 16대 대선에서는 상위계급의 경우 보수적 정당의 후보를 지지하는 경향이 뚜렷했던 반면, 하위계급일수록 노무현 후보를 지지하는 패턴이 강했다. 그러나 2004년 총선에서는 상위계급에서만 보수적 후보를 지지하는 패턴이 뚜렷하게 나타났을 뿐 그 이하의 계급에서는 계급별로 뚜렷한 투표패턴이 나타나지 않았다.

종합해보면 스스로를 상위계층이라고 응답하는 소수의 응답자들이라는 제한적 범위 내에서만 정부에 대한 태도와 투표행태에 영향력을 행사한다는 결론이 가능할 것이다. 그러나 이러한 패턴이 미래에도 그대로 유지될지는 미지수이다. 왜냐하면 한국에서 계급정치가 새로운 균열로 등장할 가능성이 높아지기 때문이다. 물론 그렇다고 계급정치가 반드시 등장할 것이라고 단언하기도 힘들다.

그동안 잠재되었던 계급균열이 새로운 정치균열로 부각되고 기존균열을 대체 혹은 경쟁하기 위해서는 몇 가지 조건을 필요로 한다. 기존의 정당재편연구(*partisan realignment*)들은 대체로 ① 사회적 양극화의 심화, ② 계급이슈가 일반국민들 사이에 뚜렷한 이슈로 부각(*issue salience*), ③ 정당간에 해당이슈에 대한 정책적 차이 심화라는 조건이 충족되면서 새로운 정치적 재편(*political realignment*)이 발생하는 것으로 이해한다(Geer, 1991).

이러한 조건으로 볼 때 현재 한국의 상황은 ①에서 ②로 나아가며 부분적으로 ③의 현상이 나타나는 단계로 볼 수 있다. 우선 계급정당을 표방하는 민주노동당의 등장은 과거에 비해 계급적 이슈가 정치적 쟁점으로 부각될 가능성을 높여준다. 이와 함께 현재 현직정부에 대한 극도의 부정적 평가가 지배하는 조건에서 새로운 정치쟁점을 만들어내지 못하면 차기 집권가능성을 모색하기 힘든 여당 역시 새로운 정치쟁점으로서 양극화이슈를 제기할 가능성이 높다. 이러한 요인들은 열린우리당과 민주노동당을 중심으로 계급이슈의 동원을 강화시킬 것으로 보인다. 왜냐하면 계급정치를 강화시킬 정치엘리트들의 동원전략 못지않게 계급통합의 대중적 압력이 동시에 작용하기 때문이다.

현재 국민여론이 계급이슈(성장/분배, 증세/감세)에 대해서는 뚜렷한 양극화현상을 보여주기보다는 경제위기론과 함께 성장우선노선에 대한 합의가 형성된 조건에서 역시 정당의 정책이 대중여론을 쫓아야 하는 압력으로부터 자유로울 수 없다는 점도 고려해야 한다. 2006년 초 사회적 양극화이슈를 제기한 노무현 정부가 증세에 대한 국민적 거부감에 직면하면서 정치적 쟁점화를 보류한 것이 그 단적인 예이다.

결국 한국의 계급정치가 어떻게 발전할 것인가 여부는 정치적 엘리트들의 선거전략과 대중여론의 변동이 만들어내는 조합에 의해 역동적으로 결정될 가능성이 크다. 그 결과에 따라 계급이슈가 계속 잠재된 형태로 유지될 수도 있고, 반대로 다음 대선과 총선에서 핵심적 정치이슈로 떠오를 가능성도 공존하는 것이다. 우리가 그동안 한국정치 분석에서 간과했던 계급이슈에 대해 관심을 가져야 하는 이유가 바로 여기에 있다.

제 4 장

민주적 시민성의 성장과 민족정체성

정한울 · 정원칠

1. 민족정체성의 혼란과 민주주의

이 글에서는 2000년대 이후 한국에서 민주적 시민성의 성장이 개인적 수준의 민족정체성(*national identity*)에 미치는 영향을 경험적으로 분석한다. 서구학계에서는 민주적 시민성(*democratic citizenship*)과 민족정체성(*national identity*) 간의 관계에 대해 다양한 이론들이 경쟁했지만 한국에서는 세계화시대의 민족주의 역할에 대한 포괄적 논의만 진행되었을 뿐 민주적 시민성과 민족정체성 간의 관계에 대한 뚜렷한 연구성과는 발견하기 힘들다(곽준혁, 2004: 44).

우리가 민족정체성과 민주적 시민성 간의 관계에 관심을 가지는 이유는 첫째, 2000년대 이후 국민들의 인식 속에서 민족정체성의 변화가 두드러지게 나타났으며 이러한 현상이 한국 민주주의의 진전과 밀접한 연관이 있다고 볼 수 있기 때문이다. 〈그림 4-1〉과 〈그림 4-2〉에서 볼 수 있듯이 한국국민들 사이에 민족자긍심과 민족주의적 정서가 급격히 확대되고 있으며 이는 주변국인 중국, 일본에 비해서도 상당히 높은 수준을 보여준다. 과거 다수의 국민들이 스스로를 '어글리 코리언'이라고 비하하

〈그림 4-1〉 2003년도 한국 · 중국 · 일본 국민의 민족 자부심 비교

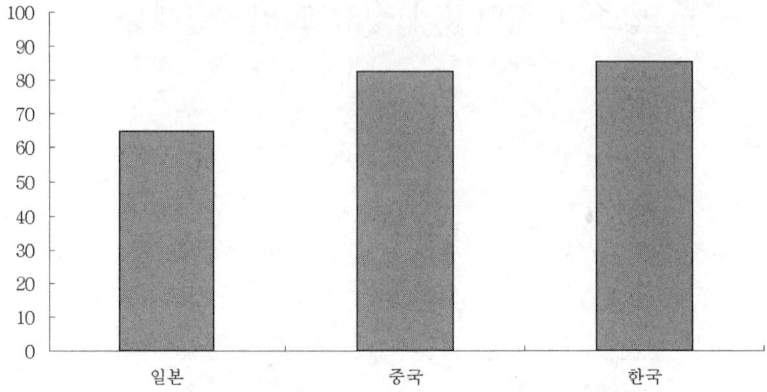

주: "매우 자랑스럽다"와 "약간 자랑스러운 편이다"를 합한 비율
자료: East Asia Barometer(2003)

〈그림 4-2〉 한국 국민의 민족자부심 변화 "나는 한국인임이 자랑스럽다"(%)

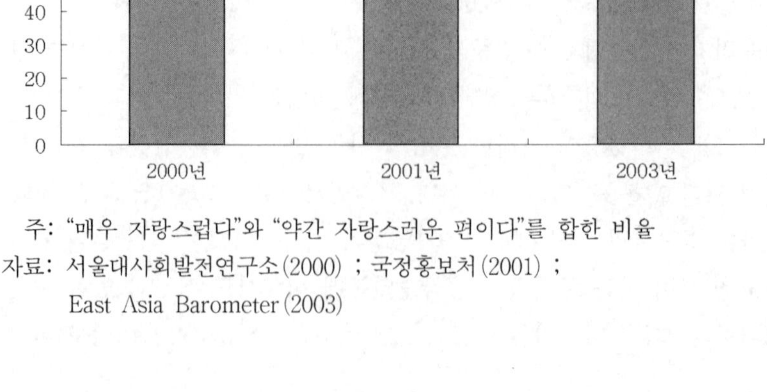

주: "매우 자랑스럽다"와 "약간 자랑스러운 편이다"를 합한 비율
자료: 서울대사회발전연구소(2000) ; 국정홍보처(2001) ;
East Asia Barometer(2003)

던 것과 대조적인 모습이다.[1] 2002년 나타났던 월드컵 열기와 그 해 말에 있었던 촛불시위의 경우 사람들이 모인 목표나 성격은 크게 달랐지만 강화되고 있는 민족주의적 정서와 연결된다는 점에서는 맥을 같이 한다. 한국의 대다수 학자들은 2000년대 이후 한국에서 젊은 세대들을 중심으로 민족주의적 성향이 확산되고 있으며 그 직접적인 원인 중의 하나로 한국의 민주화를 꼽는다(Kim Byung-Kook, 2006, 2003 ; Lee Sook-Jong, 2002 ; Kim Seung-hwan, 2002 ; Shin Gi-Wook, 1996).

둘째, 현실차원에서 민족정체성 관련이슈들이 급증하고 있으며, 이와 관련한 국민들의 민족주의적 정서가 보편적 인권원칙들과 서로 상충하는 사례가 늘어나고 있다는 점도 고려할 필요가 있다. 최근 한국국민의 13.6%가 외국인을 배우자로 선택하고, 농촌남성의 3분의 1이상이 외국인 신부를 맞이하는 시대가 도래했다. 국제결혼 증가에 따른 혼혈문제, 외국인 노동자의 권익문제, 이중국적 허용문제 등 다양한 민족정체성 관련이슈들이 현안으로 부각되고 있다. 그러나 대다수 국민은 이러한 이슈들에 대한 판단기준이나 합리적 토론의 준거를 갖고 있지 못하며, 민족주의적 여론 앞에 정치권이나 주요언론조차 쉽게 편승하는 양상이다(곽준혁, 2004).

단적인 예로서, 2005년 5월, 이중국적에 대한 엄격한 제한내용을 담은 '홍준표 법안'이 여론의 강력한 지지를 받으면서도 우여곡절 끝에 국회에서 부결되는 과정에서, 민족정체성의 강화가 민주주의원칙과 서로 충돌하는 상황이 연출되었다.[2] 당시 보편적 인권을 강조하는 일부 인권·민주운동단체나 일부언론에서 "누구를 막론하고 불법하게 그 국적을 박탈당하지 아니하여야 하며 그 국적변경의 권리가 거부되어서는 안

1) 황우석 교수의 논문조작 사건 초기 진실규명 노력조차 '매국'으로 비난받았던 사례가 대표적이라 할 수 있다.

2) 신득용, "홍준표 국적법, 박수칠 만한 일인가", 《데일리 서프라이즈》 2005. 5. 18.

〈그림 4-3〉 국제결혼건수 및 비율 증가 추세(%)

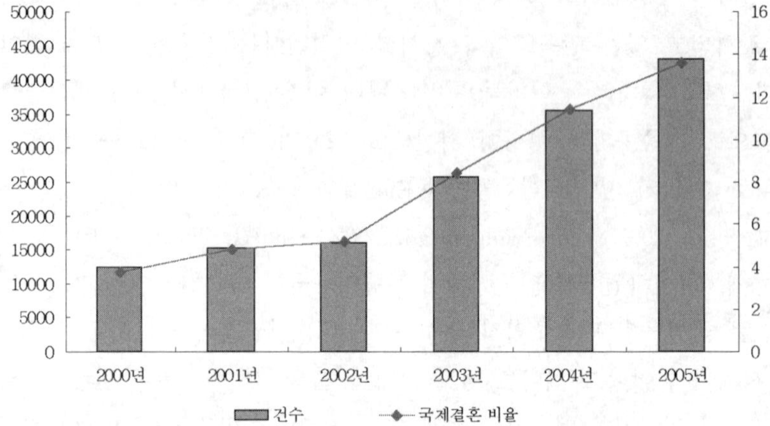

자료: 통계청(2006. 4. 30)[3]

된다"는 세계인권선언 15조 2항을 근거로 이른바 '국적취득의 자유'를 제기하면서 홍준표 법안의 문제점을 제기했다. 그러나 이러한 목소리는 '애국주의'와 '병역의무의 형평성'의 다수여론에 밀려 크게 주목받지는 못했다. 이념, 세대 등 한국정치의 균열요인으로 작용해온 주요변수들이 '애국주의' 앞에서는 별 영향력을 행사하지 못한 것이다. 이는 한국사회에서 민족주의·애국주의의 정서가 갖는 힘을 상징적으로 보여준다.[4]

이렇게 민족문제를 둘러싼 현실적 문제들이 다양하고 복잡하게 발생하는 데 반해 이 문제들의 발생원인과 이후 전망에 대한 체계적이고 이론적 접근은 턱없이 부족한 실정이다.

---

3) "작년 13.6%가 국제결혼", 《중앙일보》 2006. 4. 30..

4) 당시 신문들의 논조를 보더라도 홍준표 국적법에 대한 반대 입장을 선명하게 내세운 것은 내일신문 정도였다. "홍준표 국적법 문제 있다", 《내일신문》 2005. 5. 20: 1면.

2. 한국의 민주주의는 민족정체성을 강화시키는가

민주주의와 민족주의 간의 관계를 이론적으로 다룰 때 등장하는 핵심 쟁점은 과연 민주주의가 민족적 정체성을 강화시키는가 혹은 양자가 양립가능한가의 질문으로 요약될 수 있다. 인권의 보편성을 인정하는지 여부를 한 축으로 놓고, 민족적 경계와 양립가능성 여부를 다른 한 축에 놓고 교차하여 2×2 이론분류틀을 만들면 〈표 4-1〉과 같다. 이 분류틀에서 볼 때, 과거 권위주의시대에 민주주의와 민족주의 간의 관계 사이에 형성된 핵심쟁점은 주로 해당 민족공동체의 특수성을 강조하는 국수주의적(혹은 권위주의적) 민족주의와 급진적 보편주의 사이에서 형성되었다. 즉, Ⅰ사분면과 Ⅲ사분면이 논쟁의 기본축을 이루었다(Benhabib, 2002; 곽준혁 2004). 권위주의적 민족주의는 민족주의를 서구의 합리주의·자유주의라는 보편적 시민성과 양립불가능한 특수가치로 이해할 뿐 아니라 권위주의정권을 유지하기 위해 국민들을 동원하는 수단으로서 민족주의를 정당화하는 입장이다. 급진적 보편주의는 민주적 가치의 보편성을 강조하면서 민주주의가 민족적 경계 없는(*without borders*) 세계시민의 비전을 현실화할 것이라고 주장했다(Benhabib, 2002: 415~417).[5] 1980년대 말 이후 냉전이 해체되고 전세계적으로 민주화가 확산되는 한편 세계화가 진전되면서 '권력의 초국가적 단위 또는 지역단위로의 이동, 다양성의 증가, 민족국가의 정통성·권위·통합능력의 약화'(Habermas, 1996)[6] 등의 탈민족적·초국가적 현상이 강화된다는 것이다. 나아가 인권개념이 갖는 보편성을 근거로 국경과 민족공동체의 범위를 초월하여 세계시민으로서의 시민성으로 나아가야 한다는 보편적 세계주의의 입장이 권위주의

---

5) 표의 우하단에 위치한 극단적 분리인종주의의 경우 민족국가단위 대신 인종이나 종교와 같은 사회적 집단에 대한 정체성을 강조한다는 점에서 국수적 민족주의와 구분될 뿐 기본논리는 같다고 평가할 수 있다.

6) 곽준혁(2004)에서 재인용.

〈표 4-1〉 민주주의와 민족(국가)주의간의 선택적 친화성에 따른 이론분류 7)

	인권의 보편성(*universalism*) 인정	인권의 보편성 부정(*particularism*)
주권의 경계인정	민주적 시민성에 기초한 민족주의: 민주주의적 민족주의 (*democratic nationalism*) 타미르(Yael Tamir, 1993) 월쩌(Michael Walzer, 1990) 드즈르(Albert Dzur, 2002) II사분면	민주적 시민성 결여된 민족주의: 동원된 민족주의(권위주의적민족주의) 다렌도르프(Ralf Darendorf, 1967) 허카(Thomas Hurka, 1997) I 사분면
주권의 경계부정	민족적 경계 없는 보편적 시민성: 급진적 보편주의(*Radical Universalism*) 범세계적 시민성 (*Cosmopolitan citizenship*) 너스바움(M. Nussbaum, 1997) 카렌스(Joe Carens, 2000) III사분면	인종주의, 종교적 근본주의: 하위민족주의(*sub-nationalism*) 레바인(Andrew Levine, 1998) IV사분면

적 민족주의를 대체해갔다(Carens, 2000). 권위주의가 동원하는 민족주의나 민족주의의 경계를 벗어나 세계시민주의를 주창하는 극단적 보편주의의 공통점이 있다면 그것은 민주주의와 민족주의는 양립하기 힘들다는 인식이다.

그러나 민족국가는 쉽게 무너지지 않고 이민자 및 외국인 노동자의 유입 등에 대한 민족적 정서가 세계각국에서 강화되는 등 민족정체성을 둘러싼 새로운 이슈들이 등장했다. 그 과정에서 세계보편주의 대신 공화주의적 전통에 서 있는 민주주의 이론가들을 중심으로 극단적 보편주

7) 이 분류틀은 논의의 편의를 위해 필자가 임의로 잡은 틀로서 보다 면밀한 검증을 필요로 한다. 이 표에 나오는 이론가들의 핵심주장에 대해서는 것맨(Gutmann, 2002), 드즈루(Dzur, 2002), 벤허빕(Benhabib, 2002), 최장집(1996), 곽준혁(2004)을 참조하였다.

의에 대한 비판이 등장하기 시작했다. 1990년대 들어와 새롭게 논쟁의 한 축을 차지하기 시작한 민주적 민족주의(*liberal nationalism* 혹은 *republican civic criticism*)는 민주주의와 민족주의가 서로 양립가능하다고 본다는 점에서 앞의 두 입장과 구별된다(Ⅱ사분면 ; Dzur, 2002: 191~194). 이러한 논의를 종합해본 결과 결국 '민주주의와 민족주의는 양립가능한가'라는 문제가 이론적 논쟁의 핵심쟁점임을 확인할 수 있다.

본 연구 역시 민주주의와 민족주의 간의 양립가능성을 중심으로 논의를 진행해나갈 것이다. 이는 한국의 사례가 기존이론들의 주장을 뒷받침하는 하나의 사례가 될 뿐 아니라, 한국의 민족정체성 관련연구를 진행해나가는 과정에서 피해갈 수 없는 중요한 이론적·실천적 함의를 갖고 있기 때문이다.

3. 어떻게 측정할 것인가

1) 연구가설과 측정지표

우리는 위에서 제기한 이론적 분석틀을 차용해 개인행태 차원에서 측정한 민주적 시민성의 성장이 민족정체성 인식과 태도에 미친 영향을 살펴볼 것이다. 문제는 압델럴 외의 주장처럼 민족정체성이라는 개념은 '개념정의의 무정부상태'(*definitional anarchy*)로 불릴 정도로 학계의 합의된 정의가 존재하지 않는다는 점이다. 이는 정체성 자체가 객관적 현상이라기보다는 주관적 인식태도와 연관된 개념이기 때문에 어느 정도 불가피한 측면이 있다(Abdelal et al., 2005). 이 글에서는 개념의 혼란을 피하기 위해 민족정체성의 개념은 다차원이며 복합적 개념이라는 점을 전제하고 민족정체성의 개념을 몇 개의 주요 하위범주로 분류해 검토할 것이다.

이 글에서 다루는 연구질문의 핵심은 민주적 시민성의 성장이 민족정체성을 강화시키는가 혹은 약화시키는가의 문제이다. 하지만 민족정체성 개념이 다차원적 개념인 만큼 포괄적이고 추상적으로 정의된 민족정체성 개념만을 가지고 민주적 시민성의 관계를 살펴보는 것은 한계가 있다고 본다. 따라서 민족적 정체성의 개념을 공동체구성원 개개인이 갖는 ① 민족공동체의 경계와 범위에 관한 인식, ② 민족공동체에 대한 심리적 애착(애국심과 소속감) 정도, ③ 주권 및 ④ 외부위협 요인에 대한 평가라는 네 가지 측면으로 분류하여 민주적 시민성개념과의 양립가능성을 살펴보도록 한다.[8] 민족정체성을 측정하는 네 가지 차원의 지표들에 대해 민주주의의 성장이 가져오는 결과를 살펴봄으로써 민주주의가 민족정체성의 강화로 귀결되는지(양립가능한지), 아니면 약화시키는지(양립불가능한지) 확인할 것이다. 본 연구에서 다룰 이론적·경험적 질문들을 보다 구체적으로 정리하면 다음과 같다.

첫째, '세계시민성'을 강조하는 극단적 보편주의의 이론이 타당하다면 민주적 시민성의 성장은 개인들이 가진 우리 공동체와 타 공동체를 구분짓는 민족 경계의식의 약화로 귀결될 것이다. 이 가설을 살펴보기 위해 ① 공동체 개별구성원들이 생각하는 공동체 구성원의 자격요건의 엄격성, ② 구성원들이 생각하는 공동체의 영토적 범위를 살펴볼 것이다.

둘째, 민주적 시민성이 강화될수록 소속공동체에 대한 심리적 애착(*national affiliation*)에 어떠한 변화를 초래하는지 살펴보고자 한다. 민족이 상상의 공동체(*imagined community*)라는 정의가 맞다면 민족은 개별구성원들이 민족과 국가에 대해 갖는 심리적 애착(*psychological attachment*)을 통해 유지되고 표현된다(Rankin, 2001 ; Sidanius et al., 1997). 이 글에서는 민족공동체에 대한 일체감의 강도를 보여주는 지표로서 ①

---

8) 랜킨의 가설에 따르면 민주적 시민성의 성장은 자신이 속한 공동체의 내부의 구성원들로 하여금 '애국심'(*patriotism*)과 같이 자신이 속한 공동체에 대한 심리적 애착(*psychological attachment*)과 함께 민족경계 내의 자율적 통제권을 의미하는 주권의식을 유발한다(Rankin, 2001).

애국심(*patriotic*), ② 소속감(*membership*)을 제시하고 이러한 지표들에 대해 민주적 시민성이 미치는 영향력을 살펴본다.

셋째, 민족정체성의 핵심요인 중에서 민족주권(*national sovereignty*)의식에 민주적 시민성이 미치는 영향을 살펴본다. 보편적 세계주의이론이 타당하다면 민주적 시민성의 성장은 주권인식의 약화로 귀결될 가능성이 크다. 주권을 민족경계 내의 정치, 문화적, 지리적 공간에 대한 자율적 통제권으로 정의한다면 결국 외부의 힘으로부터 정부차원의 자율적 통제력을 행사할 수 있는지 여부가 주요한 측정지표가 된다. 이 글에서는 현재 주권관련 핵심쟁점 중 경제영역의 쌀시장개방 이슈 및 군사영역에서 핵주권문제를 중심으로 살펴본다.

마지막으로 민족정체성이 외부집단에 대한 태도와 연관되어 형성된다는 사회정체성이론(*social identity theory*: SIT)에 근거할 때 외부집단에 대한 위협인식은 민족정체성을 측정하는 핵심지표 중의 하나이다(Abdelal et al., 2005). 민족정체성을 강하게 가질수록 외부집단에 대한 경계심이 강할 수 있으며 반대로 외부집단에 대한 위협인식이 클수록 민족집단 내부의 결집을 강화시킨다는 논리가 가능하다. 민주적 시민성의 차이가 세계화로 가속화되고 있는 자본 및 노동의 국내유입에 대한 위협감의 차이를 가져오는지 살펴봄으로써 민주적 시민성의 성장과 민족정체성 사이에 형성되는 관계를 검증해보고자 한다.[9)]

---

9) 이러한 정체성 변수는 민족정체성이 수입자유화 정책에 대한 정치적 선호 결정에 미치는 영향을 분석한 랜킨(Rankin, 2001)이나 미국의 일반적 대외정책에 대한 유권자의 민족정체성 요인의 영향을 분석한 싸이트린 외(Citrin et al. 1994)의 분류와 대체로 유사한 결과를 보여준다. 랜킨의 모델은 요인분석을 통해 민족정체성 요인으로 ① 애국주의(*patriotic*), ② 주권(*Sovereign*), ③ 문화적 요인(*Cultural*)이라는 세 가지 개념으로 분류했다. 애국주의의 경우 주로 필자 모델에 포함되어 있는 자부심/소속감 요인과 동일한 의미이며, 주권요인은 본 연구의 주권요인으로 대체 가능할 것으로 보인다. 또한 독일의 국가정체성을 경험적 데이터를 가지고 분석한 버뱅크(Burbank, 2003:

2) 민주적 시민성의 측정지표

위에서 언급한 민족정체성의 네 가지 하위범주에 민주주의적 시민성이 미치는 영향력을 살펴보기 위해서는 민주적 시민성을 객관적으로 측정할 지표가 필요하다. 본 연구에서는 국민들의 민주의식을 측정하기 위해 사용된 7개의 질문 중 요인분석을 통해 민주적 시민성척도를 만들었다. 주성분 분석결과 추출값이 0.5 이상이 되는 5개의 질문은 하나의 차원으로 묶을 수 있음을 확인할 수 있다.[10] 새롭게 만든 민주적 시민성척도는 ① 국가에 대한 개인의 자유보장, ② 소수의견에 대한 존중, ③ 국민들의 정치참여 자격에 대한 평가, ④ 참여정치의 정당성, ⑤ 저항권 등 민주주의의 기본원리들에 대한 국민인식을 묻는 질문들을 통합한 결과이다. 민주의식을 구성하는 이들 항목들을 통합함으로써 국민들의 민주적 시민성의 높고 낮음을 양적으로 표현하는 척도를 만들고 이를 세 집단으로 분류하여 분석의 간결성을 유지하고자 한다.[11]

8~9)는 애국주의(*patriotism*)와 계급이나 지역과 같은 사회적 집단 정체성(*social group identity*), 인종중심주의 등의 문화적 민족주의(*cultural nationalism*) 요인들로 구분하고 독일의 민족정체성은 젊은 세대와 교육, 지역 등의 변수가 주요한 설명요인이라고 주장한다. 랜킨과 버뱅크의 모델에 공통적으로 포함되어 있는 문화적 요인은 본 연구의 민족경계의식 요인으로 대체 가능하다.

10) 척도의 신뢰성(*reliability*)을 보여주는 Cronbach's α 검증 결과 역시 0.611 통계적으로 수용 가능한 수준으로 나타났다.

11) 이들 질문들은 '국가를 위해 개인은 희생해야 한다', '다수의 의사에 소수는 복종해야 한다', '국민은 정부가 하는 일에 발언할 자격이 없다', '사회는 소수의 지도자가 다스릴 때 잘 된다', '정부지시는 잘못이 있더라도 따라야 한다'는 진술에 대한 동의여부로 구성되어 있다. 응답은 1. 매우 그렇다 2. 대체로 그렇다 3. 별로 그렇지 않다 4. 전혀 그렇지 않다는 4점 척도로 동일하다. 다섯 문항에 대해 응답한 값을 합한 후 다시 민주적 시민상이 '낮은 집단', '중간집단', '높은 집단'이라는 세 집단으로 나누어 다양한 민족정체성

〈표 4-2〉 민주적 시민성지표에 포함된 항목 요인분석 결과

민주적 시민성지표	적재값(39.622)
국가 위해 개인 희생해야 한다	0.531
다수의사에 소수 복종해야 한다	0.594
일반국민은 정부정책에 발언자격 없다	0.601
사회는 소수의 지도자가 다스릴 때 잘 된다	0.701
잘못된 정부결정이라도 복종해야 한다	0.702

주: 1) Cronbach's α = 0.613
2) 보기 1. 매우 그렇다, 2. 대체로 그렇다, 3. 별로 그렇지 않다, 4. 전혀 그렇지 않다.

민주적 시민성지표가 보여주는 세 집단들이 사회경제적으로 의미 있게 구분되는지 살펴보기 위해 연령 · 학력 · 주관적 이념이라는 세 가지 변수와 교차분석을 해 보았다. 분석결과를 살펴보면 민주주의이념을 둘러싼 이른바 권위주의시대의 '민주 대 반민주'의 정치적 균열선이 명확하게 나타난다. 한국 민주화과정에서 민주주의운동의 주력이 주로 젊은 학생층, 화이트칼라층, 이념적으로는 진보층이었다는 점은 주지의 사실이다(강원택, 2004). 〈표 4-3〉에서 민주적 시민성의 지표를 연령별로 살펴보면 역시 젊은 세대일수록 민주적 시민성지수에서 상위집단에 많이 분포되어 있으며, 반대로 나이든 세대일수록 하위집단에 속한 비율이 높다. 학력별로도 한국 민주화과정에서 고학력 화이트칼라의 기여가

요인과의 관계를 보여주고자 한다. 4점 척도의 문항 5개를 합할 경우 나오는 값은 5점에서 20점까지이다. 자의적이긴 하지만 5점과 20점의 중간인 13점부터 중앙갑(*media*)인 15점까지를 중간집단으로 규정했다. 참고로 평균은 14.8점으로 이 구간 내에 포함되어 있다. 결과적으로 13점 미만의 응답자들은 민주적 시민성이 낮은 집단으로, 16점 이상의 응답자들은 민주적 시민성이 높은 집단으로 분류되는 것이다.

〈표 4-3〉 사회경제적 배경변수와 민주적 시민성지표(%)

전 체(1,038)		민주적 시민성		
		저	중	고
		187(19.0%)	408(41.5%)	389(39.5%)
연 령	20대(21.6%)	10.5	37.9	51.6
	30대(24.7%)	16.5	42.6	40.9
	40대(23.0%)	19.6	44.3	36.1
	50대 이상(30.7%)	27.2	40.8	32.0
학 력	중 졸(15.9%)	31.5	40.9	27.5
	고 졸(37.0%)	22.3	44.4	33.3
	대 재(47.0%)	12.2	39.4	48.4
이 념	진 보(32.9%)	17.8	36.1	46.1
	중 도(39.8%)	17.2	44.9	37.9
	보 수(27.2%)	23.1	43.3	33.6

켰던 만큼 대재 이상의 고학력자가 민주적 시민성척도에서 높은 점수를 기록하고 있으며, 이념적으로도 진보층이 민주적 시민성의 상위집단에 포진하고 있음을 보여준다. 결국 민주적 시민성점수에 따른 집단구분이 한국민주주의를 둘러싼 정치적·사회적 균열양상을 반영하는 지표로서 타당성을 가지고 있다 할 것이다.

3) 데이터

자료로는 2005년 동아시아연구원·중앙일보의 "국가정체성 여론조사 데이터"를 활용한다. 경험적 자료로서 개개인의 선호와 태도를 조사한 서베이데이터를 활용하는 이유는 자료접근이 용이할 뿐 아니라 정체성이라는 개념 자체가 개개인이 가진 소속감, 인식태도, 규범 등 주관적 요소들로 구성되어 있다는 점에서 각 개인의 인식태도와 가치를 직접적으로 분석하는 것이 보다 현실적이고 자의적 해석을 피하는 데 유리하기 때문이다(Abdelal et al., 2005).

4. 분석결과

1) 민주적 시민성과 민족경계: 민족공동체의 경계구분의 배타성

(1) 민족구성원의 자격

한국인이 생각하는 '진정한 한국인이 되기 위한 자격요건'이 무엇인지를 문항을 통해 민주적 시민성이 한국인이라는 공동체의 구성원을 구분하는 기준에 어떠한 영향을 미치는지 살펴보았다. 우선 전체국민의 응답을 보면 한국국적을 가졌는지 여부가 한국인과 비한국인을 구분하는 가장 포괄적 기준으로 나타났고, 언어(87) > 전통 및 관습에 동화(82.1) > 출생지(81.9) > 혈통(80.9) > 법/제도의 준수(77.5) > 한국에서의 장기생활(64.6) 등이 그 뒤를 이었다. 한국인들은 출생지나 혈통과 같은 선천적 요인들을 한국인의 중요한 기준으로 삼는다. 또한 후천적 요인이라고 하더라도 오랜 기간 외국에 나간 동포들이나 한국에 갓들어온 외국인들로서는 획득하기 쉽지 않은 한국어의 사용이나 한국 전통문화에 대한 동화와 같은 자격요건을 중시하고 있음을 알 수 있다. 이는 한국인들이 생각하는 한국인이 되기 위해서는 국적이나 혈통을 공유하거나 실질적으로 동화되어야 한다는 것을 의미한다.[12]

---

12) 참고로 같은 문항에 대해 민주적 시민성이 다른 집단별로 일원분산분석(ANOVA) 테스트를 해 보면 민주적 시민성의 높은 집단과 낮은 집단 사이에 '법과 제도의 준수'나 '한국에서의 장기생활 여부'라는 후천적 요인에 대해서

〈그림 4-4〉 한국인의 자격요건: 동의비율(%)[13]

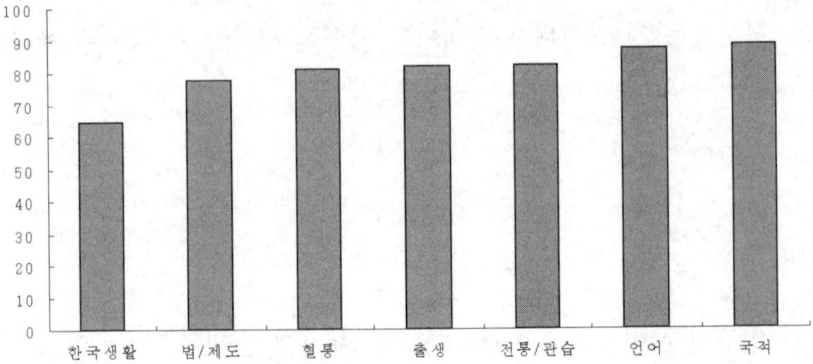

민주적 시민의식이 민족경계의식에 미치는 영향을 '자녀의 국제결혼을 허용할 것인가' 문항과 '부모가 외국인이라 하더라도 한국에서 태어난 아이는 한국국적을 가질 권리가 있다'는 주장에 대한 응답을 통해 분석해도 비슷한 결론을 얻을 수 있다. 전체국민들 중 부모가 외국인이라도 한국에서 태어난 아이는 한국국적을 가질 권리가 있다는 주장에 대해서는 찬성비율(67.5%)이 높다. 이는 혈통이 다르더라도 한국에서 태어나 한국사람으로서 동화될 수 있다면 한국인으로 인정해야 한다는 것이다. 그러나 '자

만 통계적으로 의미 있는 차이가 있을 뿐 나머지 주요 요인들에 대해서는 태도의 차이가 없는 것으로 나타났다. 민주적 시민성이 높은 집단 역시 평균값이 높은 순서대로 각 요인의 평균값을 비교해보면 국적(3.38), 언어(3.32), 출생지(3.22), 역사/전통 동화(3.17), 혈통(3.10), 제도/법 준수(2.93), 한국생활(2.79)로서 전체 응답자가 중시하는 요인들로 전체 응답자가 응답한 순서와 정확하게 일치했다. 여기서는 1은 전혀 중요하지 않다이며 4가 매우 중요하다로 역순으로 재코딩한 값을 평균낸 값이다.

13) 총 빈도수: 1,038명, 수치는 1. 매우 중요 2. 약간 중요 3. 중요하지 않은 편 4. 전혀 중요하지 않다의 4점 척도에서 1과 2를 합한 비율이다.

〈그림 4-5〉 민주적 시민성과 민족경계의식: 동의한다(%)[14]

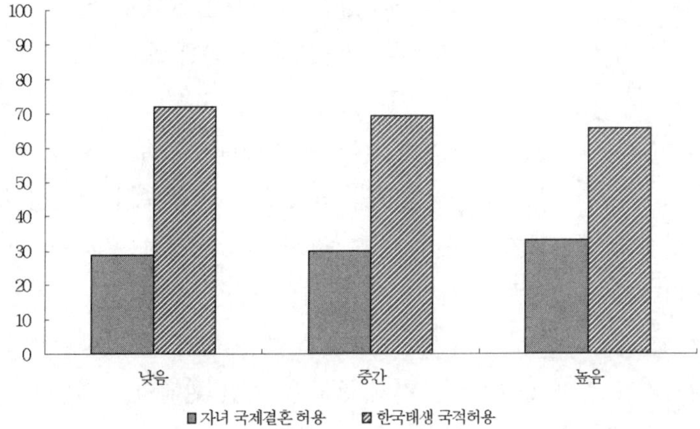

기자녀의 국제결혼을 허용하겠다'는 주장에 대해서는 찬성비율(30.3%)이 매우 낮다. 자신의 혈통문제에서는 여전히 배타적 성향을 보여준다.

보편적 범세계주의이론이 타당하다면 민주적 시민성이 높은 사람일수록 민족공동체의 경계에 대해 보다 개방적 태도를 보일 것이라고 가정할 수 있다. 그러나 조사결과를 보면 민주적 시민성과 민족적 경계에 대한 배타성에는 이렇다할 차이를 보여주지 않는다. 〈그림 4-5〉에서 자녀의 국제결혼 허용문제에 대해서는 민주적 시민성이 높을수록 보다 완화된 태도를 보여주는 것은 사실이지만 반대로 한국태생의 외국인 국적허용문제에 대해서는 이들이 오히려 엄격한 태도를 보여준다. 또한 양

---

14) 총 빈도수: 984명, 민주적 시민성지표에서는 모름/무응답은 제외한 결과이다. 수치는 1. 매우 동의 2. 대체로 동의 3. 그저 그렇다 4. 약간 부정 5. 매우 부정이라는 5점 척도에서 1과 2을 합한 값이며 카이제곱 검정결과 두 질문에 대한 응답과 민주적 시민성지표 사이에는 통계적으로 유의미한 관계가 성립하지 않는다($p > 0.05$).

입장 모두 카이제곱 검정결과 통계적으로 유의미한 결과가 나오지 않았다. 결국 민주적 시민성이 민족구성원 자격기준에 대한 태도를 약화시킨다는 설명은 설득력이 크지 않다는 점을 확인할 수 있다.

(2) 민주적 시민성과 민족경계: 공동체의 영토적 경계

국민들이 생각하는 민족공동체의 범위에 대해 민주적 시민성이 미치는 영향력을 살펴보자. '우리' 민족공동체로서 상상하는(*imagined*) 범위는 어디까지이며 민주적 시민성은 이에 대해 어떠한 영향을 미치고 있을까? 한국의 국경이 어디까지인지를 묻는 문항에 대한 응답결과를 보면 의외의 결과가 도출된다. 전체 응답을 보면 현재의 남한지역만을 꼽은 응답이 25.8%, 한반도 전역으로 본 응답이 47.1%, 한반도전체와 만주지역이라고 응답한 비율이 25%나 되었다.

〈그림 4-6〉에서 민주적 시민성의 수준별로 살펴보면 물론 모든 집단에서 남과 북을 아우르는 한반도전역을 대한민국의 영토로 보는 응답이 다수(51.3%, 47.5%, 44.2%)였다. 그러나 민주적 시민성이 높은 집단에 속할수록 고대 한민족의 활동무대였던 만주지역까지 한국의 영토라고 대답한 응답자가 많아지고 있다는 사실은 주목할 만하다. 민주적 가치와 국수적·팽창적 민족주의 간의 관계에 대한 별도의 추가연구가 필요할 것으로 보인다.

이상의 내용을 종합하면 최소한 한국에서 민주적 시민성의 성장은 극단적 보편주의가 가정하는 세계시민성(*cosmopolitan citizenship*) 가설이 한국의 현실과 맞지 않는다는 것을 보여준다. 한국인들은 민주적 시민성 보유 여부와 무관하게 혈통·국적·언어 등 문화적·혈연적 동질성을 중시하고 민족공동체의 경계에 대해 뚜렷한 경계인식을 가지고 있다. 특히 혈통유지에 대한 집착이 여전히 강하게 남아 있음을 확인할 수 있다. 다만 민족정체성의 영토적 범위에 대해 대다수 국민들은 대체로 현재의 분단된 국가를 인정하기보다는 통일된 민족국가를 떠올리는 것으로 나타났다.

〈그림 4-6〉 민주적 시민성과 한국영토(%)15)

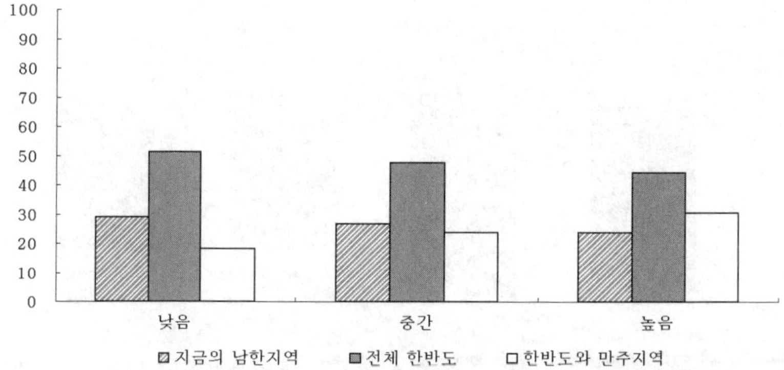

2) 민족공동체에 대한 정서적 경계: 애국심과 일체감

애국심(*patriotism*)과 국가일체감(*identification*)은 민족공동체에 대한 개인의 심리적 애착을 표현해주는 지표이다. 특히 애국심은 상상의 공동체인 민족과 그 구성원들을 심리적으로 연결해주는 요소로서 민족정체성의 핵심측면을 이룬다(Rusciano, 2003: 361). 또한 친밀감 역시 사회적 집단의 규범과 이해관계를 공유함으로써 집단의 선호와 개인의 선호를 일치시키는 심리적 일체감의 또 다른 표현이다(Campbell, 1964).

한국국민들은 강한 애국심과 대한민국에 대한 높은 일체감을 가진 것으로 나타났다. 교차분석 결과를 보면 애국심지표에서 민주적 시민성의 수준이 높아질수록 애국심의 강도가 약화되고 있다. 그러나 반대로 민족정체성을 구성하는 또 다른 심리적 지표인 일체감을 보면 민주적 시민성과 민족일체감 사이에는 정의 상관관계가 형성되어 있음을 알 수 있다.

15) 카이제곱 검정 결과 두 변수 모두 민주적 시민성지표와의 관계에서 통계적으로 무의미하다($p > 0.05$).

〈그림 4-7〉 민주적 시민성과 민족에 대한 심리적 애착(%)[16]

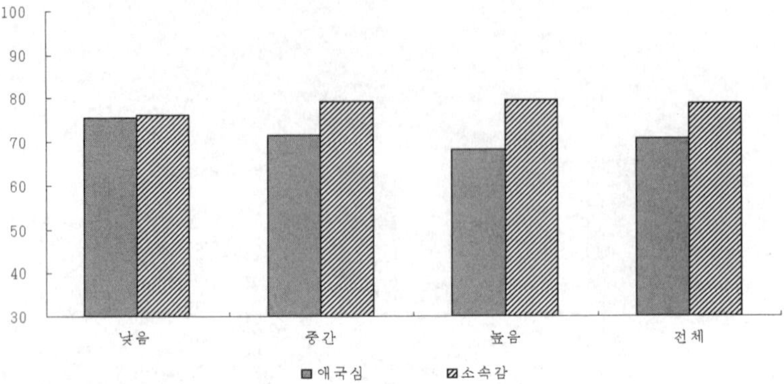

〈그림 4-7〉을 보면 한국인의 79%가 대한민국 국민으로서 일체감을 가진 것으로 나타났다. 또한 민주적 시민성이 높을수록 그 빈도가 조금씩 높아진다. '매우 가깝다'고 응답한 사람만 보면 그 차이가 더욱 명확해진다. 민주적 시민성점수가 낮은 집단의 응답자 중 21.5%만이 대한민국 국민에 매우 가깝다고 응답했지만, 민주적 시민성점수가 높은 집단의 응답자들은 그보다 10% 이상 높은 33%가 매우 가깝다고 응답했다.

보다 면밀한 검토를 위해 위의 두 문항에 대해 평균값을 비교해 보았다.[17] 분석결과 민주적 시민성이 높은 사람일수록 애국심은 약해지고

---

16) 애국심은 '나는 다른 나라 국민이기 보다 대한민국 국민이고 싶다'에 대한 5점 척도 보기 중 '매우 그렇다'와 '약간 그런 편'을 합한 값이며, 일체감은 '귀하께서는 다음 집단에 얼마가 가깝게 느끼십니까?-대한민국 국민' 문항에 대한 4점 척도 보기 중 '매우 가깝다'와 '가까운 편이다'를 합한 값이다. 두 질문 공히 카이제곱 검정결과 통계적으로 유의미했다($p < 0.05$).

17) 이 평균값의 비교는 분산분석(ANOVA) 테스트의 결과이다. 그러나 종속변수로 삼은 애국심과 소속감 문항의 척도가 등간척도가 아니기 때문에 분산분석 결과의 통계학적 의미를 해석하는 것은 의미가 없다. 참고로 ANOVA

〈표 4-4〉 민주적 시민성과 민족공동체에 대한 애착: 평균비교

	민주적 시민성	빈도 수	평균 값
일체감	낮음	181	2.93
	중간	396	3.03
	높음	382	3.08
	전체	959	3.03
애국심	낮음	185	3.94
	중간	408	3.93
	높음	384	3.86
	전체	977	3.90

한국민으로서의 일체감이 커지는 경향은 존재하지만 두드러진 차이로 보기는 힘들다. 민주적 시민성지표가 민족공동체에 대한 일체감이나 애국심에 유의미한 영향을 미친다고 보기는 힘들다고 할 수 있다.

결국 심리적 차원의 민족공동체에 대한 애착에 대해 민주적 시민성은 직접적 영향을 미친다고 보기는 힘들다. 따라서 민주적 가치의 보편성이 민족경계를 약화시키고 세계시민의 정체성을 확대할 것이라는 보편주의의 입장을 수용하기는 힘들다. 그렇다고 해서 민주적 시민성이 민족경계의식이나 심리적 정서에서의 민족일체감을 적극적으로 강화시킨다고 보기는 힘들다. 다만 민주적 시민성이 높은 집단들도 혈연, 언어, 문화적 동화 등을 민족경계의 기준으로 엄격하게 적용하고 있으며, 심리적 차원에서도 다수가 민주적 시민성의 높고 낮음과는 관계없이 애국

테스트 결과 집단간 평균차이는 유의미하지 않은 것으로 나타났다($p > 0.05$). 여기서는 통계적 의미보다는 단순한 평균값의 차이를 참고하는 정도로 활용해야 할 것이다.

심과 민족에 대한 소속감을 갖고 있다는 점에서 최소한 민족적 애착은 민주적 시민성과 배타적 관계는 아니라는 결론이 가능하다.

3) 주권인식

민족정체성을 측정하는 세 번째 지표로서 주권인식과 민주적 시민성 간의 관계를 살펴보자. 민족정체성을 경험적으로 연구한 기존연구들은 공통적으로 주권인식을 민족정체성을 구성하는 핵심개념의 하나로 제기한다(Rankin, 2001 ; Citrin et al., 1994).

주권(*sovereignty*)은 외부의 힘으로부터 영토, 문화적 표현, 정치경제적 통제의 자율성을 보장하는 힘으로 이해되며 이는 외부관계 속에서 민족정체성을 보여주는 핵심적 지표 중의 하나이다(Rankin, 2001: 361). 그러나 주권의 절대성과 민족주권의 특수성을 강조하는 입장은 앞서 말한 국수주의적 민족주의로 귀결될 우려가 높다. 한국인의 주권인식에 대해 민주적 시민성이 미치는 영향을 경제주권 및 군사주권 관련이슈에 대한 분석을 통해 살펴보기로 한다.[18]

우선 경제적 주권문제로 인식되며 광범위한 국민적 반대가 형성되고 있는 쌀시장개방 이슈의 경우 학력과 소득에 따른 편차가 존재하지만 대체로 국민적 합의가 이루어졌다고 볼 수 있다. 〈표 4-5〉에서 전체 응답자의 69%가 쌀시장개방에 반대한다는 점에서도 그렇지만 한국 정치 균열의 주요축인 세대, 이념 집단별 큰 차이가 존재하지 않는다는 점도 이를 뒷받침한다. 다만 학력에서는 고학력자일수록, 고소득자일수록 쌀시장개방에 반대하는 경향이 나타나지만 이들 집단 역시 65% 이상의 높은 찬성률을 보인다는 점에서 정치적 균열로로 해석하는 데는 무리가

---

18) 쌀시장 개방반대 이슈와 한국의 핵개발권 이슈를 주권요인을 측정하는 대표적 개념으로 설정한 근거는 이를 주장하는 시민단체 혹은 정치인들의 핵심 개념과 논리가 '주권'의 보호와 이를 실현한다는 데 있기 때문이다.

〈표 4-5〉 주요변수들과 대외주권관련 이슈: 찬성(%)[19]

		대외주권	
		"쌀시장을 개방해서는 안 된다"	"한국도 핵개발 해야 한다"
	전 체(1,038)	68.9	66.6
연 령	20대	71.2	63.8
	30대	71.2	73.4
	40대	60.9	72.3
	50대이상	74.3	66.7
학 력	중 졸	80.2	68.0
	고 졸	70.1	70.0
	대 재	65.9	68.8
소 득	~200만 원	74.4	71.6
	~299만 원	70.6	69.1
	~300만 원	66.3	64.4
	400만 원~	65.7	74.2
이 념	진 보	70.0	67.7
	중 도	69.6	69.3
	보 수	69.9	70.1
민주적 시민성	저	70.6	72.4
	중	67.6	69.3
	고	70.6	65.9

19) 두 질문 모두 '매우 그렇다', '약간 그렇다'라는 긍정응답자의 비율을 합한 값이다.

따른다고 할 수 있다. 특히 민주적 시민성의 차원에서 보더라도 경제주권에 대한 태도의 편차가 존재하지 않는다는 점을 고려하면 보편적 극단주의가 가정하듯이 민주적 시민성이 주권개념을 약화시키는 것은 아니라고 할 수 있다.

군사적 차원의 주권개념에서 살펴보더라도 한국국민들 사이에 군사주권의 중요성에 대한 국민적 합의가 존재함을 알 수 있다. 핵개발권리를 중심으로 군사주권에 대한 국민들의 태도를 분석해보면 연령이나 학력, 소득, 이념 등은 핵주권에 대한 입장차이를 만들어내는 유의미한 변수가 되지 못하는 것으로 나타났다. 민주적 시민성지표도 민주성이 강할수록 찬성하는 비율이 약간 낮아지는 것은 사실이지만 통계적으로 유의미한 결과는 아니었다.

종합해보면 경제적·정치군사적 주권문제에 대해서는 한국인들은 통합된 정체성을 가지고 있으며 민주적 시민성은 특별한 영향을 미치고 있지 못한다고 할 수 있다.

4) 외부위협인식

루치아노는 민족정체성은 민족내부의 힘들과 외부의 힘들 간의 조정(*negotiation*)을 통해 결정된다고 하면서 민족내부의 요소들에만 주목하는 입장에 비판적이다(Rusciano, 2003: 361).

민족정체성의 주된 내용이 내부집단(*ingroup*)보다는 외부집단(*out-group*)과의 관계에서 형성된다는 사회정체성이론(*social identity theory*: SIT이론)에 따를 경우, 외부위협인식은 민족정체성의 핵심지표 중의 하나가 된다. 민족정체성이 공동체구성원들이 갖는 인식과 심리적 공감대를 반영함과 동시에 외부와의 관계에서 형성되는 관계적 측면이 존재하기 때문이다(Abdelal et al., 2004). 여기서는 세계화 이후 불가피하게 확산되는 외국자본과 외국인 노동력의 유입에 대한 인식을 통해 외부위협

〈그림 4-8〉 민주적 시민성과 외부 위협요인들에 인식: 우려 비율(%)[20]

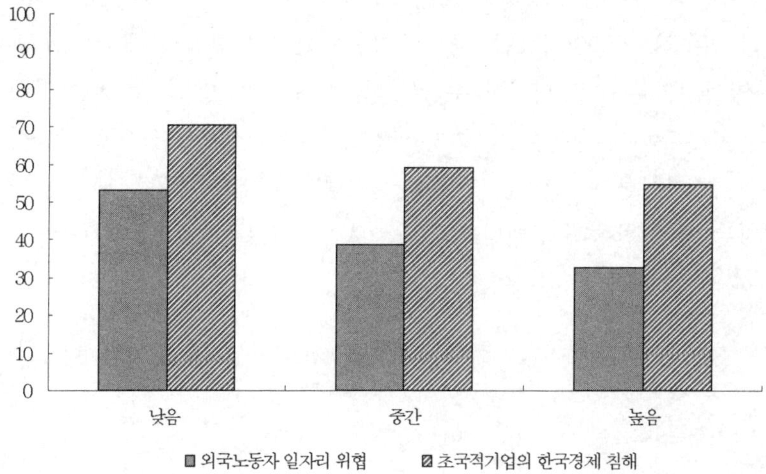

인식에 대해 살펴보기로 한다.

〈그림 4-8〉을 보면 민주적 시민성지표가 높은 사람일수록 외부유입요인에 대해 보다 관용적 태도를 보여주고, 반대로 시민성지표가 낮은 사람일수록 외국인 노동자나 외국자본에 대해 보다 큰 위협을 느낀다는 점을 뚜렷하게 보여준다. 먼저 외국인 노동자에 대해서는 민주적 시민성의 차이가 상당히 큰 영향력을 미치는 것으로 보인다. 외국자본에 대해서도 같은 패턴이 동일하게 나타난다.[21]

---

20) 총 빈도수: 외국인 노동자 문항 984명, 초국적기업 문항 955명(모름 / 무응답은 제외)이며, 수치계산은 외국인 노동자 문항은 1. 매우 동의 2. 대체로 동의 3. 그저 그렇다 4. 약간 부정 5. 매우 부정이라는 5점 척도에서 1과 2를 합한 값이다. 한편 초국적기업 문항은 1. 매우 동의 2. 대체로 동의 3. 약간 부정 4. 매우 부정이라는 4점 척도에서 1과 2를 합한 값이다. 카이제곱 검정 결과 두 변수 모두 민주적 시민성지표와의 관계에서 통계적으로 유의미한 결과가 나왔다($p < 0.01$).

결과적으로 보면, 민주적 시민성은 지금까지 여타의 민족정체성의 하위범주들의 변화를 설명하는 요인으로서 특별한 의미를 갖지 못했다. 그러나 최소한 외부위협요인들에 대해서는 확실히 관용적 태도(*tolerance*)를 강화시키는 것을 확인할 수 있었다. 민주성이 자국의 주권을 절대시하는 국수주의적 민족주의로까지 발전하는 것을 막는 요인으로 작용한다는 것을 의미한다. 그러나 민주적 시민성의 확대가 관용적 태도를 강화한다는 것이 민족적 경계의식의 약화로까지 귀결되는 것은 아니라는 점은 다시 한 번 강조되어야 할 것이다.

5. 결 론

이 연구에서는 민주주의와 민족주의 간의 이론적 논쟁을 벌여왔던 ① 극단적 보편주의(범세계시민주의), ② 국수주의적 민족주의(민주적 시민성 없는 민족주의)가 서로 근본적 입장차이를 가지면서도 민주주의와 민족주의가 양립불가능하다고 본다는 점에서 공통적이라고 보았다. 이와 함께 민주주의와 민족정체성을 강화한다는 '민주적 민족주의'이론이 한국의 현실을 설명하는 데 적절한지 검토하고자 했다. 또한 이 연구는 한국의 민족정체성에 민주주의의 성장이 미치는 영향을 민족정체성 개념을 하위 네 차원, 즉 ① 경계의식, ② 심리적 정서, ③ 주권의식과 ④ 외부위협 인식차원으로 분류하여 살펴보았다.

조사결과로 보면 보편적 범세계주의가 가정하는 것처럼 민주적 시민성의 성장이 민족정체성의 약화를 가져온다는 주장을 받아들이기 힘들

---

21) 수치상으로 보면 외국자본에 대한 인식이 외국노동자에 대한 인식보다 부정적이라고 할 수도 있겠지만, 이러한 해석은 조심할 필요가 있다. 양 문항의 측정 지표가 전자는 4점 척도, 후자는 5점 척도이기 때문에 후자의 수치가 낮게 나올 가능성이 원래 클 수밖에 없기 때문이다.

다. 또한 네 가지 하위개념별로 민주적 시민성이 미치는 영향을 살펴본 결과 기존이론들이 가정하는 것과는 다르게 하위개념의 내용에 따라 선별적으로 민주적 시민성의 영향력이 나타나고 있음을 확인할 수 있었다. 주로 민주적 시민성의 성장이 민족에 대한 심리적 애착은 강화시키는 반면 공동체외부의 세력에 대해서는 관용적 태도를 강화시키고 있음을 확인할 수 있었다. 이는 극단적 보편주의나 민주적 민족주의이론 모두 제한적으로만 설명력을 가지고 있다는 것을 의미한다.

다만 이 연구는 다음과 같은 한계를 보여준다. 첫째, 민주주의이론이나 민족정체성 이론들에서 시도하지 않았던 경험적 접근을 시도했다는 점에서 불가피한 측면이 있지만 각 개념의 지표설정이나 이론적 가설설정이 주로 해외이론에 근거한다는 점이다. 따라서 한국적 맥락에 맞는 민족정체성 개념으로서 타당성을 갖는지 차후 연구과정에서 보완되어야 할 것으로 생각된다.

둘째, 실제 민족정체성의 하위범주들에 영향을 미치는 설명변수에 대한 축적된 연구가 부족한 관계로 이 연구 역시 새로운 설명변수들을 찾아내는 데 별다른 기여를 하지 못하였다는 점이다. 물론 이 논문의 목적이 민족정체성의 변화를 설명하는 새로운 요인의 발견보다는 민주적 시민성의 설명력을 검증하는 데 초점을 맞춘 결과이기도 하지만 민족정체성을 설명하는 변수들을 밝혀내는 것도 매우 중요한 후속연구의 주제가 될 것으로 본다.

마지막으로 민주적 시민성과 관련하여 현재 진행되는 철학적·정치이론상의 논쟁을 이 연구과정에는 포함시키지 못한 것도 근본적 한계 중의 하나이다. 이 글에서 다루는 민주적 시민성은 주로 '자유주의'(*liberalism*)적 차원의 소극적 시민성개념에 가깝다. 현재 세계화시대에 자유주의적 원칙만으로 국민개인의 자유와 복지를 실현시킬 수 있는지에 대한 비판이 확산되고 있으며 민주적 시민성개념의 확장을 둘러싼 다양한 논쟁이 벌어지고 있다(곽준혁, 2004: 45~46). 이론적 논쟁으로부터 도출되는 새로운 개념들이 경험영역에서 확인되고, 반대로 경험세계의 결과들이 순수개념에 반영될 때 학문발전의 계기가 마련될 수 있을 것이다. 민주적 시민성개념을 둘러싼 이론적 논의의 진전을 경험적 분석모델에 반영해나가는 시도들 역시 후속연구의 핵심과제가 될 것으로 본다.

제 2 부

국가정체성과 통합

제 5 장

해방정국과 한국전쟁에 대한 인식과 민족과 국가정체성

김 장 수

1. 서 론 : 정치적 인식과 정체성

개인의 인식과 행위가 사회적이라는 점도 명백한 진실이지만 모든 정치적 행위의 담지자는 개인이고 모든 행위는 개인인식의 결과물이라는 점도 부인할 수 없는 사실이다. 사회과학에서 정체성이 점하는 중요성은 인식과 행위 간의 인과관계에 대한 인식에 근거한다. 최근 인지과학에서의 발견은 사람들의 인식이 그다지 체계적이거나 논리적이지 못하고 결과적으로 합리적이거나 객관적이지 않다는 점을 강조한다(Huckfeldt et al., 1999 ; Fiske and Taylor, 1991 ; Lord et al., 1979). 인간의 인지가 있는 그대로의 사실을 종합적으로 반영하지 않는다면 주어진 정보를 종합적으로 분석하고 이에 근거하여 효용을 극대화하는 방식으로 정치적 결정이 이루어진다는 다운스적 인지과정(Downs, 1957)은 여전히 많은 정치적 현상을 설명하는 데 한계가 있다. 최근 인지과학의 발견에 따르면 인간의 인지과정과 그 결과물은 이성적이고 종합적 측면도 존재하지만 동시에 감성적이고 단편적 요인들이 미치는 영향력 또한 무시할 수 없다(Lavine et al., 1998 ; Kunda, 1990 ; Lodge and Hamill, 1986).

정체성이 정치적 인식과 행위에 미치는 영향력에 대한 강조는 현실자체보다는 인지과정이 지니는 독자적 역할에 주목한다는 점에서 정치학 연구의 심리학적, 인지과학적 접근법과 이론적 친화력이 있다. 정치적 인지와 행위에 대한 심리학적 접근법은 유권자가 특정정당에 지니는 심리적 유대감 또는 소속감으로 규정되는 정당정체성, 즉 정당일체감의 역할에 주목한다(Niemi and Weisberg, 1993). 심리학적 접근법은(Campbell et al., 1954 ; Campbell et al., 1960) 특정집단과의 동일시로 표현되는 집단정체성 이론과 그 이론적 뿌리를 공유한다. 집단정체성 이론에 따르면 일단 형성된 집단정체성은 그 담지자의 정치적 현실인식과 행위를 이해하는 데 핵심적 요인이다(Eulau, 1956).

집단정체성 이론을 선거에 적용한 칸버스의 고전적 연구(Converse, 1964)는 정치적 현실을 이해하는 정치한 이념적 틀을 체계적이고 일관되게 사용하지 못하는 시민들은 갈등을 대표하는 집단을 그 대체물로 사용한다고 밝힌다. 진보와 보수로 표현되는 정치이념면에서 자기인식의 형성과 기제에 관한 카노버와 펠드만의 연구(Conover and Feldman, 1981)에 따르면 일반시민들의 정치적 갈등에 대한 이해는 이 갈등을 대변하는 집단들에 대한 인식으로 대체되고 결과적으로 집단들에 대한 심리적 태도가 갈등에 대한 태도를 결정짓는다. 체계적이고 합리적인 다운스적 인지과정이 단편적이고 심리적인 과정으로 전환하는 동력은 이 축약된 과정(*shortcut*)이 지닌 효율성이다. 카노버와 펠드만의 연구에 따르면 추상적이고 이성적인 인식의 틀로 간주되어온 정치이념도 그 기원과 작동의 측면에서 각 이념을 대변하는 상징적 집단들에 대한 심리적인 호·불호에 의해 상당부분 결정된다. 즉 기존에 이성적이고 추상적인 인식의 틀로 간주되어온 많은 기제들이 그 내용면에서는 감성적이고 현실적이라는 것이다.

현대의 사회과학에서 특정집단과의 동일시로 규정되는 정체성에 대한 강조는 이론적으로는 1950~1960년대의 집단정체성 이론에서 출발하였지만 인지과학의 최근의 발견으로 더욱 부각되었다.[1] 이념을 가르는 기준은 체제가 아니라 북한에 대한 입장이라는 우리사회 일각의 주장은 인지과정이 지닌 감성적이고 현실적인 것들을 강조하는 최근 인지과학의 경향과 맥을 같이한다. 한국의 정치이념도 국가의 시장개입 정도와 전통질서에 대한 존중여부 등의 추상적 준거에 의해 결정되는 것이 아니라 현실적으로 존재하는 대상인 북한 또는 미국을 향한 심정적 편향에 따라 결정된다고 주장한다는 점에서 그러하다.

이성적이고 추상적인 것이 아닌 구체적이고 감성적인 상징물에 대한 동일시나 소속감이 인식과 행위의 준거로 작용한다면 이 소속감의 대상이 무엇이고 그 강도가 어느 정도인가에 대한 관심은 정치적 인식과 행위를 이해하는 데 핵심적 위상을 점한다. 이러한 맥락에서 보면 국가에 대한 강한 자부심과 소속감을 지닌 국민은 그렇지 않은 국민에 비해 높은 수준의 애국심을 지니고 이에 부합하는 정치적 인식과 행위를 할 것으로 기대된다. 다양한 집단들의 국가정체성의 내용과 강도는 크게 과거와 현재에 대한 평가 및 미래에 대한 전망으로 이루어지는데, 미래에 대한 전망은 시기적으로 앞선 과거와 현재에 대한 평가와 동일한 방향으로 전개된다는 점에서 그 독자적 역할은 양자에 비해 미흡한 것으로 평가된다. 이러한 맥락에서 볼 때 대한민국 국민으로서의 정체성, 즉 국가정체성을 구성하는 것은 과거요소로는 한민족의 역사에 대한 평가와 더불어 해방 전후와 분단 이후 남과 북에 대한 평가와 판단으로 이루어진다.

이 글은 해방정국과 한국전쟁 발발책임에 대한 인식이 민족정체성과 국가정체성에 미치는 영향력을 고찰하는 것을 그 일차적 목적으로 한다. 한국전쟁이 우리 현대사에 미친 역사적 강도와 그 파장에도 불구하고 이들이 민족과 국가정체성에 미치는 영향에 대한 이론화작업은 크게 진전

---

1) 인지과학의 최근발견과 이의 사회과학 연구에 미치는 함의에 대해서는 Fiske and Taylor(1991) 참조.

되지 못하였다. 이러한 지체는 일면 정체성에 관한 이론화작업의 전반적 한계와 관련되어 있다. 최근 정체성의 중요성이 강조되지만 여전히 선거연구의 정당일체감을 제외하고는 그 개념규정, 측정방식, 인과관계 등에 대한 합의가 이루어지지 않고 있다. 특히 정체성형성에 영향을 주는 요인들과 정체성에 의해 영향을 받는 인식들의 문제, 즉 인과관계에 대한 논의는 쉽게 종결지어지지 않을 듯하다.

인과관계의 특징과 관련한 가장 큰 어려움은 정체성 자체의 성격에 기인한다. 현재적 정체성이 과거, 현재의 사실은 물론 미래의 전망에 의해 형성되는 동시에 형성된 정체성이 지난 사실들에 대한 재해석을 초래함으로써 이론적 뒷받침 없이 시간적 선후로 인과관계를 대치하는 것이 정체성연구에서는 불가능하다. 이 글은 해방정국과 한국전쟁에 대한 인식이 현재의 정체성과 지니는 상관관계에 대한 실증적 검토를 그 일차적 목적으로 한다. 그 다음으로는 소득과 교육수준, 연령과 정치이념의 사회경제적 변수들의 변이와 정체성의 강도 사이의 상관관계를 다변인분석을 통해 검증한다.

2. 해방전후사에 대한 인식과 정체성

최근의 해방전후사에 대한 인식에 대한 보수와 진보진영의 논쟁이 보여주듯, 해방정국과 한국전쟁 발발책임에 대한 인식은 우리 국민들의 정치적 인식과 행위를 이해하는 중요한 변수이다. 이 글에서는 이를 민족과 국가정체성에 미친 영향력에 초점을 두고 분석하지만, 북한과 미국에 관련된 인식들은 한국인의 이념성향에 대한 기존연구에서도 심도 깊게 다뤄지는 주제이다. 한국국민의 이념성향에 대한 이현출의 연구(2005)를 예로 들면, 정치적 차원의 세 가지 변수로 대미관계, 국가보안법 개정문제, 대북지원 문제를 분석하였다. 북한과 미국에 대한 인식과 태도가 한국적 상황에서 정치이념의 구성요인으로 간주되어온 사실 자체가 대북한 대미인식이 한국인의 정치적 태도결정에 미치는 영향력을 보여준다.

이념, 지역과 세대변수를 중심으로 한국의 선거를 분석한 강원택의 연구(2003)는 우리사회에서 이념적 갈등의 경계는 경제적 요인들보다는 정치적 요인들을 중심으로 구분되고 정치적 요인 중에서도 '특히 대북한 문제, 즉 대북지원문제나 보안법개정' 등에서 이념적으로 차별성을 갖는다는 점을 보여준다. 강원택은 이러한 이념적 성향의 특성은 북한과의 대립이라는 우리사회의 특성과 관련되어 있다고 주장한다. 위의 두 연구는 대북한인식과 이념과의 관계에 분석의 초점을 두는 반면 이 글은 과거에 대한 인식이 현재의 정체성과 맺는 상관관계를 그 분석대상으로 한다는 점에서 차이가 있다.

한국전쟁 발발책임에 대한 인식은 최근의 해방전후사에 대한 인식논쟁과 이른바 '386 논쟁'이 보여주듯이 학계에서는 현재의 정치적 태도에 영향을 미치는 것으로 간주되었다. 과거에 대한 인식이 현재의 정치적 태도에 영향을 미치는 방식은 다양한 경로를 거칠 수 있다. 이 글에서 취하는 정체성을 중심으로 한 분석은 과거에 대한 인식이 정체성의 방향과 강도에 영향을 주고 이 정체성이 현재의 정치적 태도에 영향을 준다는 점에서 정체성의 역할을 과거와 현재를 매개하는 통로로 상정하다는 특징이 있다. 현대사에 대한 인식들이 민족과 국가정체성에 미치는 영향력의 정도는 실증적 차원의 문제이고 이는 3절의 주제이다. 이 장에서는 먼저 한국전쟁의 발발책임과 해방정국에서 각 정치세력을 대표하는 인물들에 대한 인식을 세대별 차이에 중점을 두고 살펴보고자 한다.

1) 한국전쟁 발발책임에 대한 인식

국민 전체적으로 보면 북한(43.5%), 미국(20.5%), 소련(14.4%)과 남한정부(10.2%)의 순으로 전쟁발발의 일차적 책임이 있다고 인식한다. 일본과 중국의 일차적 책임론에 동의하는 비율은 상대적으로 소수에 지나지 않는다. 두 번째로 책임 있는 국가로는 소련, 미국, 북한, 남한 순으로 나타났고, 전체적으로 보면 61%의 국민들이 북한이 전쟁발발에 가장 크거나 그 다음으로 큰 책임이 있다고 응답하였고, 소련(47.5%)과 미국(41.3%)이 그 뒤를 잇고 있다. 젊은 세대에서는 북한보다는 미국에 책임이 있다고 생각하는 비율이 상대적으로 높았고 특히 20대가 386세대보다 높게 나타난다. 전체적으로는 가장 큰 책임소재로 북한을 지목한 비율이 미국의 두 배에 달한 반면 20대에서는 31 : 29%로 유사하게 나타났고, 30대는 20대와 40대 이상의 중간지점에 위치하는 것으로 나타났다.

첫 번째든 두 번째의 책임이 있는 국가로 북한을 지목하지 않은, 즉

〈표 5-1〉 한국전쟁 발발책임

(단위: %)

국가	발발책임			
	가장 큰 책임		두 번째로 큰 책임	
	전체 평균	20대	전체 평균	20대
남한	10.2	7.3	11.2	6.4
북한	43.5	31.0	19.1	21.5
미국	20.5	29.3	22.6	28.6
소련	14.4	18.7	36.0	38.1
일본	6.2	7.4	3.6	2.6
중국	1.4	1.4	7.6	2.8

북한면책론에 동의하는 비율에서도 연령대별 차이와 20대의 특이성이 나타난다. 60대 이상 26%, 40~50대 36%에 비해 30대에서는 44%, 20대에서는 2명 중의 한 명이 북한면책론에 동의한다. 이들 응답자를 세분하면 대부분은 남북한을 제외한 미국, 소련 등의 주변 4국에만 책임이 있다는 응답이 전체의 80%를 점한다. 그러나 북한이 책임이 없다고 응답한 사람들 중 20%는 이른바 연합국동맹에 속한 미국, 남한, 일본을 일·이차적 책임이 있는 국가로 지목하였다. 연합국 일방책임론을 전체 응답자비율로 환산하면 7%를 상회한다. 그렇다고 20대가 남한책임론을 주장하는 것도 아니다. 30대 이상에서는 전체적으로 23%가 동의하고 연령대별 차이가 드러나지 않는 남한책임론에 대해서도 20대는 13%만이 동의한다.

전쟁발발의 일·이차적 책임소재로 북한, 소련, 중국의 공산권국가만을 지목한 응답자의 비율은 32%로 미국, 남한, 일본의 연합국동맹에만 귀책사유가 있다는 응답자 7%에 비해 월등히 높은 것으로 나타났다. 미국과 소련 등의 외부세력만을 전쟁의 원인으로 지목한 응답자가 30%에 달하는 반면 남한과 북한만의 내부적 요인에서 전쟁발발의 원인을 찾는 응답자는 그 절반인 15%에 불과하다. 응답자의 절반 이상은 주로 내부적으로는 북한과 외부적으로는 미국과 소련이 책임을 공유한다는 입장인 것으로 나타난다. 이 점에서 20대는 북한보다는 미국과 소련에 책임이 있다는 외세책임론에 동의하는 비율이 상대적으로 높았다.

2) 해방정국에서 정치세력의 역할에 대한 인식

보수세력들이 '386논쟁'을 통해 지속적으로 제기하는 쟁점 중의 하나가 젊은 세대의 국가정체성 문제이다. 즉, 젊은 세대일수록 대한민국 정체성이 약하고 이로 인해 국가보안법 철폐와 주한미군 철수 등 '친북적' 주장에 동조한다는 것이다. 이번 조사에서 두드러진 특징 중의 하나

〈표 5-2〉 해방정국의 지도자와 정부에 대한 긍정적 평가비율(%)

	이승만	김 구	김일성	미국 정부
전체 평균	45.9	85.0	10.0	31.1
20대	39.0	82.7	8.1	20.5
30대	43.3	90.6	6.9	24.2
40대	41.2	87.8	12.3	29.2
50대	54.9	82.7	14.4	38.8
60대 이상	57.6	77.5	10.1	51.1

는 젊은 세대일수록 해방정국에서 김일성의 역할에 긍정적으로 평가할 것이라는 기존의 인식이 확인되지 않았다는 점이다. 연령대별로 큰 차이가 나타나는 것은 아니지만, 기존의 인식과 달리 20~30대의 젊은 세대(7.5%)에 비해 40대 이상(12.5%)에서 해방정국에서 김일성의 역할을 긍정적으로 평가하는 비율이 높게 나타났고, 특히 30대는 김일성은 부정적, 김구는 긍정적으로 평가하는 비율이 다른 세대에 비해 가장 높았다. 그러나 이승만 대통령과 미국정부의 역할에 대해서는 젊은 세대일수록 부정적이었다. 즉, 20~30대 젊은 세대는 전체 국민에 비해 김일성을 긍정적으로 평가하는 것이 아니라 이승만과 미국정부의 해방정국에서의 역할을 부정적으로 평가한다.

3) 민족정체성과 국가정체성의 세대별분포

〈표 5-3〉에 나타난 민족정체성은 '귀하께서는 한민족의 역사에 대해 어떻게 생각하십니까?'에 대한 질문에 '매우 자랑스럽게 생각한다'와 '자랑스럽게 생각하는 편이다'를 긍정적 응답으로 '부끄럽게 생각한다'와 '매우 부끄럽게 생각한다'는 응답을 부정적 응답으로 분류하였다. 국가

〈표 5-3〉 민족정체성과 국가정체성 분포

연 령	민족정체성		국가정체성	
	긍정적	부정적	긍정적	부정적
전체 평균	52.9	6.7	70.5	8.7
20대	58.0	4.3	66.1	12.0
30대	51.6	5.3	60.5	10.2
40대	53.8	6.0	68.9	7.3
50대	48.6	10.9	78.8	8.1
60대 이상	50.8	9.2	85.9	4.8

정체성은 '나는 다른 어떤 나라 사람이기보다도 대한민국 국민이고 싶다'는 응답에 대한 동의여부를 '매우 그렇다'와 '전혀 그렇지 않다'는 응답을 양극단에 두고 다섯 가지 범주로 응답한 것을 긍정적, 중립적, 부정적으로 세 가지로 재분류한 결과이다.

먼저 대한민국 국민이고 싶다는 국가정체성 질문에 대한 긍정적 응답이 한민족의 역사에 대한 자랑스럽게 생각한다는 민족정체성에 대한 긍정적 응답(52.9%)보다 높다는 점이 주목할 만하다. 두 정체성간 연령대별 경향도 다르게 나타나는데, 국가정체성은 연령이 높을수록 높게 나타나는 반면, 민족정체성은 연령대별 차이가 크지 않지만 20대에서는 58%로 상대적으로 높고 50대 이상에서는 전체평균보다 긍정적 응답비율이 저조하다.

전쟁발발에 책임 있는 국가로 북한을 지목하지 않은 응답자는 상대적으로 김일성의 역할을 긍정적으로 평가하는 것으로 나타났지만(14% 대 8%), 전쟁발발의 책임소재에 대한 응답과 김일성의 역할에 대한 평가가 국가정체성이 미치는 영향은 기존의 인식과 다르게 나타났다. 국가정체성 질문에 70.5%가 긍정적으로 응답했는데, 김일성의 역할을 긍정적으로 평가한 응답자에서는 그렇다는 응답이 86%로 평균보다 높게 나타났다.

대한민국 국민으로서의 국가정체성이 김일성의 해방정국에서의 역할을 긍정적으로 평가하는 사람들에게서 높게 나타나고, 한민족의 역사에 대한 민족정체성보다도 높게 나타난다는 사실은 한민족으로서의 민족정체성과 별개로 '대한민국 국민'으로서의 국가정체성이 대한민국 탄생과정의 정당성에 대한 평가와 무관하게 형성되었거나 그 과정에 있는 것으로 평가된다. 3절은 해방정국에 대한 평가와 정체성의 관계를 분석하고자 한다.

3. 해방전후사의 인식과 정체성의 상관관계

1) 국가정체성과 민족정체성

국가정체성과 민족정체성의 관계에 대한 단선적 예측은 불가능하다. 단일민족국가를 형성한 경우에는 양 정체성 간의 긍정적 상관관계가 예측된다. 그러나 우리와 같은 분단국가의 경우 한민족의 성원으로 느끼는 민족정체성과 대한민국 국민으로 지니는 국가정체성의 관계에 대해서는 다양한 조합이 가능하고 각 조합의 원인에 대해서도 여전히 논쟁의 여지가 있다. 먼저 민족정체성과 국가정체성의 분포와 이들간의 상관관계를 살펴볼 필요가 있다. 참고로 상관지수는 0.27로 양자간에는 긍정적 상관관계가 존재하지만 그 정도는 그다지 높다고 볼 수 없다.

〈표 5-4〉의 교차분석은 두 가지 정체성 간의 긍정적이지만 그다지 높지 않은 상관관계의 발생원인에 대해 구체적 설명을 제공한다. 국가정체성 면에서 긍정적인 723명 중에서 60%의 응답자만이 민족정체성 면에서도 긍정적인 것으로 나타났다. 전체적으로 민족정체성에 비해 국가정

〈표 5-4〉 민족정체성과 국가정체성 교차비교

민족정체성	국가정체성			
	긍정적	중립적	부정적	합 계
긍정적	443	81	27	551
중립적	241	99	48	388
부정적	39	19	13	71
합 계	723	199	88	1,010

〈표 5-5〉 해방정국에서의 역할평가와 정체성

평가대상	민족정체성	국가정체성
이승만	.024 (1.79)	.021 (1.33)
김일성	.003 (.13)	.017 (.66)
미 국	.005 (.24)	.060* (2.38)
소 련	-.022 (-.95)	-.036 (-1.42)
상 수	2.381 (27.18)	4.089 (41.74)
조정된 R^2	.0001	.006
사례 수	1,018	1,029

주: 계수는 선형회귀분석 측정치이며 괄호 안은 t값임.

* $p < 0.05$

〈표 5-6〉 한국전쟁 발발책임에 대한 평가와 정체성

평가대상	민족정체성	국가정체성
남한 정부	.019 (.17)	-.091 (-.71)
북한 정부	.037 (.43)	.181 (1.83)
미국 정부	.004 (.05)	.006 (.06)
소련 정부	-.000 (-.01)	-.007 (-.07)
상 수	2.421 (30.87)	3.838 (43.51)
조정된 R^2	.000	.007
사례 수	1,018	1,029

체성에 대한 긍정적 응답비율이 높음에도 불구하고, 민족정체성에서 긍정적 응답을 제시한 551명 중 20%는 국가정체성 항목에서는 중립적이거나 부정적인 것으로 나타났다. 민족정체성에서 중립적이라고 답한 응답자(388명) 중의 상당수(241명)가 국가정체성이 긍정적으로 나타난 사실도 주목할 만하다.

〈표 5-5〉와 〈표 5-6〉은 해방정국에서의 역할평가와 한국전쟁 발발의 책임소재에 대한 평가가 민족과 국가정체성에 미치는 영향을 분석한다. 〈표 5-5〉에 따르면, 미국의 해방정국에서의 영향력을 긍정적으로 평가하는 사람은 그렇지 않은 사람에 비해 대한민국 국민으로서의 자부심이 높은 것으로 나타났다. 그러나 해방정국에서의 주요 정치세력의 역할에 대한 평가가 민족과 국가정체성에 미치는 영향력은 여기에 국한된다. 미국을 제외한 다른 정치세력들에 대한 평가는 두 가지 정체성 중 어느 하나에도 통계적으로 유의미한 영향을 주는 것으로 나타나지 않았다.

미국의 역할에 대한 평가도 민족정체성에는 영향을 주지 않는다. 해방정국에서의 역할에 대한 평가가 정체성에 미치는 영향에 대한 기존의 논의를 고려하면, 두 가지 모델에서 공통적으로 나타나는 모델자체의 약한 설명력은 주목할 만한 가치가 있다. 조정된 R^2항이 아주 미미하게 나온 것은 민족과 국가정체성의 변이를 설명하는 데 주요정치세력의 해방정국에서의 역할평가는 거의 도움이 되지 않는다는 점을 보여준다.

〈표 5-6〉은 동일한 분석방법을 활용해 한국전쟁 발발책임의 소재에 대한 인식을 분석한 결과이다. 전쟁발발의 책임소재가 어디에 있는가에 대한 인식은 민족정체성의 강도와는 아무런 상관관계가 없는 것으로 나타났다. 국가정체성과 관련해서는 전쟁발발의 일차적 책임이 북한에 있다고 응답한 사람일수록 대한민국 국민으로서의 자부심이 높은 것으로 나타났다. 이에 근거하여 대한민국 국민으로서의 자부심의 강도가 한국전쟁 당시 북한의 역할에 대한 부정적 인식과 관련되었다는 점에서 반북적 인식과 국가정체성의 긍정적 관계를 볼 수 있다. 그러나 전체적으로 해방정국에서 각 정치행위자들의 역할에 대한 평가와 마찬가지로 현재의 국가정체성면에서의 개인별 차이를 설명하는 데 전쟁발발 책임국가가 어디에 있는가에 대한 인식은 그다지 큰 영향을 주지 않는 것으로 드러났다.

요약하면 해방정국에서의 역할에 대한 평가와 전쟁발발 책임에 대한 인식은 한국인의 역사에 대한 자부심의 차이로 이어지지 않는 것으로 나타난다. 이러한 저조한 설명력은 국가정체성으로 분석대상이 바뀌면 조금 개선된다. 해방정국에서의 역할과 관련해서는 미국의 역할을 긍정적으로 평가하는 사람일수록 국가정체성이 높다는 사실과 비록 95% 유의수준에서 통계적 유의미성을 획득하지는 못했지만 그에 근접한 한국전쟁 발발의 북한책임론을 공유하는 사람들 속에서 국민정체성이 높다는 점은 현재의 대한민국 정체성을 이념적으로 해석하는 보수주의자들의 주장이 일정 정도 근거가 있음을 보여준다. 즉 대한민국의 정체성을 부정하는 자들은 해방전후사의 인식 면에서 친북적이거나 반미적이라는 주장이 일정 정도 근거가 있음이 입증된다. 그럼에도 불구하고 이러한 해방정국의 인식들이 민족과 국가정체성을 설명하는 데 지니는 극단적으로 미미한 설명력은 역으로 이러한 인식들이 현재의 정치적 인식과 정체성을 설명하는 데 지니는 여실한 영향력의 한계를 동시에 보여준다.

분단국가로서의 대한민국의 형성에 미친 가장 큰 역사적 사건들이 현재 정체성의 차이를 설명하는 데 지니는 한계는 정체성, 특히 국가정체성의 변이를 설명하는 요인들 즉 구성요인에 대한 질문으로 이어진다. 즉, 민족과 국가정체성의 변이와 관련하여 중요하게 논의되어온 해방정국과 한국전쟁의 발발책임에 대한 차이는 몇 가지 유의미한 결과를 보여주는 동시에 정체성의 변이를 설명하는 데는 별 도움이 되지 않는다는 점도 밝혀져 정체성의 변이를 설명하는 별도의 분석작업을 요한다. 4절에서는 정체성의 변이와 관련하여 가장 기초적 분석모델을 통해 이에 대한 대답을 모색한다.

4. 정체성의 변인에 대한 설명변수 모색

서론에서 제기하였듯이 정체성의 형성원인에 대한 연구는 이 형성된 정체성의 정치적 영향력에 대한 연구에 비해 취약한 실정이다. 이 절에서는 대한민국 국민으로서의 정체성의 변이를 설명하는 몇 가지 변수들의 설명력을 검증하고 분석결과의 함의를 논의한다. 특히 이념변인의 설명력에 집중한다. 정치이념의 설명력에 집중하는 이유는 3절의 분석결과 설명력은 그다지 높지 않더라도 해방정국의 인식과 관련하여 친북 반미적 인식들이 통계적으로 유의미한 변수로 대두된 점과 관련된다. 친북 반미적 인식자체는 정체성의 변인에 대해 그다지 높은 설명력을 지니지는 않지만 이러한 인식들이 정치이념이라는 매개를 통해 그 영향력이 지속 또는 강화될 가능성을 배제할 수 없다. 이는 우리사회에서 친북 반미적 태도는 정치이념면에서 일반적으로 진보적 성향으로 이어질 가능성이 높다는 기존의 논의를 감안해 과거에 대한 인식자체가 아니라 정치이념이 정체성의 중요한 설명변수로 대두될 가능성을 고려한 것이다.

먼저 교육수준과 정체성의 상관관계를 보면, 교육수준이 높을수록 민족정체성이 높은 것으로 나타나는 반면 국가정체성에는 연관이 없는 것으로 나타난다. 소득수준이 미치는 영향은 일반적 예상과 다른 형태를 보인다. 소득이 높을수록 민족의 역사에 대한 자긍심과 대한민국 국민으로서의 자부심이 낮은 것으로 나타나고 두 결과 모두 95% 신뢰수준에서 통계적으로 유의미하다. 연령이 정체성에 미치는 영향력은 그 대상에 따라 상이한 것으로 드러났다. 나이가 많을수록 국가정체성이 높은 반면 민족의 역사에 대해서는 자랑스럽게 생각하지 않는다는 응답이

〈표 5-7〉 정체성의 변인에 대한 설명변수

평가대상	민족정체성	국가정체성
교육수준 중졸 이하(1)부터 전문대재(3)	.113 (2.36)*	-.020 (-.38)
소득소준 1백만 원 미만(1)부터 4백만 원 이상(5)	-.064 (-2.65)*	-.081 (-3.01)*
정치이념 진보(1)부터 보수(3)	.058 (1.65)	.030 (.76)
연 령 20대(2)부터 60대 이상(6)	-.03 (-1.29)	.09 (3.36)*
상 수	2.448 (12.16)*	3.755 (16.49)
조정된 R^2	.015	.036
사례 수	962	970

* $p < 0.05$

상대적으로 높다. 민족정체성 모델에서 교육수준을 통제하지 않으면 연령대별 차이는 통계적으로 유의미한 수준에 도달한다.

통계적으로 의미있는 차이는 아니지만 정치이념면에서 보수적이라고 응답한 유권자가 그렇지 않은 사람들에 비해 두 가지 정체성 면에서 높게 나타난다. 두 가지 정체성을 비교하면 정치이념 면에서 스스로를 보수적이라고 밝힌 응답자는 중도적이거나 진보적이라고 밝힌 사람들에 비해 한민족의 역사에 자부심을 가질 가능성이 높다. 국가정체성 면에서는 동일한 경향이 발견되지만 이의 통계적 유의성은 민족정체성에 비해 약하게 나타난다.

요약하면 교육은 민족정체성을 고양시키는 계기로 작용하였지만 동일한 효과가 국민으로서의 자부심에서는 발휘되지 못한 것으로 보인다. 소득수준이 높은 사람일수록 한민족의 역사와 대한민국 국민으로서의 자부심이 상대적으로 낮다는 점은 우리나라 기득권세력의 사회적 역할과 책임이라는 점에서 그다지 긍정적으로 보이지 않는다. 민족정체성에서 나타나는 연령대별 차이는 교육변수의 맥락에서 살펴보면 그다지 우려할 만한 사실은 아니다. 국가정체성에서의 연령대별 경향은 동일시의 대상과 맺는 관계와 그 관계의 지속성 여부에 의해 강도가 결정된다는 정체성이론의 기존연구와 관련해 보면 젊은 층의 상대적으로 약한 정체성은 시기가 지나면서 해소될 수 있으므로 그다지 우려할 만한 상황은 아니다. 그러나 국가정체성에서 교육의 역할부재와 관련하여 앞으로의 동향을 주시할 필요가 제기된다.

이론적 측면에서 모델의 약한 현실설명력, 구체적으로 보면 교육과 소득수준, 연령과 정치이념의 차이가 국가와 민족정체성 변이의 각각 1.5%와 3.6%를 설명하는 데 그친다는 점은 정체성의 형성과 변인에 대한 체계적 접근을 요구한다. 논문의 분석결과는 동시에 정체성이 정치이념과 사회경제적 변인들로부터 상당 정도 독립적으로 존재한다는 점을 보여준다. 3절에서 분석한 해방정국에 대한 평가와 관련된 변인들도 정체성의 변인을 설명하는 데 별다른 도움이 되지 않는다는 점도 같이 고려하면 정체성은 대한민국 형성기라는 과거의 역사에 대한 평가나 현재의 사회경제적 변인과 정치이념으로 치환될 수 없는 그 독자적 내용을 지닌 것으로 평가된다.

5. 결론과 전망

정치적 인식과 행위에서 집단정체성이 점하는 역할에 대한 학문적 논의와 구체적 분석이 활발하게 진행되고 있다. 집단은 인식과 행위의 준거로 작용해 소속감을 느끼는 성원들의 정치적 행위에 영향을 미친다. 정당, 지역, 사회계층 등 다양한 집단단위들이 준거의 역할을 한다. 현대 정치체제에서 국가와 민족은 여전히 가장 강력한 정치적 행위와 인식의 단위이다. 한국사회에서 진행되는 남남갈등은 이념적 균열을 한 축으로 하고 다른 한 축으로는 한민족으로써의 민족정체성과 대한민국 국민으로써의 국가정체성의 충돌을 다른 축으로 한다. 남남갈등에 대해 이념적 균열의 측면에서의 활발한 분석작업에 비해 정체성이론에 근거한 연구는 상대적으로 미약하다고 평가된다.

이 글의 분석결과에 의하면, 민족과 국가정체성의 형성에 중요한 역할을 한다고 가정되었던 해방정국과 한국전쟁 발발에 대한 인식과 평가, 사회경제적 요인들과 정치이념의 설명력은 예상했던 것보다 약한 것으로 나타난다. 정체성의 형성원인과 이의 변이에 영향을 주는 설명변수들을 특정하고 이들간의 인과관계에 대한 이론화작업이 요구된다. 이와는 별도로 정체성이 정치적 인식과 행위에 미치는 실증적 분석작업도 또 다른 학문적 과제이다.

대한민국 정체성이 한민족 정체성과 별개로 형성・강화되었다는 최근의 논의는 우리나라의 정치적 미래를 전망함에 중차대한 의미를 지닌다. 만약 한민족 정체성의 약화와 이를 대체하는 남한정체성의 형성과 강화가 진행된다면 이는 향후의 통일논의의 방향을 규정할 정도의 파괴력이 있다. 물론 남한정체성의 형성과 강화가 되돌릴 수 없는 미래의 흐름이라고 전망하기에는 무리가 있다. 역으로 이 글의 분석결과는, 즉 교육수준이 높고, 젊은 세대에게서 민족정체성이 상대적으로 강하다는 점은 향후 한민족 정체성의 강화가능성을 예고한다. 민족정체성의 미래에 대한 구체적 전망과는 별개로 민주주의의 공고화로 인해 주권자로서 대중들이 지니는 정치적 영향력은 강화될 것이라는 전망에는 동의가 형성되었다고 판단된다. 이러한 전망이 유효하다면 일반국민들의 정치적 선호와 태도의 형성, 이의 정치적 행위로의 전환과정에 대한 학문적 접근은 시급한 현실의 요구이기도 하다.

제6장

한국인의 역대정권 평가와 역사자긍심

이현우

1. 서론

한국인의 역사인식 중 현대사 특히 현대정치에 대한 역사인식은 매우 흥미로운 연구주제이다. 해방 이후 60년 동안 한국은 정치, 사회, 경제적으로 엄청난 변화를 겪었으며, 이 과정에서 선형적 발전을 이룬 것이 아니라 단기적으로는 변화가 정체 혹은 퇴보로 간주되는 시기도 있었다. 시대마다 당시를 어떻게 평가했는가 하는 것도 중요하지만 현재의 시점에서 각 역사적 시기를 어떻게 바라보는가를 살피는 것도 의미 있는 작업이다. 왜냐하면 상당한 수준의 민주화를 이룬 현시점에서 과거 정권에 대한 평가는 그 시대에 대한 평가에만 머무르는 것이 아니라 현재의 정치에 대한 국민의식을 살펴볼 수 있는 또 하나의 연구가 될 수 있기 때문이다.

이 글에서는 국민들이 현재의 시점에서 과거의 정권들을 어떻게 평가하는가를 비교적 시각에서 분석하였다. 항상 집권세력에 대한 긍정적 평가와 부정적 평가는 공존하였고, 정권이 교체된 이후에는 비교관점에서 이전의 정권을 평가하게 된다. 이때 과거정권에 대한 평가는 사회경제적 변화에 영향을 받기도 한다. 구체적으로 한국정치에서 경제성장의 필요성과 정치발전에 대한 욕구 사이의 긴장은 시기에 따라 달리 평가된다. 또한 냉전시대와 냉전 이후의 남북관계에서 상황적으로 어떤 정책이 최선이었으며 국민들로부터 지지를 받을 수 있었는가 역시 당시의 평가와 현재의 평가는 달라질 수 있다.

이전에도 역대정권에 대한 평가작업은 여러 차례 있었다. 그런데 대부분이 언론사에 의해 이루어져 역대대통령의 인기투표와 유사하게 조사되었다. 대통령의 업적과 개인적 자질이 제대로 구분되지 않았을 뿐만 아니라 업적 가운데서도 세부적으로 여러 분야에 관한 개별적 평가도 없었다. 뿐만 아니라 응답자들이 각각의 대통령에 대해서 평가하고 분석하는 단계에서 서열을 결정한 것이 아니라 누가 가장 좋은 대통령이었는가를 질문함으로써 서열순위 이상의 정보를 제공하지 못하였다. 또 다른 문제로 지적될 수 있는 것은 응답자들의 특성에 의해 대통령평가가 달라질 수 있는데 그러한 부분을 간과했다는 점이다. 예를 들어 특정한 역사를 경험한 세대에 따라서 혹은 출신지역에 따라서 역대대통령에 대한 평가가 달라질 수 있는 가능성이 있다.

이 글은 설문조사 결과를 분석해 역대대통령에 대한 비교적 객관적인 평가를 시도한다. 특히 응답자의 특성에 따라 평가성향이 어떻게 나타나는지도 심도 있게 분석하였다. 그리고 역대대통령에 대한 인상적 평가요인을 가급적 줄이기 위해 전반적 평가를 지양하고 정치, 경제, 통일 분야에서 각 대통령을 어떻게 평가하는지 살펴보고 이를 근거로 종합 대통령평가 점수를 생성하였다. 이 글은 단순히 대통령평가에 그치지 않고 현대정치사를 어떻게 평가하는가에 따라 우리나라 역사에 대한 자부심이 영향을 받는지를 살펴보고 있다. 한국인의 정체성이 역사에 대한 평가에서 출발하여 현실에 대한 인식과 다른 국가와의 상대적 비교가 포함된다고 할 때 현대역사의 가장 구체적 평가는 의미가 크다고 할 수 있다.

2. 기존의 대통령 평가연구

대통령평가를 처음 시도한 것은 1948년에 미국의 역사학자 슐레신저(Schlesinger)였다. 55명의 역사학자들을 대상으로 29명의 역대대통령의 업적을 평가하도록 조사해 위대한 대통령과 평균 대통령 그리고 실패한 대통령으로 구분하였다. 이후 1962년과 1982년에도 동일한 내용을 학자들을 대상으로 조사하여 언론과 저서를 통해 발표하였다. 그리고 이후 여러 학자들에 의하여 다양한 방법으로 미국대통령에 대한 평가가 이루어져오고 있다(Degregorio, 1993 ; Ridings and McIver, 1997 ; Taranto and Leo, 2004).

설문조사가 아닌 전문가에 의한 평가작업도 활발히 이루어지고 있다. 로시터(Rossiter, 1962)는 대통령의 적극성과 활동성에 기초해 대통령을 평가하였다. 이후 학자들의 다양한 평가작업이 있었지만 가장 주목을 받는 것은 베일리(Bailey, 1996)의 저작이라고 볼 수 있다. 그는 이상적인 대통령이 통과해야 할 항목들을 제시하고 그중 35개는 역대대통령 모두에게 그리고 8개 항목을 20세기의 대통령들에게 추가적으로 적용하였다. 베일리는 그 결과를 순위로 나타내지 않고 슐레신저의 설문에 전문가들이 답변한 것이 타당한지를 검토하였다.

미국대통령에 대해 순위를 결정하는 방식 이외에도 대통령을 유형화함으로써 위대성을 살펴보려는 노력도 있었다. 바버(Barber)는 대통령 직무에 대한 적극성-소극성과 성격적인 면에서 긍정적-부정적이라는 구분을 통해 네 가지의 유형화작업을 시도하고 위대한 대통령은 적극-긍정(*active-positive*)한 영역에 속하며 이들은 합리적 판단을 통해 대통령 중심적 국정운영을 했다고 주장한다. 페더슨(Pederson, 1989)은 바버의 연구를 발전시켜 융통성과 활동성에서 도덕성을 구분해야 한다고 주장하였다.

대통령의 위대성이라는 모호한 용어 대신에 대통령의 업적에 대한 판단기준을 상세하게 제시하고 이를 계량화한 업적 평가가 파버와 파버(Charles F. Faber and Richard B. Faber)에 의해 이루어졌다. 이들은 《대통령의 성적표》라는 저서를 통해 여론조사나 정신분석적 측면 혹은 개인의 특성과 성격이 아닌 업적에 기초를 둔 평가를 시도하였다. 외교·국내이슈 및 사업·행정부업무·지도력·성격과 도덕성이라는 5개의 큰 범주를 설정하고 이에 대한 매우 세부적인 항목들을 각 10개씩 개발해 역대대통령에 대한 점수를 부여하였다. 그리고 이를 합산하여 대통령업적에 대한 평가를 실시하였다. 그 결과 100점 만점에 78점을 획득한 링컨 대통령이 가장 위대한 대통령으로 선정되었다.

한국에서도 대통령에 대한 연구는 많았다. 그러나 최근까지의 연구는 대부분이 대통령 개인들에 대한 기술이나 규범적 측면에서 대통령의 역할이나 기능에 대한 논의가 주를 이루었다(동아시아연구원, 2002 ; 정윤재, 2003 ; 함성득 편, 2000 ; 한국정책학회 편, 1994 ; 주돈식, 2004). 한국 대통령의 업무평가가 연구자의 주관적 판단에 의해 이루어지고 이를 바탕으로 바람직한 대통령 업무방향이 제시되어 이상적 처방이 내려지는 경우가 많았다. 물론 대통령직을 오랫동안 연구했거나 대통령업무를 보좌하면서 갖게 된 경험을 바탕으로 더 나은 대통령이 되기 위한 방안을 도출하는 것도 의미가 있다. 그러나 지표개발 등을 통한 객관화된 업무측정 도구를 개발하고 이를 이용하여 역대대통령을 평가하며 발전된 대통령의 업무방향을 제시하는 노력은 상대적으로 적었다.

일반인을 대상으로 한 경우의 설문조사는 대부분 '역사상 누가 가장 위대한 대통령이라고 생각하는가'라는 취지로 이루어져 있다. 그리고 응답에서 가장 많이 언급된 대통령을 가장 위대한 대통령으로 간주하는 방법으로 순위를 결정한다. 이러한 질문은 단지 한 명의 대통령만을 지적하게 함으로써 응답자의 명백한 선호를 이용해 순위를 결정한다는 장점이 있다. 그러나 나머지 대통령에 대한 평가는 전혀 알 수 없다는 점과 가장 위대한 대통령으로 언급한다 해도 어느 정도 위대하다고 생각하는지에 대한 강도를 측정할 수 없다는 문제점이 있다. 또한 위대한 대통령이라는 것이 과연 어떤 의미인지에 대해서도 응답자의 주관적 해석에 맡길 수밖에 없다. 물론 미국에서는 역사상의 모든 대통령을 응답자들이 평가하는 것이 불가능하기 때문에 한 명의 대통령만을 선택하도록 하는 설문을 구성했다는 점도 이해해야 한다.[1)]

〈표 6-1〉 역대대통령 평가조사들

조사기관	시 기	질 문	주요내용
경향신문	1997. 10	전문가 대상으로 비전, 민주적 리더십, 도덕성, 위기관리 능력 조사	종합적으로 이승만 대통령 1위, 박정희 대통령 2위
동아일보	1998. 8	역대정부 중 최고 (경제, 정치분야)	박정희정부 (경제 90. 3%, 정치 43. 6%)
월간중앙	2002. 3	역대 8명의 대통령이 동시에 출마한다면?	박정희 대통령이 1위 (46. 6%)
조선일보	2002. 8	각 대통령 세부평가 (5개 분야)	업적, 자질 모두 박정희 대통령 1위
중앙일보	2002. 12	1980년대 이후 대통령 국정운영평가(전문가 집단)	김대중 대통령(53. 9점)이 1위
조선일보	2004. 6	한국인이 좋아하는 역대대통령	박정희 대통령(47. 9%)이 1위
동아일보	2005. 2	가장 바람직한 국가지도자상	박정희 대통령(55. 3%)이 경제발전업적으로 1위
중앙일보	2005. 11	분야별 역대 대통령 업적평가	국가안보, 경제발전은 박정희 대통령 /민주화, 대북관계는 김대중 대통령

1) 대부분의 조사에서 링컨(Abraham Lincoln)이 가장 위대한 대통령으로 꼽히며 조지 워싱턴(George Washington)과 루즈벨트(Franklin D. Roosevelt)가 항상 최상위집단에 속한다.

한국에서는 주로 언론사들이 주도하여 역대대통령에 대한 자질과 업적평가를 하였다. 지난 10년간 이후 대통령평가 중 몇 가지를 살펴보면 〈표 6-1〉과 같이 정리할 수 있다.

〈표 6-1〉에서 본 바와 같이 다양한 대상과 질문을 통해 역대정권을 평가했는데 대부분의 조사에서 박정희 대통령이 1위를 차지했다는 것을 알 수 있다. 특히 경제부분의 우월성은 여타 대통령의 업적평가와 큰 차이를 보인다. 그런데 언론사 조사의 대부분은 미국의 설문조사처럼 가장 훌륭한 대통령이 누구인가를 설문내용으로 사용하였다. 여기에 예외적인 것이 2002년 8월 《조선일보》에 발표된 대통령평가이다.

같은 해 12월에 출간된 단행본에는 조사절차 및 평가방법이 상세하게 설명되어 있다. 한국대통령평가위원회와 한국대통령학연구소가 공동으로 실시한 이 조사는 전문가집단 조사이다. 500명의 전문가를 전공별, 성별, 지역별 배분에 따라 선정하고 회수된 설문지 중 분석이 가능한 320개의 설문지를 분석자료로 사용하였다. 이론적 틀을 보면 업적, 자질의 큰 범주를 구성하고 업적부문에서는 경제발전, 정치·행정, 교육·과학기술, 안보·외교 그리고 사회·복지 등 5개 세부분야에 대한 대통령업적을 평가하도록 하였다. 그리고 자질부분에서는 비전제시, 인사관리, 위기관리, 민주성, 도덕성의 5개 세부분야로 구성하여 평가설문을 하였다. 그리고 각 세부분야 및 업적과 자질부문에 대한 가중치를 산출하기 위해 과학적 계산을 시도하였다.

이러한 절차는 이전의 단순설문보다 정교하고 응답자의 주관성을 줄이기 위한 방안으로 새로운 시도였다. 특히 응답자별 정보편차에 의한 오류를 막기 위해 각 대통령 임기 동안에 중요한 사건과 정책을 제시표(*show-card*)로 사용해 정보를 제공함으로써 응답자간의 정보편차를 줄이려는 노력도 이전에 없던 참신한 방법이었다.

그러나 정교화를 위한 많은 노력에도 불구하고 몇 가지 문제점은 그대로 남아 있다고 볼 수 있다. 첫째로 문헌조사를 통해 가중치를 결정했다고 하지만 총체적 평가를 위해 업적부문에 40%, 자질부문에 50% 그리고 응답자들이 최선의 대통령이라고 선정한 것에 10%의 가중치를 부여한 것은 그 논리근거가 부족하다. 대통령을 평가하는 데 자질이 업적보다 더 중요하다고 보는 이유가 제대로 설명되어 있지 않으며, 응답자들이 선택한 최고의 대통령에게 10%의 가중치를 줌으로써 총체적 평가에 반영한다는 것도 좀더 설득적 설명이 필요하다.

두 번째로는 각 세부분야의 가중치를 정교하게 구하였지만 실제적 차이는 크지 않았다. 업적의 경우 전체적으로 반영되는 비중이 40%에 그치기 때문에 실제로 가중치 부여효과는 매우 미미하다. 이 글 후반부의 경험적 분석에서 제시하는 바와 같이 아무런 가중치를 고려하지 않은 값과 비교해보면 거의 차이가 없다는 것을 알 수 있다. 마지막으로 이러한 학술적 조사가 2002년 이후 매 2년마다 이루어질 것으로 계획했으나 2004년과 2006년에 연속성을 갖는 조사결과가 발표되지 못했다는 점이 아쉬움으로 남는다. 그러나 이러한 지적들이 위 조사연구의 가치를 손상시키지는 않는다. 다만 보다 정교한 모델을 만들기 위한 과정 속에서 고려해야 할 것이 무엇인지를 밝히고자 할 따름이다.

3. 연구설계

대통령에 대한 평가는 어느 시기에 하는 것인가에 못지않게 누가 평가하는가 그리고 어떻게 평가하는가에 따라 그 결과가 달라질 수 있다. 이 글에서는 언제라는 시점이 2005년 9월이다. 조사시점이 중요한 것은 국민들의 역사인식이 단기적 요인들로부터 영향을 받았을 가능성 때문이다. 즉 특정인물이나 사건에 대한 중요성이나 판단이 단기적으로 변할 수 있기 때문에 다른 시점의 조사와 비교할 때 조사결과가 다르다면 그 차이가 단기적 요인에 의한 것인지 혹은 역사인식의 장기적 변화인지 판단할 필요가 있다.

두 번째로 평가주체가 누구인가 하는 것은 연구의 목적이 무엇인가에 달려 있다고 할 수 있다. 만일 학문적으로 역대대통령에 대한 객관적 평가를 목적으로 한다면 일반국민들보다는 역사나 정치분야의 전문가를 통해서 조사하는 것이 더욱 타당할 것이다. 하지만 일반국민들의 역사적 평가를 연구목적으로 한다면 당연히 국민을 대상으로 조사되어야 할 것이다. 여기에 국민들이 얼마나 역사적 사실을 잘 알고 있으며 제대로 평가할 수 있는지를 우려할 필요는 없다. 왜냐하면 연구관심이 역사의식의 정확성이 아니라 현재 국민들의 역사의식 그 자체이기 때문이다. 물론 전문가들의 견해와 일반인들의 평가가 어떻게 다른지를 비교하는 것은 흥미롭지만 이는 또 다른 연구주제이다.

마지막으로 어떻게 평가하는가는 설문구성에 따라 장점과 단점을 가지고 있다. 이 글에서는 대통령의 업적에 대한 평가에 초점을 맞추었다. 따라서 업적 중 일반인들이 구분해 평가가 가능하다고 생각되는 정치, 경제, 통일의 세 분야에 대한 각 대통령의 평가를 설문으로 구성하였다. 물론 이들 세 분야의 평가가 완전히 독립적으로 평가된다고 보기는 힘들지만 나름대로 구분된 평가가 가능하다고 판단하였기 때문이다. 이전의 언론사조사들은 대부분 총체적 대통령의 업적평가를 조사하였는데, 세분화된 분야별평가를 통해 얻은 결과가 정확성이 높다고 할 수 있다. 다만 이 같은 설문정보를 통해 총체적 대통령업적 평가를 어떻게 측정할 것인가의 문제는 여전히 남아 있다고 할 수 있다. 분야별 중요성이 서로 다른 경우에 가중치의 문제가 야기될 수 있기 때문이다. 이 글에서는 이러한 가중치문제를 다양한 방식을 적용해 해결하도록 시도한다.

4. 경험적 분석

1) 역대대통령의 세부적 업적평가

(1) 정치업적 평가

이번 조사에서는 역대대통령의 정치발전에 대한 업적을 평가하는 질문항목에서 민주주의 발전이라는 구체적 표현을 사용하지 않았다. 왜냐하면 해방 이후 60년 동안 시기에 따라서는 정치발전이 서구적 참여민주주의의 확대가 아니라 강력한 리더에 의한 정치안정을 의미할 수도 있기 때문이었다. 따라서 정치발전을 시기적으로 어떻게 정의하는가의 문제는 응답자 개인의 판단에 따르는 것이 이 연구목적에 더 타당하다고 간주하였다.

〈표 6-2〉를 보면 역대대통령의 정치발전에 대한 기여평균은 2.2점으로 그 의미는 대체적으로 부정적 역할을 했다는 쪽에 가깝다고 할 수 있다. 대통령제 국가에서 특히 오랫동안 의회의 행정부 견제가 상대적으로 미약한 정치상황에서 대통령들이 정치발전에 기여한 정도를 국민들이 부정적으로 본다는 것은 그만큼 과거정치에 관해 국민들의 불만이 많았다는 것을 보여주는 증거가 된다. 전체평균보다 낮은 전두환, 노태우, 김영삼 대통령에 대한 국민평가는 서로 다른 판단에서 기인한다고 생각된다. 광주민주화운동의 부담을 지고 등장한 전두환 대통령은 집권말기까지 민주화요구를 거부하면서 군사정권의 속성을 탈피하지 못한 것이 정치발전에 저해가 된 것으로 보인다. 한편 절차적 민주주의를 이룩한 이후의 노태우, 김영삼 대통령에 대해서도 정치발전에 부정적 평가를 하는 것은 부분적으로는 민주주의에 대한 기대가 상승한 것도 원인이겠지만 과거 권위주의정권의 구태인 정치자금 및 측근비리 등을 제대로 관리하지 못한 것이 중요한 원인이었다고 생각된다.

정치발전 평가에서 무엇보다 두드러진 것은 박정희 대통령에 관한 긍

〈표 6-2〉 대통령의 정치업적 평가[1]

대통령	응답자 수	평 균	표준편차	순 위[2]
이승만	948	2.28	.85	3
박정희	1,016	3.00	.93	1
전두환	1,000	1.98	.81	5
노태우	997	1.78	.66	7
김영삼	1,002	1.94	.72	6
김대중	1,013	2.42	.88	2
노무현	990	2.16	.79	4
전 체	894	2.22	.39	

주: 1) "다음의 역대 정부들이 정치 발전에 어떤 영향을 미쳤다고 평가하십니까?" ① 매우 부정적, ② 대체로 부정, ③ 대체로 긍정적 영향, ④ 매우 긍정적 영향

2) 순위는 편차를 고려하지 않은 평균서열임.

정적 평가이다. 평가대상 7명의 대통령 중 유일하게 박 대통령만이 정치발전에 기여한 것으로 나타났다. 왜 박정희 대통령에 대해서는 다른 대통령에 비해 높은 평가를 하는가에 대해 좀더 심도 있는 질문이 필요하다. 그러나 현재의 정보만으로 분석해본다면 시대에 따라 국민들이 생각하는 정치발전의 의미가 다르기 때문이라고 할 수 있다. 이러한 추정은 4·19 혁명으로 하야한 이승만 대통령에 대한 평가도 평균보다 높다는 점과 일관되는 이유로 생각해볼 수 있다. 이승만 대통령과 박정희 대통령은 결코 민주정권을 이끌었다고 볼 수 없다. 만일 정치발전을 교과서적 의미의 민주주의 발전이라고 간주한다면 이 두 대통령은 권위주의의 가장 전형적 모습을 보였으므로 민주주의 발전에 기여했다고 볼 수는 없을 것이다.

국민들의 평가점수를 기준으로 추론해보면 이승만 대통령은 최초로

민주주의 정치체제를 도입하면서 향후 대한민국이 민주주의를 운영할 수 있는 기초를 만들었으며, 역설적이지만 정권을 유지하기 위하여 강제력을 극대화하여 끝까지 집권유지를 도모하지 않고 하야한 것이 정치역사 속에서 평가되었다고 보인다. 한편, 박정희 대통령은 국가경제성장을 위한 정치안정화라는 통치방향에 많은 국민들이 공감했으며 실제로 권위주의의 지속적 강화가 나타났지만 외형적인 정치안정을 이루었다는 것이 높이 평가되었을 것으로 생각된다. 다시 말해서 제 2공화국의 무질서와 정치혼란을 경험한 국민들은 경제성장을 위한 강력한 국가주도의 정책을 받아들였으며, 최소한 유신 이전까지 결과적으로 나타난 경제적 성과는 정치참여나 표현의 자유 등 정치가치를 부분적으로 희생하는 것을 용인하였다. 따라서 박정희 대통령에 대한 정치업적 평가는 경제업적과 밀접한 관련이 있을 것으로 추측된다.

(2) 경제평가

역대대통령의 경제업적 평가 역시도 시대적 환경에 영향을 많이 받는 부분이다. 경제성장 도약기와 경제적 성숙기의 경제적 업적에 대한 평가가 달라질 수 있기 때문이다. 그러나 평가기준의 상이성에도 불구하고 설문조사를 통한 평가는 응답자들이 이미 그러한 점을 고려한 평가라고 간주한다. 그렇다면 단지 객관적 경제성장지표를 이용해 대통령의 업적을 비교하는 것보다 오히려 설문을 통한 평가는 또 다른 의미 있는 자료가 될 수도 있다. 왜냐하면 시기별 경제성장 조건의 차이를 감안하여 경제업적에 대한 평가가 이루어지기 때문이다.

〈표 6-3〉에서 보는 바와 같이 경제업적에 대한 전체평균은 큰 차이는 아니지만 정치업적 평균보다는 약간 높은 것으로 나타난다. 특히 박정희 대통령의 경제업적은 다른 대통령과 비교할 수 없을 정도로 높게 평가받는다. 응답자의 절반이 훨씬 넘는 67%가 매우 긍정적 영향을 미쳤다고 답변했으며, 부정적 평가를 한 응답자는 단 2%에 그쳤다. 반면에

〈표 6-3〉 대통령의 경제업적 평가[1)]

대통령	응답자 수	평 균	표준편차	순 위[2)]	임기중 경제성장률(%)
이승만	907	2.25	.82	4	3.9
박정희	1,028	3.65	.55	1	8.4
전두환	1,011	2.45	.82	2	8.7
노태우	996	1.98	.69	5	8.4
김영삼	1,010	1.78	.64	6	4.8
김대중	1,012	2.27	.83	3	7.2
노무현	1,004	1.78	.72	6	1.3
전 체	864	2.32	.37		6.7

주: 1) "다음의 역대정부들이 경제발전에 어떠한 영향을 미쳤다고 평가하십니까?" 대답유목은 〈표 6-2〉와 동일.

2) 순위는 편차를 고려하지 않은 평균서열임.

가장 낮은 점수를 받은 김영삼 대통령의 경우에는 매우 긍정적으로 평가한 응답자는 전혀 없으며 노무현 대통령의 경우에도 매우 긍정적 평가는 1% 미만에 그치고 있어 큰 대조를 보여준다. 또한 박정희 대통령의 정치업적에 대해 매우 긍정평가를 한 응답자가 34%인 데 비하여 경제업적에 대해 매우 긍정평가를 한 응답자 비율이 두 배인 67%이며 긍정적 평가전체가 응답자의 97%라는 사실은 박 대통령의 경제업적에 대해서는 거의 모든 국민이 긍정적으로 평가한다는 것을 의미한다. 특히 박 대통령의 정치업적에 매우 긍정적인 응답자의 절대다수인 92%가 경제에 대해서도 매우 긍정적으로 평가한다는 점은 박 대통령의 경제업적과 정치업적의 밀접한 상관성을 보여주는 것이다.

물론 박정희 대통령의 경우 집권기간이 다른 대통령보다 훨씬 길기 때문에 경제적 업적을 쌓을 기회가 많았으며 경제수준으로 보아도 발전의 기회가 많았던 것은 사실이다. 그러나 집권기간이 길었다는 것은 당시의 정치수준을 감안하면 오히려 경제적 부패의 기회도 많았다고 볼 수 있으며 또한 경제발전의 기회 역시도 단지 경제수준이 낮았기 때문에 발전의 가능성이 높았다고 볼 수는 없을 것이다. 왜냐하면 동남아국가에서 볼 수 있는 것처럼 장기집권이 당연히 경제성장의 계기를 마련해주거나 기회를 제공하는 것이 아니기 때문이다.

역대대통령들의 경제업적 평가는 객관적 경제지표와 상당히 일치한다. 구체적으로 1954년 이후 2005년까지 한국경제의 국내총생산(GDP) 연평균 성장률은 6.7%이다. 그런데 〈표 6-3〉에서 보는 바와 같이 김영삼, 노무현 대통령의 임기기간 중에 매우 낮은 경제성장을 보였다.[2] IMF체제라는 초유의 경제위기사태와 그 파장이 국민들에게 각인되어 김영삼 대통령에 대한 경제업적 평가는 극단적으로 낮은 수준이다. 노태우 대통령의 경우 외형적 지표는 낮지 않지만 평가가 부정적인 것은 임기 전 해인 1987년 성장률이 11.1%인데 임기 후 지속적으로 성장률이 감소하여 마지막 해에는 5.9%로 나타난 지속적 경기위축의 경향이 국민들을 실망시킨 것으로 보인다. 한편 노무현 대통령은 성장과 분배라는 두 명제 중 분배에 치중하는 경제정책을 추진한다고 국민들에게 인식되어 있으며 따라서 낮은 경제성장 결과에 대한 국민들의 불만이 반영된 결과라고 생각된다.

(3) 남북화해에 대한 업적평가

역대대통령들의 남북화해에 대한 업적평가는 정치나 경제평가보다 훨씬 어려운 부분이다. 남북관계는 단순히 남한과 북한 두 집단의 의지로 결정되는 것이 아니라 국제정치의 환경에 영향을 받는 바가 크기 때문이다. 냉전시기에 미국과 소련의 영향하에서 남과 북은 상호관계를 결

---

2) 1997년 IMF 외환위기의 효과는 1998년에 나타났으므로 비록 김대중 정부시기였지만 김영삼 정부의 업적으로 계산하였음.

〈표 6-4〉 대통령의 남북화해 업적평가[1)]

대통령	응답자 수	평 균	표준편차	순 위[2)]
이승만	866	1.88	.78	6
박정희	959	2.06	.86	4
전두환	947	1.85	.68	7
노태우	949	1.90	.68	5
김영삼	960	2.14	.73	3
김대중	1,018	3.14	.80	1
노무현	966	2.57	.77	2
전 체	791	2.23	.42	

주: 1) "다음의 역대정부들이 남북화해에 어떠한 역할을 했다고 평가하십니까?" 대답 유목은 〈표 6-2〉와 동일.
2) 순위는 편차를 고려하지 않은 평균서열임.

정할 수 있는 자율성이 낮았으며 탈냉전 이후에도 주변국가들이 남북관계에 미치는 영향력이 줄어들기는 하였지만 상당수준에서 지속되었기 때문이다. 따라서 대통령들은 남북관계를 화해라는 화두만을 최선의 해결책으로 제시할 수 없었다. 남북관계의 지향성이 달라지는 것에 대해서는 단순히 국제정치라는 외부적 환경뿐만 아니라 내부적으로 국민들의 북한에 대한 정서의 변화추이가 있다는 점도 고려되어야 한다. 탈냉전 이후 시간이 지남에 따라 실향민의 감소, 6·25 경험세대의 감소가 나타나면서 정서적 측면에서 북한을 단순히 적대적 집단이나 통일대상이 아니라 객관적으로 남한의 안보를 담보하기 위해서 다양한 대북 대응방안이 제시되었다. 따라서 남북화해에 대한 역대대통령의 업적평가는 경제성장이나 정치발전에 비하여 비교적 구조적 요인에 의해 영향을 받은 부분이 많다는 것을 감안할 필요가 있다.[3)]

남북화해에 대한 종합적 평가는 정치발전이나 경제성장에 대한 평가와 크게 차이나지 않는다. 그러나 대통령별로는 차이를 보인다. 6·25 전쟁을 치른 이승만 대통령과 군사정권이었던 전두환 대통령의 경우에는 북한에 대한 강경한 자세를 보인 것이 반영되었으며, 박정희 대통령의 경우에도 평균보다 낮게 평가되었지만 이후의 전두환 대통령보다 높은 점수를 받은 것은 아마도 1972년 7·4 공동성명, 1973년 6·23 평화통일선언을 비롯하여 북한을 적대적 관계로 간주하면서도 다른 한편에서는 한반도의 평화정착이라는 명분을 이어갔기 때문으로 생각된다. 탈냉전 이후인 김영삼 대통령부터는 상대적으로 남북한화해라는 측면에서는 이전보다 높은 평가를 받는다. 한편, 노태우 대통령은 1990년 러시아와 수교, 1992년 중국과 수교를 중심으로 한 북방정책에 노력을 기울였지만 실제적 소득이 없었다는 점에서 그 평가가 낮은 것으로 보인다.

그동안 대통령들은 미국과의 긴밀한 관계유지와 북한과의 관계개선이라는 두 가지 외교목표를 중시하면서 장기적 외교성과보다는 가시적이고 단기적인 업적에 치중하는 태도를 보였다. 그 예로 새로운 정부가 들어설 때마다 북한의 김정일 주석과 정상회담을 추진하기 위해 때로는 비공개적으로 필요 이상의 혜택을 제공하였다. 물론 이러한 노력의 결실이 김대중 대통령에 이르러 정상회담이라는 성과로 나타났지만 실제로 정상회담 이후 북한의 태도가 얼마나 바뀌었나를 본다면 기대에는 훨씬 미치지 못한다. 그 결과 노무현 대통령의 대북정책은 이전의 김대중 대통령의 정책과 별반 다르지 않을 뿐 아니라 〈표 6-5〉에서 보는 바와 같이 북한에 대한 정부지원액은 계속 증가해 1998년에 비해 2005년에는 무려 15배가 늘었음에도 불구하고 북한의 미온한 변화태도로 인해 질적으로 진전된 결과를 내놓지 못하였다.

---

3) 남북화해에 대한 질문을 국가안보 및 외교정책에 대한 평가로 바꿀 경우에는 응답이 상당히 달라졌을 가능성이 있다.

그 결과 정상회담을 통해 새로운 계기를 만든 김대중 대통령의 남북화해 업적에 대해서는 90%에 가까운 응답자들이 긍정적 평가를 하지만 노무현 대통령의 업적에 대해서는 57%가 긍정적으로 평가하여 김대중 대통령에 비해 33%포인트 가량 긍정적 평가가 줄어들었다. 따라서 북한의 경직적 자세에도 불구하고 남한의 물질적 기여가 지속적으로 증가하는 것에 대한 국민들의 동의가 어떠한지를 심각하게 논의해볼 시점이다.

〈표 6-5〉 대북지원현황

(단위: 백만 달러)

구분		1995.6	1996	1997	1998	1999	2000
한국	정부	23,200	305	2,667	1,100	2,825	7,863
	민간	25	155	2,056	2,085	1,863	3,513
	계(A)	23,225	460	4,723	3,185	4,688	11,376
국제사회(B)		5,565	9,765	26,350	30,199	35,988	18,177
총계(A+B)		28,790	10,225	31,073	33,384	40,676	29,553
A/A+B(%)		80.7	4.5	15.2	9.5	11.5	38.5

구분		2001	2002	2003	2004	2005
한국	정부	7,045	8,375	8,702	11,512	15,105
	민간	6,494	5,117	7,061	14,108	7,747
	계(A)	13,539	13,492	15,763	25,620	22,852
국제사회(B)		35,725	25,768	13,932	16,323	—
총계(A+B)		49,264	39,260	29,695	41,943	—
A/A+B(%)		27.5	34.0	53.1	61.1	—

자료: 통일부(2005. 12. 7).

2) 종합적인 대통령업적 평가

(1) 가중치 없는 평가

이 글에서는 대통령의 업적을 정치, 경제, 남북화해라는 세 가지 측면에서 조사하고 평가하였다. 이 세 분야가 대통령의 업적을 평가하는 주요항목이라면 종합적으로 역대대통령에 대해 응답자들이 어떻게 평가하는지를 살펴볼 필요가 있다. 이를 위해서 설문자체에 종합적 평가를 포함시켜서 분석하는 것이 가장 손쉬운 방법이다. 그러나 이번 설문조사에서는 노무현 대통령평가를 제외하곤 그러한 항목이 없었다. 그러나 반드시 설문응답이 없다고 해서 종합평가가 불가능한 것은 아니다.

어떤 면에서는 종합평가 대신에 응답자들의 세부평가를 통해 종합평가점수를 산출하는 것이 더 신뢰가 있을 수도 있다. 왜냐하면 응답자의 종합평가에는 위에서 상정한 세 가지 요인 이외의 다른 요인들이 영향을 미치게 되며 여기에는 개인적인 정서평가까지도 포함되어 비체계적 오류(*nonsystematic error*)를 만들어낼 가능성이 많다. 이 글이 대통령업적에 초점을 맞추고 연구관심이 있는 세 분야의 평가를 통한 대통령업적을 산출하는 것을 목적으로 하므로 이들을 통한 평가지표를 산출하는 것은 타당하다고 여겨진다.

역대대통령의 종합업적 평가작업에서 가장 중요한 문제는 어떻게 이들을 합산하는가 이다. 가장 손쉬운 방법은 이들을 아무런 가중치 없이 합하여 그 결과를 종합업적점수로 보는 것이다. 그렇다면 각 업적부문은 모두 1/3의 가중치를 갖는 셈이다. 이러한 방법을 사용하는 근거는 사실상 가중치를 부여할 수 있는 추가정보가 없는 상태에서는 유일한 방법이 바로 가중치를 고려하지 않는 것이라는 점이다. 또 하나의 근거는 세 분야의 상관관계가 .64(정치와 경제)와 .57(정치와 남북화해) 그리고 .58(경제와 남북화해)로 모두 통계적으로 유의할 뿐 아니라 매우 높은 상관성을 보인다는 점이다. 이러한 결과는 세 영역에 대한 평가가 매

〈표 6-6〉 대통령 종합업적 평가(가중치 없음)

	응답자 수	평 균	표준편차	순 위[1]	서열평균 순위[2]	편차고려 집단순위[3]
이승만	811	2.13	0.70	4	4	3
박정희	948	2.90	0.58	1	1	1
전두환	926	2.10	0.60	5	5	3
노태우	923	1.89	0.56	7	7	7
김영삼	937	1.96	0.56	6	6	6
김대중	988	2.62	0.70	2	1	2
노무현	935	2.16	0.61	3	3	3

주: 1) 순위는 편차를 고려하지 않은 평균서열임.
2) 세 분야의 업적순위를 산술평균으로 계산한 순위.
3) 편차를 고려하여 grouping한 순위.

우 유사한 판단기준에 의해 이루어졌다는 점에서 분명히 대통령의 종합적 업적평가의 구성요인임을 확인시켜준다. 가중치를 고려하지 않고 대통령의 종합업적을 점수로 산출하면 〈표 6-6〉과 같이 나타난다.

가중치를 고려하지 않고 대통령의 업적을 종합평가해 보면 박정희, 김대중, 노무현, 이승만, 전두환, 김영삼, 노태우 대통령의 순으로 순위가 결정된다. 이러한 결과가 얼마나 신뢰성이 있는가를 보기 위하여 다른 방식으로 순위를 검토해 보았다. 6번째 열에 있는 서열평균 순위는 역대대통령의 세 분야 업적순위를 이용하여 서열평균을 내고 이에 따른 순위를 다시 매겨보았다. 그 결과는 〈표 6-6〉에서 보는 바와 같이 평균에 따른 순위와 일치한다. 단지 5번째 열의 순위와 차이는 서열평균 순위에서 박정희 대통령과 김대중 대통령이 같은 1위가 된다는 점인데, 이는 서열의 경우 등간척도(*interval scale*)가 됨으로써 평균값의 차를 제대로 반영하지 못하기 때문에 나타난 것이다.

한편, 평균을 바탕으로 한 순위를 결정할 때 오차를 감안해야 보다 정확한 순위를 결정할 수 있다는 통계적 논리에 따라 순위를 집단화한 것이 마지막 열의 집단순위이다. 이 결과에 따르면 다른 방식에 의한 순위결정과 마찬가지로 박정희, 김대중 대통령 순으로 순위가 결정된다. 단지 오차를 고려한다면 3위집단에 속하는 이승만, 전두환, 노무현 대통령의 업적이 사실상 차이가 없다고 보아야 한다. 이러한 통계결과와 해석은 타당성이 있다고 할 수 있다. 즉 이승만(2.13), 전두환(2.10) 그리고 노무현(2.16) 대통령의 종합업적 평가는 소수점 두 자리 이하의 차이로 직관적으로도 차이가 없다고 보는 것이 타당하다.

이상에서 대통령 업적평가의 세 분야를 가중치 없이 합산하여 다양한 방식으로 순위를 매겨보았다. 결과적으로 어떠한 방식을 사용하든지 간에 박정희, 김대중 대통령이 가장 우선순위에 꼽혔으며 김영삼 대통령 그리고 노태우 대통령이 가장 낮게 평가되는 것에는 변화가 없었다. 따라서 여러 방식을 통한 순위의 안정성을 통해 국민들은 역대대통령 가운데 박정희 대통령의 업적을 가장 높이 평가하며, 노태우 대통령을 가장 업적이 낮은 대통령으로 평가한다고 결론내릴 수 있다.

(2) 가중치를 부여한 평가

앞에서 가중치를 부여할 타당한 근거를 찾기 어렵다는 이유에서 대통령 업적의 세 분야를 동일한 비중으로 간주해 종합평가를 계산했다. 하지만 정치발전, 경제성장 그리고 남북화해의 세 분야가 동일한 정도로 국민들의 종합적 대통령평가에 영향을 미쳤다고 보기는 어렵다. 따라서 기존연구에서 도출된 가중치를 이용하여 가중치를 부여하고 이에 따른 종합평가를 살펴보는 시도가 필요하다. 가중치를 구하기 위한 또 다른 방법으로 이번 조사에서 노무현 대통령에 대해서는 종합적 평가가 있었으므로 그에 따른 가중치를 계산하여 다른 대통령의 업적평가에 적용하는 방법도 시도해 보았다.

이 글의 앞부분에서 밝힌 바와 같이 기존의 대통령 업적평가에서 통계적으로 타당한 방식을 찾으려 시도한 작업이 한국대통령평가위원회와 한국대통령연구소가 2002년에 조사하고 결과를 발표한《한국의 역대 대통령 평가》라고 할 수 있다. 이 연구에서 도출된 분야별 업적 중요도를 이 연구에 맞게 다시 계산하여 보면 그 비중치는 다음과 같다.

정치업적 = 92/(100+92+80) = .37 경제업적 = 100/(100+92+80) = .34 남북화해 = 80/(100+92+80) =.29

비중치에 따라 역대대통령의 종합평가를 계산해 보면 〈표 6-7〉의 결과가 도출된다. 비중치를 감안한 결과도 앞에서 가중치를 고려하지 않은 결과와 별로 다르지 않다. 박정희, 김대중 대통령 순으로 업적이 높게 평가되며 김영삼, 노태우 대통령이 가장 낮게 평가되었다. 가중치를 감안했음에도 불구하고 그 결과가 비중치를 고려하지 않은 평가와 평균값과 순위에서 차이를 보이지 않는 것은 세 분야의 비중치 차가 그리 크지 않은 것이 가장 큰 이유가 된다.

가중치를 추정할 수 있는 또 한 가지 방법이 이번 설문조사에서 실시된 노무현 대통령에 대한 세부분야 평가와 종합평가 설문항목들을 이용하는 것이다. 평가가 이루어진 시점에서 응답자들이 현 대통령에 대한 평가와 동일한 평가기준으로 이전의 대통령들을 평가했다면 여기서 얻어진 가중치는 의미를 가질 수 있다.

〈표 6-8〉에서 보는 바와 같이 노무현 대통령에 대한 종합평가를 회귀식으로 분석해 보면 정치발전, 경제성장, 남북화해라는 업적변수들이 모두 통계적으로 유의미하며 경제성장(.34), 정치발전(.25) 그리고 남북화해(.11)의 가중치를 갖는 것을 알 수 있다. 이러한 결과를 해석해 보면 국민들은 노무현 대통령을 평가함에 있어 경제성장문제를 가장 중

〈표 6-7〉 대통령 종합업적 평가(가중치 부여)

대통령	N	평 균	표준편차	순 위[1]	편차고려 집단순위[2]
이승만	811	2.14	.70	3	3
박정희	948	2.96	.57	1	1
전두환	926	2.12	.61	5	3
노태우	923	1.89	.56	7	6
김영삼	937	1.94	.56	6	6
김대중	988	2.58	.70	2	2
노무현	935	2.13	.61	4	3

주: 1) 순위는 편차를 고려하지 않은 평균서열임.
2) 편차를 고려하여 grouping한 순위.

〈표 6-8〉 노무현 대통령 종합업적평가 회귀식

	비표준화 계수	표준오차	표준화 계수	t 값	유의확률
(상수)	0.52	0.07		7.10	0.00
정치발전	0.25	0.03	0.27	7.87	0.00
경제성장	0.34	0.03	0.34	10.24	0.00
남북화해	0.11	0.03	0.12	3.82	0.00

주: R^2=.36

요한 요인으로 보고 있으며 다음으로는 정치발전을, 그리고 남북화해의 문제는 경제성장에 비해 1/3 정도의 중요성을 갖는 것으로 생각한다. 이러한 가중치를 바탕으로 보면 노무현 대통령의 업적이 보다 긍정적으로 평가받기 위해서는 경제성장에 더욱 치중할 필요가 있다는 것이다.

〈표 6-9〉 대통령 종합업적 평가 (가중치 부여)

대통령	N	평 균	표준편차	순 위[1]	편차고려 집단순위[2]
이승만	811	2.2	0.7	3	3
박정희	948	3.2	0.6	1	1
전두환	926	2.2	0.6	3	3
노태우	923	1.9	0.6	6	6
김영삼	937	1.9	0.6	6	6
김대중	988	2.5	0.7	2	2
노무현	935	2.1	0.6	5	5

주: 1) 순위는 편차를 고려하지 않은 평균서열임.
2) 편차를 고려하여 grouping한 순위.

이러한 판단기준을 역대대통령에 적용하여 종합평가 측정치를 만들어 보면 〈표 6-9〉의 결과가 나타난다.[4] 이 결과에서도 역시 박정희 대통령이 비교적 긍정적 역할을 했다는 의미의 3점이 넘어 유일하게 역대대통령 중 긍정적 평가를 받는 것으로 나타났다. 순위를 살펴보면 노무현 대통령의 평가가 이전보다 낮아졌는데 이는 남북화해라는 업적영역의 가중치가 경제성장이나 정치발전보다 훨씬 낮기 때문이다.

이상에서 여러 가지 방법을 통해 역대대통령들의 업적을 평가해 보았다. 어떤 방식으로 계산하든지 박정희 대통령에 대한 평가가 항상 가장 앞설 뿐만 아니라 다른 대통령들에 비해 평가점수가 훨씬 앞선다. 대통령들의 업적에 대한 전체평균을 여러 가지 방식을 통해 보았을 때 대부

4) 〈표 6-9〉에서는 〈표 6-8〉의 회귀식계수를 그대로 사용하지 않고 앞의 표와 평균값의 일관성을 갖기 위해 상대적 비중치로 바꾸었다. 따라서 세 분야의 상대적 비중치는 $W_i=k_i/(k_1+k_2+k_3)$에 의해 산출되었다.

분 2.3점 정도로 나타나는데 이 점수를 해석해보면 국민들은 대통령의 역할을 부정적으로 평가하고 있다는 것이다. 그동안 한국정치에서 대통령은 절대권력을 가지고 있었으며 국가상황에 대한 전반적 책임을 지고 있었다. 따라서 대통령에 대한 평가가 이처럼 부정적이라는 점이 한국정치 전반에 대한 국민들의 평가가 부정적으로 형성되는 데 작용했을 것으로 추측할 수 있다. 대통령들의 업적이 국민들의 정치, 경제, 대북관계 등에 대한 기대치에 미치지 못하였으며 국민들의 원하는 바가 무엇인지에 대한 반응성(*responsiveness*)이 낮았다는 것을 확인할 수 있다.

3) 대통령 업적평가에 영향을 미치는 요인들

대통령의 업적을 평가하는 데 영향을 미치는 개인적 요인들을 고려하면 왜 어떤 응답자들이 특정분야 혹은 특정대통령에 대해 두드러지게 긍정적이거나 부정적인 평가를 하였는가를 살펴볼 수 있다. 그리고 이러한 검토를 통해 영향을 미치는 요인들이 타당한가에 대해 논의해 볼 수 있다. 여기서는 세부분야 평가를 검토하지 않고 종합업적 평가에 미친 요인들을 중심으로 분석해 보았다.

〈표 6-10〉에서 보는 바와 같이 주요한 인구통계학 변수 중 의미 있는 것을 정리해 보면 마지막 열의 평균을 통해서 60대 이상이 다른 연령층보다는 전체적으로 긍정적 평가를 하는 경향을 볼 수 있다. 이는 세대에 따라 대통령의 권력에 대한 기준이 다를 수 있으며 특히 60대 이상은 이후 세대에 비하여 경제성장을 중시하고 정치에 순응적인 측면이 강하기 때문이 권위주의에 대한 저항감이 다른 세대보다는 적은 것이 원인일 것이다. 응답자의 거주지에 따라 분류해서 보면 대구·경북지역에서 역대대통령에 대한 긍정적 평가를 한 응답자비율(41%)이 높은데, 그 까닭은 영남권의 대통령이 다수이기 때문에 정서적 유대감에 의한 호의적 평가에서 기인한 것이라고 생각된다.

학력별로도 차이가 나는데 학력이 낮을수록 대통령 업적평가에 높은 점수를 부여한다. 학력이 낮은 집단에 비교적 노령층이 많기 때문에 학력에 따른 평가의 차이는 단순히 학력만의 특성이라기보다는 연령과 결합되어 나타나는 효과로 보인다.[5] 이념별로도 전반적인 대통령평가가 차이를 보이는데 이 또한 보수적인 이념자들이 상대적으로 체제우호적인 성향을 가질 뿐만 아니라 연령적으로도 노령층의 영향을 받는다고 보아야 한다.[6]

각 대통령별로 긍정적 평가가 평균보다 두드러지게 높은 집단과 낮은 집단을 살펴보면 우선 눈에 띄는 것이 연령에서 이승만, 박정희, 전두환 대통령은 대체로 40대 이상에서 평균 이상의 긍정적 평가를, 그리고 김대중, 노무현 대통령은 50대 이상에서 낮은 평가를 받고 있어 세대별로 뚜렷한 패턴을 보인다. 이러한 현상은 이념성향에서 더욱 뚜렷하게 나타난다. 이승만 대통령부터 김영삼 대통령까지는 보수집단의 긍정적 평가가 높은 반면에 진보집단은 김대중, 노무현 대통령에 대해 평균보다 높은 긍정적 평가를 한다. 이는 군사정권을 거쳐 민주화가 되었다 하더라도 3당합당을 통해 정권을 획득하였던 김영삼 대통령까지는 보수세력이라는 일반적 역사평가와 일치한다. 김대중 대통령에 대해서는 IMF 외환위기를 극복하기 위해 신자유주의 경제정책을 취하는 등 우파적 정책을 수용하였지만 국민들은 진보적 인물로 평가한다는 것을 알 수 있다. 노무현 대통령은 30대(34.4%)에서 전체평균보다 12% 이상 높은 긍정적 평가를 받고 있으며 진보집단(36.5%)에서 다른 집단보다 훨씬 긍정적으로 인정받는다는 점에서 지지집단이 뚜렷이 드러난다.

집단별 대통령의 긍정적 평가에서 가장 차이를 보이는 것은 거주지별

---

5) 전체응답자 중 중졸이하의 학력자는 16%인데, 60세 이상에서는 중졸이하가 63%를 차지한다.

6) 20대와 60대 이상에서 보수적 응답자 비율은 각각 21%와 43%로 보수주의적 이념자들은 60대에서 20대보다 2배 이상 많다.

〈표 6-10〉 대통령의 종합업적 긍정적 평가비율(%)

요 인		이승만	박정희	전두환	노태우	김영삼	김대중	노무현	평 균
연령별	20대	28.0	70.2	19.1	14.4	20.3	63.2	31.1	35.2
	30대	30.2	73.0	26.5	10.2	18.1	57.9	34.4	35.8
	40대	28.5	73.3	24.3	15.7	19.1	60.4	27.6	35.6
	50대	31.9	82.1	27.0	13.9	20.3	54.0	20.8	35.7
	60대 이상	46.2	84.6	32.3	16.6	15.6	57.1	22.0	39.2
거주 지별	서 울	39.9	79.4	20.5	9.4	15.4	48.6	27.8	34.4
	인천/경기	31.7	74.2	26.3	9.0	14.5	62.1	22.3	34.3
	대전/충청	35.4	90.7	28.1	13.8	16.8	62.6	27.6	39.3
	광주/호남	21.8	53.9	10.0	6.0	15.7	90.1	51.4	35.6
	대구/경북	36.6	85.3	48.5	24.5	20.2	46.6	25.3	41.0
	부산/울산/경남	22.5	69.9	24.3	26.8	31.0	50.9	21.4	35.3
학력별	중 졸	46.8	85.6	29.5	13.6	15.8	56.4	29.4	39.6
	고 졸	33.0	78.8	28.3	14.6	18.0	54.6	25.2	36.1
	대재 이상	27.7	70.3	22.0	13.3	20.0	63.1	29.9	35.2
이념별	진 보	25.2	69.1	18.2	8.8	18.2	63.8	36.5	34.3
	중 도	27.9	77.9	29.9	12.4	15.1	54.2	27.1	34.9
	보 수	33.3	80.9	28.4	22.3	24.3	59.6	18.9	38.2
전 체	평 균	32.2	75.8	25.6	14.0	18.7	58.9	28.0	

편향성이다. 각 대통령의 출신지역에서 두드러지게 나타나는 긍정적 평가 경향은 지역주의에 의해 강화된 것이라고 생각된다. 경북출신인 박정희 대통령은 대구·경북에서 85% 이상의 응답자로부터 종합업적에 대해 긍정적 평가를 받음으로써, 경쟁지역인 호남의 54%와 31%포인트의 차이를 보인다. 더욱 차이를 보이는 것은 전두환 대통령의 경우라고 할 수 있다. 광주민주화운동의 경험이 있는 호남에서 전두환 대통령에 대한 긍정적 평가는 10%로 전대통령 출신지역인 대구·경북의 48.5%와 매우 큰 차이를 보이며, 이 두 지역에서의 평가는 평균과도 큰 차이가 나타난다.

한편 김대중 대통령은 호남에서 거의 모든 응답자의 긍정적 평가를 얻고 있다(90.1%). 반면에 대구·경북지역에서는 절반에 못 미치는 응답자들이 종합적 업적에서 긍정적 평가를 함으로써 큰 격차를 보여준다. 노무현 대통령의 경우 흥미로운 것이 원래의 정치출발지인 경남지역의 긍정평가가 전국적으로 가장 낮으며 호남에서 가장 높은 긍정적 평가 응답자율을 보인다는 점이다. 이는 노무현 대통령이 비록 경남출신이기는 하지만 김대중 대통령과 정치적 행보를 같이 하였기 때문에 김대중 대통령과 마찬가지로 호남의 호의적 평가와 영남의 비우호적 평가라는 분포가 나타난 것이다.

만일 대통령의 업적평가가 응답자의 이념적 차이에 의한 차이라면 지역별로 이념성향의 분포도 달라야 할 것이다. 그러나 호남지역의 이념분포를 보면 진보성향의 응답자가 31.6%로 전국평균 32.8%와 차이가 없으며, 보수성향이 전국평균에 비해 약 6%가량 적을 뿐이다. 이 정도 이념의 차이로 영남과 호남에서 나타나는 박정희 대통령이나 김대중 대통령에 대한 긍정적 평가의 차이를 설명할 수는 없다. 따라서 평가의 차이는 분명히 지역정서에 의한 것이라고 보아야 하며, 지역주의가 현재의 정치성향뿐만 아니라 과거 대통령의 업적평가에서도 큰 영향력을 발휘한다고 할 수 있다. 이러한 주장은 김영삼 대통령의 업적평가에서도 다시금 확인할 수 있다. 김 대통령의 전국평균 긍정평가는 18.7%이지만 정치근거지인 경남에서는 31%가 긍정적 평가를 하고 있어 호남의 15.7%에 비해 거의 두 배에 가까운 응답자들이 김영삼 대통령의 업적을 높게 평가한다.

이상의 분석을 통해 국민들은 역대대통령 평가의 잣대로 객관적 업적과 아울러 자신의 이념적 성향에 따른 평가가 포함되며, 그보다 더 중요한 것은 대통령별 출신지에 근거한 지역주의에 따라 긍정적 평가의 쏠림현상이 상당히 두드러진다는 것을 알 수 있었다. 한국선거에서 지역주의를 가장 큰 문제로 지적하는데, 이 분석에서 보는 바와 같이 역대대통령 업적평가에서도 단지 출신지역이 동일하거나 경쟁지역이라는 이유만으로 평가점수가 상당히 달라지는 것을 확인하였다. 이러한 결과는 대통령에 대한 국민들의 객관적 평가가 제대로 이루어지지 못하는 부분이 있다는 것을 보여주는 것이다.[7]

4) 대통령평가와 역사평가

이 글의 주요목적은 역대대통령 평가분석 이외에도 이러한 평가가 응답자들의 역사인식과 어떠한 관계를 갖는가를 살펴보는 것이다. 구체적으로 과거 대통령에 대해서 긍정적 평가를 하는 응답자일수록 한국역사에 대해서도 긍정적 평가를 하는지를 살펴보고자 한다. 만일 이러한 가설이 경험적으로 타당성을 인정받는다면 역사인식에 현대정치 평가가 중요한 부분을 차지하며 정치발전이 대한민국 자부심을 증진시키는 요인이 된다는 것을 알 수 있다. 우선 응답자들의 역사에 대한 자부심 분포를 살펴보면 절반이 넘는 응답자들이 한민족의 역사에 대해 자랑스럽

7) 미국전문학자들의 대통령평가 역시도 응답자 특성에 영향을 받는다. 이에 관해서는 Murray and Blessing(1983)을 참조할 것.

게 생각하는 데 비해 부끄럽게 생각하는 응답자는 적은 편이다.

〈표 6-11〉은 대통령평가와 한민족 평가인식 사이의 관계를 위해 교차표를 통한 분포표를 작성한 것이다. 우선 전체평균을 통해서 볼 때 역대 대통령 업적 전체평가에서 부정적 평가를 하는 응답자가 23.1%였다. 반면에 무응답자를 제외하고 한민족역사에 대해 부정적으로 생각하는 응답자는 8% 정도이다. 따라서 대통령 업적평가에 비해 한민족역사에 대한 인식의 부정적 태도가 훨씬 적음을 알 수 있다. 마찬가지로 대통령 업적에 대한 긍정적 태도는 1.5%에 그치고 있지만 절반이 훨씬 넘는 56%의 응답자들이 한민족 역사에 대해 긍정적 태도를 가지고 있다.[8] 이러한 분포는 비록 역대대통령들의 업적에 대해서는 국민들의 불만이 높은 편이지만 포괄적인 한민족역사에 대해서는 자부심을 가지고 있다는 것을 보여주는 것이다.

이러한 주장을 뒷받침하는 또 다른 증거는 역사상 존경하는 인물에 관한 질문에 대해 86%가 있다고 답변했으며 없다고 응답한 경우는 6% 정도라는 점이다. 이순신(38.2%), 세종대왕(14.5%), 박정희(10.8%)의 순으로 응답빈도가 높았다. 그런데 여기서 특이한 점은 응답자의 5% 이상 언급된 인물 가운데 현대사의 인물은 박정희 대통령 한 명뿐이었다. 이러한 사실은 국민들이 한민족 역사에 대해서 자긍심을 느끼기는 하지만 해방 이후 현대사에 대해서는 자긍심의 정도가 높지 않다는 것을 보여주는 것이다.[9]

여기서 대통령 업적평가가 한민족 역사평가에도 영향을 주었다고 볼 수 있는 측면도 주의해서 볼 필요가 있다. 구체적으로 보면 대통령의 업

8) 1995년 8월 조선일보의 설문조사에서 56.6%가 우리민족의 역사에 대해 자긍심을 갖고 있는 것으로 조사되었다. 10년이 지난 시점에서도 그 비율은 비슷하다.

9) 신사임당을 가장 존경하는 인물로 꼽은 응답자가 23명이었는데 응답자 모두가 여성이었다.

〈표 6-11〉 대통령 업적평가와 역사인식태도(%)

		한민족 역사인식태도			
		부정인식	중도인식	긍정인식	비 율
대통령 업적평가	부정평가	12.0	41.3	46.7	23.1
	중도평가	6.6	35.0	58.4	75.4
	긍정평가	9.1	9.1	81.8	1.5
지지정당	열린우리당	4.7	27.1	68.2	17.8
	한나라당	5.5	37.9	56.6	26.8
	민주노동당	10.6	34.1	55.3	8.9
	지지정당없음	8.3	43.8	47.9	46.5
전 체		7.9	36.0	56.1	

적 평가에 부정적인 집단은 중도적이거나 긍정적으로 평가하는 다른 두 집단보다 역사를 부정적으로 인식하는 경향이 있다. 구체적으로 대통령 업적을 긍정적으로 평가하는 집단에서는 약 82%가 역사를 긍정적으로 인식하고 있으나 업적을 부정적으로 평가하는 집단에서는 그보다 훨씬 낮은 46.7%만이 역사에 대한 긍정적 태도를 취한다. 따라서 대통령업적 평가와 우리민족의 역사에 대한 태도 사이에는 상당한 관계가 있음을 확인할 수 있다.

지지정당별로도 역사자부심의 비율이 다르게 나타난다. 흥미로운 것은 집권당인 열린우리당을 지지하는 응답자들이 보수적인 한나라당 지지자들이나 가장 진보적인 민주노동당 지지자들보다 역사인식이 긍정적이라는 것인데, 이것은 역사자부심 속에 현재 집권세력에 대한 만족감이 일부 반영된 것이라고 추측된다. 지지정당이 없는 응답자들의 역사에 대한 자부심이 가장 낮은데 이 또한 같은 논리로 현재 정치제도 속에서 지지할 정당이 없을 정도로 정치에 불만족인 경우에는 역사인식 태도 역시도 긍정적이지 못한 것으로 볼 수 있다. 역사를 부끄럽게 여기는 비율을 보았을 때 민주노동당 지지자들의 부정적 인식이 가장 많은 것은 진보적 성향에서 볼 때 자본주의 발달과 강대국 의존적 국가형성에 대한 불만이 반영된 것으로 생각된다.

5. 요약 및 함의

이 글에서는 국민들이 역대대통령의 업적에 대해 어떻게 평가하는가를 조사해 분석하였다. 평가의 객관성을 높이기 위하여 종합적인 대통령업적을 묻는 설문 대신에 정치발전, 경제성장 그리고 남북화해의 세 가지 업적분야를 각각 평가하도록 하고 이를 여러 가지 방법으로 합산하여 역대대통령들의 업적을 평가하였다. 업적평가라는 자체가 전문가에 의해서 이루어지든 일반인에 의해 이루어지든 응답자의 주관적 판단을 배제할 수는 없는 것이다. 따라서 대통령들 사이의 점수차를 해석하는 데 매우 주의를 기울여야 한다.

따라서 이 글에서는 가중치이용 방식과 편차를 고려한 순위선정 방식을 시도하였다. 그 결과 여러 방식에도 불구하고 항상 박정희 대통령과 김대중 대통령이 가장 높은 순위를 차지하였으며, 김영삼, 노태우 대통령의 업적이 낮은 것으로 나타났다. 그런데 대통령순위와 객관적 업적결과를 검토해 보면 상당 수준에서 일치하는데 이는 국민들의 평가가 자의적이거나 주관적 요인들에 의해서 이루어지는 것이 아니라 정책결과를 반영하는 일관성을 가지고 있다는 것을 보여주는 것이다. 국민들은 경제분야의 업적을 가장 중시하며 남북화해 문제는 비교적 덜 고려한다는 것을 확인하였다.

국민들의 대통령평가에는 응답자의 특성 중 지역주의성향이 상당히 영향을 미친다는 것을 알 수 있었다. 이는 지역주의가 현재의 정치갈등에만 영향을 미치는 것이 아니라 현대정치사를 인식하는 데도 영향이 있다는 것을 보여주는 것으로 지역주의가 얼마나 심각하게 한국사회에 뿌리내렸는지를 실감하게 한다. 대통령평가가 부분적으로는 역사자긍심과도 연관이 있었다. 대통령평가가 높은 집단은 역사자긍심이 비교적 높은 편이었다. 그리고 역사인식은 대통령 업무평가보다는 훨씬 긍정적이어서 역사인식의 독립적 측면이 있음을 알 수 있었다.

한국 대통령 임기기간 중 지지도 추세를 살펴보면 초반에 매우 높은 인기가 중반 이후 급격히 하락하며 특히 차기 대선후보가 결정되고 나면 대통령 지지도는 20%대로 추락하는 패턴을 보여 왔다. 이는 임기초반의 기대에 못 미치는 정책적 결과 때문이며 또 한편으로는 말기에 터져 나오는 여러 가지 비리에 국민들이 실망하였기 때문이다. 국민들은 새로운 대통령의 등장에 따른 새로운 사회경제적 질서를 기대하는데 대통령들이 초기의 추진력을 사회경제 변화의 동력으로 제대로 이용하지 못하면 대통령의 지지는 낮아진다. 그리고 낮아진 대통령 지지로 인해 개혁의 추진력을 상실하게 되는 악순환의 구조 속에 빠지게 된다. 이러한 결과 역대대통령에 대한 평가는 평균이 2점을 약간 넘어 전반적으로 부정적 평가에 놓이게 되었다.

슐레신저의 연구결과를 보면 위대한 대통령은 위기를 통해서 만들어진다는 것이다. 그에 의하면 미국의 위대한 대통령들은 타협보다는 자신의 소신에 따라 정치적 부담과 분쟁을 기꺼이 받아들였다. 그리고 갈등을 극복하고 국민적 이해를 바탕으로 국가통합을 이룰 수 있었다.[10] 이러한 귀납적 결론에 한국의 경우도 예외는 아니다. 경제발전의 필요성에 정치발전을 희생하면서 국가개발주의를 내세우고 경제개발계획을

10) 위기의 시기가 없었던 대통령들은 위대한 대통령이 될 기회가 없는 것이 아닌가라는 질문에 대해서는 역사적 순리가 그러하다고 설명한다(찰스 F. 파버, 2000: 21).

통해 국가경제를 성장시킨 것이 박정희 대통령이었다. 김대중 대통령이 IMF 외환위기의 극복과정에서 보여준 리더십과 남북화해에 대한 전환기를 열었던 것이 바로 슐레신저의 주장을 뒷받침하는 한국적 사례가 된다.

그러나 최악의 대통령도 또한 국가적 위기나 변혁의 시기에 나타난다는 점도 유의해야 한다. 소신 있는 국가운영이 중요하지만 국민적 지지를 획득하는 과정 역시 그에 못지않게 중요하다. 대통령 업무평가에서 본 바와 같이 국민들의 대통령평가는 객관적 업적과 유사성을 띤다. 이는 국민들의 대통령평가가 감정적이거나 자의적으로 이루어지지 않는다는 것을 의미한다. 앞에서 밝힌 바와 같이 민주화 이후 대통령들의 정책추진과 성공여부에 국민들의 지지가 기본이 된다. 민주화가 공고화될수록 국민적 합의를 구하지 않고 일방적으로 추진되는 정책은 추진력을 얻기 어렵다. 특히 국내문제인 경우에는 항상 찬성과 반대가 존재하며 대통령이 이를 제대로 수렴하지 못한다면 기대한 정책결과를 얻기 힘들다. 미국의 위대한 대통령도 국민적 합의를 이룸으로써 최종적 업적을 쌓을 수 있었다는 경험에 비추어 한국에서도 개혁의 추진과 국민적 합의는 동시에 이루어져야 할 것이다.

제 7 장

한국인의 북한과 통일에 대한 인식과 국가정체성

이 내 영

1. 서론: 북한과 통일에 대한 인식, 그리고 국가정체성

국가정체성(*national identity*)이란 국가의 구성원들이 공유하는 국가에 대한 일체감 혹은 소속의식을 의미한다. 국민들이 국가정체성을 강하게 공유하는 국가일수록 결속력이 강하고 정치통합이 상대적으로 용이한 반면, 국민들 사이에 국가정체성이 약해지거나 혼란이 생기면 이를 둘러싼 사회갈등이 발생하고 국민들의 에너지를 국가발전에 집약시키기가 어렵게 된다. 그러나 국가정체성의 내용과 강도는 정태적(*static*)이기보다는 끊임없이 변화하고 재구성된다. 개인의 정체성이 개인 삶의 궤적에 따라 형성되고 변화하는 것과 마찬가지로 한 국가의 정체성도 한 국가의 역사와 집단적 경험의 산물이다.[1]

---

1) 국가정체성(*national identity*) 개념이 정치학에 도입된 것은 오래 되었지만, 개념은 여전히 모호하고 이에 대한 이론적 논의의 수준도 높지 않다. 이에 대해서는 다음을 참조. Lowell Dittmer and Samuel S. Kim, "In Search of Theory of National Identity", in Lowell Dittmer and Samuel S. Kim. eds. *China's Quest for National Identity*(London: Cornell University

국민들이 강한 국가정체성을 가지기 위한 중요한 조건의 하나는 국가의 영토적 경계와 누가 국가의 구성원인 국민들에 포함되며 배제되는가가 분명해야 한다는 점이다. 한국처럼 오랫동안 단일민족 국가를 유지한 경우 누가 국민인가에 대한 혼란이 비교적 적었다. 그러나 새로운 역사적 상황에 의해 국가의 영역이 확장되거나 변화되는 상황이 오면 국가정체성의 혼란과 위기가 발생한다. 한반도의 분단이 장기화되고 1민족 2국가체제가 유지되면서, 북한의 영토와 주민이 한국의 국가영역(*boundaries*)에 포함되어야 하는가를 둘러싸고 상이한 견해가 나타났다. 또한 해외이민이 늘어나면서 외국국적을 가진 한국인들이 증가하고, 반면 국제결혼 등을 통해 외국인들이 한국국적을 취득하는 사례가 늘어나면서 한국인의 기준이 혈연적 동질성인지 아니면 법적 지위인가에 대한 혼란이 나타난다.

국가정체성의 강도를 결정하는 또 다른 요인은 국가가 지향하는 국가이념에 대한 국민들의 지지의 정도이다. 국가이념이란 한 국가의 구성원들이 국가와 사회의 목표와 조직, 운영방향에 대해 공통적으로 가지는 신념체계를 의미한다. 다수의 국가구성원들이 국가가 지향하는 이념적 목표에 대해 믿음을 공유하고 지지를 표시하면 국민들의 국가정체성은 강해진다. 그러나 국내외적 상황에 따라 국가의 이념적 목표에 대한 국민들의 지지가 하락하거나 합의가 약화되면 국민들의 국가정체성이 흔들릴 수 있다. 예를 들면 사회주의국가의 붕괴와 함께 구사회주의국가들 대부분은 국가의 목표와 이념적 지향에 대한 혼돈을 경험하였다. 사회주의 건설이라는 이념적 목표가 사라지고 국가가 어떤 체제를 지향하는가에 관해 분명한 합의가 없어졌기 때문에, 새로운 정치체제와 이념에 대

Press, 2003) ; Abdelal Rawi, et. al., eds., *Identity as a Variable: A Guide to Conceptualization and Measurement of Identity* (Boston: Harvard University Press, forthcoming).

한 국민적 합의가 만들어지기까지 국가정체성의 혼란이 불가피했다.

한국의 경우 북한의 존재와 통일문제는 지속적으로 국가정체성을 변화시키고 혼돈을 초래하는 주요요인이다. 같은 민족이면서 법적으로는 다른 국가인 북한으로 인해 국가의 영토적 경계와 국민의 범위에 대해 국민적 합의가 없이 상이한 인식과 혼란이 나타나고 있다. 또한 한국사회에서 북한과 통일에 관해 상반된 인식과 태도를 가진 세력들 사이에 이념갈등이 지속적으로 나타나기 때문에 한국의 국가이념과 목표에 대한 국민적 합의를 어렵게 한다. 대부분의 한국인들에게 북한의 존재는 적-동지라는 통상적 국제관계의 등식에서 이해할 수 없는 복합적 측면을 가지고 있다. 한편으로 북한은 남한과 체제를 달리하는 경쟁국이면서 언젠가는 함께 통일을 이루어야 할 동반자로 인식한다. 또한 북한주민은 남한의 국민들과 혈연적으로 연계되어 있는 동포이면서 동시에 끊임없이 남한의 안보를 위협하고 적대적 정책을 취해온 북한정부의 구성원들이라는 점에서 대부분의 남한국민들은 북한체제와 국민들에 대해 동포이자 동시에 적이라는 이중적 대북이미지를 동시에 가지고 있으며 따라서 북한에 대해 애증이 교차된 감정을 가지고 있다. 다만 개인의 성향에 따라 하나의 이미지가 지배적일 수 있고, 또한 상황에 따라 두 개의 이미지 중 하나가 부각될 수 있다.[2)]

이렇게 한국국민들이 북한에 대해 이중적 태도를 가지고 있기 때문에 북한에 대한 국민들의 인식과 태도는 국제질서의 변화, 남북관계의 진전, 그리고 남북한 내부의 정치사회적 변화라는 요인들이 결합해 지속적으로 변화되었다. 냉전기에 북한은 주로 남한을 위협하는 적대국가로 인식되었으나, 탈냉전 국제질서의 등장과 남북관계의 개선 등으로 북한에 대한 우호적 태도가 증가하는 추세였다. 그러나 최근 북한의 핵무기

2) 김태현, "대북인식의 이중구조와 북한 핵문제", 《국가전략》 제 2권 2호 (1996).

재개발 선언 이후 북한의 핵무기보유로 위협인식이 높아지고 남북관계의 개선도 소강상태에 머물면서 북한에 대한 불신과 우려가 다시 살아나는 조짐이 나타난다.

또한 북한과 통일에 대한 태도는 한국국민들의 이념적 정향을 나타내는 핵심지표이다. 한국인의 이념성향과 갈등을 분석한 연구들은 공통적으로 성장과 분배라는 경제적 쟁점이 진보와 보수를 가르는 핵심기준이 되는 서유럽국가들과는 달리 한국인들의 주관적 이념성향을 결정하는 핵심변수는 북한에 대한 태도와 안보이슈라는 점을 강조한다.[3] 강원택 교수는 그의 논문에서 우리사회에서 나타나는 진보-보수의 이념적 속성은 '반공이데올로기의 거부-수용'라는 하나의 축과 '자유주의-권위'라고 하는 또 다른 축이 교차하는 2차원의 문제라고 주장하였다. 자신을 진보라고 생각하는 국민들일수록 북한을 적이라기보다는 동포로 인식하는 경향이 있고 북한에 대한 포용적 정책을 지지하는 경향이 있다. 반면 자신을 보수라고 생각하는 국민들은 북한의 안보위협을 심각하게 여기고 북한에 대한 포용정책보다는 강경정책을 지지하는 경향을 보인다. 최근 한국사회에서 나타나는 국가보안법 철폐논란, 맥아더 동상 철거논란, 한미동맹 반대시위와 지지시위, 햇볕정책에 대한 찬반논란, 북한 인권문제를 둘러싼 논쟁 등 진보와 보수진영의 이념갈등은 대부분 북한체제에 대한 상이한 인식과 관련되어 있다.

또한 진보진영 내부에서도 북한과 통일에 대한 상이한 인식으로 대립과 분열이 나타났다. 대표적 예가 제도권진입에 성공한 진보정당인 민주노동당 내의 NL파와 PD파 간의 당내 세력경쟁으로 나타나고 있다. NL파가 남북관계의 진전과 평화통일의 달성, 미국으로부터의 자율성

3) 한국사회의 이념갈등이 북한과 안보를 중심으로 전개된다는 주장에 대해서는 강원택, "한국의 이념갈등과 진보·보수의 경계", 《한국정당학회보》 제4권 제2호(2005) ; 이현지, "정치적 이념의 형성과 가치변화", 《동아시아 연구》 제7권(2003).

확보를 우선적 과제로 설정한 데 비해, PD파는 노동자, 농민의 계급적 이익의 보호와 경제민주주의의 진전을 강조한다는 점에서 당내노선투쟁이 전개되고 있다. 또한 진보지식인 사회에서도 유사한 논쟁이 나타나고 있다. 백낙청, 강만길 교수가 분단시대를 접고 통일국가를 수립하는 것이 최우선적 과제라고 인식하는 '민족 · 통일'중심의 시각을 지닌 진보지식인을 대표한다면, 최장집 교수는 절차적 민주화의 수준을 심화시켜 실질적 민주화를 달성하고 민중 삶의 질을 향상시키는 것이 일차적 과제라고 인식하는 '민중 · 민주'중심의 입장을 대표하는 지식인이다.[4)]

마지막으로 북한에 대한 인식과 태도는 미국에 대한 태도와 높은 상관관계를 가진다. 지난 반세기 이상 미국은 한국의 동맹국으로서 한국의 안보와 경제성장의 동반자역할을 해왔다. 특히 한미동맹은 북한의 위협을 억제하기 위해 결성된 것이기 때문에 한미동맹의 정당성에 대한 평가는 북한으로부터의 안보위협에 대한 인식에 따라 변동되었다.[5)] 지난 50여 년간 한반도의 안정과 평화, 그리고 경제적 번영을 보장하는 핵심적 기제였던 한미동맹이 최근 위기에 처해 있다는 평가와 우려가

---

4) 최장집 교수는 참여사회연구소가 발행하는《시민과 세계》2006년 봄호 기고문에서 한국현대사를 '분단시대'로 통일을 절대명제처럼 상정하면서 역사를 해석하는 관점을 비판했다. 그는 한국의 근대사는 민주주의를 향한 전개과정이며 그 주역은 민중이라며 민족주의적 역사관을 통해서는 오늘 우리가 안고 있는 여러 문제와 위기 · 갈등을 해결할 수 없다고 주장했다. 최장집, "해방 60년에 대한 하나의 해석: 민주주의자의 퍼스펙티브에서", 《시민과 세계》 제 8호(2006).

5) 동맹(*alliance*)을 형성하고 유지하는 데 핵심적 요인의 하나는 동맹국들이 그들의 안보를 위협하는 국가나 집단에 대한 위협의 심각성을 공통적으로 인식해야 한다는 점이다. 동맹이 형성될 초기에는 공통적 위협인식(*threat perception*)을 가지고 있었다 하더라도, 시간이 지나고 동맹국의 대내외적 상황이 바뀌면서 동맹국 사이의 위협인식의 격차가 나타날 가능성이 있다. 이 경우 동맹국 사이의 신뢰나 협조가 약화되고, 동맹이 위기에 처할 가능성이 높아진다.

국내외에서 제기되었다.[6] 이렇게 한미동맹이 갈등과 균열을 보이고, 위기에 처했다는 평가가 나오는 주요한 이유의 하나는 한국과 미국 사이에 국제질서를 위협하는 테러와 북한에 대한 위협인식(*threat perception*)에서 격차가 커졌기 때문이라고 할 수 있다. 특히 2002년 북한이 핵무기개발을 재개할 것을 선언한 이후, 한국과 미국정부 사이에 북한 핵문제의 심각성과 대응방안을 둘러싸고 심각한 인식의 차이가 나타났다. 미국 부시 행정부는 깡패국가(*rogue state*)의 하나인 북한이 핵무기를 보유하는 상황은 미국을 비롯한 국제질서에 현저한 위협이라는 인식을 가지고 있다. 따라서 6자회담과 같은 외교적 노력이 실패할 경우 경제제재나 군사적 압박을 포함한 모든 수단을 동원해서 북한의 핵개발을 저지한다는 강경한 대북정책을 구사해왔다. 반면 한국의 노무현 정부는 북한이 핵개발을 재개한 것은 핵보유국이 되려는 의도보다는 체제유지를 위한 협상카드로 사용하려는 동기가 크다고 본다. 따라서 노무현 정부는 햇볕정책의 지속과 협상을 통한 북한 핵문제의 처리를 선호한다는 점에서 근본적 인식의 차이가 있다. 이렇게 한국과 미국 사이에 북한에 대한 위협인식의 차이가 크기 때문에 이에 대한 대응전략에서도 차이가 있고, 따라서 정책담당자 사이에서 갈등이 커지고 상호신뢰가 하락하는 결과가 나타났다.

---

6) 한미동맹 위기론에 대한 논의는 다음을 참조할 것. 이내영·정한울, "반미여론과 한미동맹", 《국가전략》 vol. 9, No. 3(세종연구소, 2003), pp. 57~82; Michael H. Armacost, "The Future of America's Alliances in Northeast Asia", in D. I. Okimoto and M. H. Armacost(eds.), *The Future of America's Alliances in Northeast Asia*(The Asia Pacific Research Center, 2004); Kim, Byung Kook, "U.S.-South Korean Alliance: Anti-American Challenges", *Journal of East Asian Studies* 3(2): 225~258; Scott snyder, "Alliance and Alienation: Managing Diminished Expectations for U.S.-ROK Relations", *Comparative Connections*(Honolulu: Pacific Forum CSIS, August 2004).

또한 한국국민들 사이에서는 미국의 강경한 대북정책, 여중생사망사건에서 나타난 한미행정협정의 불평등조항, 이라크전쟁 과정에서의 일방주의 외교정책에 대한 반감 등으로 반미감정이 고조되었다.7) 이러한 한국 내의 반미감정 고조에 대응해, 미국인들 사이에 혐한감정이 나타나고 한국정부에 대한 신뢰가 미국정부 및 안보전문가들 사이에서 추락하는 현상도 나타났다. 미국의 많은 보수적 언론인들과 전문가들은 미군이 한국에서 환영받지 못한다면 미군을 철수시키자고 주장한다. 심지어 케이토 연구소의 더그 밴도는 한국은 미국에게 사활적 이익이 걸린 국가가 아니기 때문에 합의이혼(*amicable divorce*)을 준비할 필요가 있다고 주장한다.8)

최근 한국사회에서 반미감정이 고조되는 중요한 이유는 한국국민들의 북한에 대한 인식의 변화이다. 북한과 미국에 대한 한국인의 태도를 조사한 여론조사결과들은 북한의 안보위협을 대수롭지 않게 보고 북한을 적이 아닌 동포로 여기는 국민일수록 미국의 대북강경정책에 대해서 비판적이고 한미동맹과 주한미군의 필요성에 대해 의문을 제기하는 경향

---

7) 한국에서의 반미주의의 원인과 성격, 그리고 변화양상에 대해서는 다음의 글들을 참조할 것. David Steinberg, ed., *Korean Attitudes toward the United States: Changing Dynamics*, New York: M.E. Sharp, 2005; Nae-Young Lee and Han Wool Jeong, "Fluctuating Anti-Americanism and the Korea-US Alliance", *International Studies Review* 5-2(2004); Gi Wook Shin,. 1996. "South Korean Anti Americanism: A Comparative Perspectives", *Asian Survey* 36(1): 787~903; Sook Jong Lee, "Sources of Anti Americanism in Korean Society: Implications for Korea U.S. Relations", In *Korea U.S. Relations in Transition*, eds. Baek, Jong Chun and Sang Hyun Lee. Sungnam: The Sejong Institute, 2002.

8) Robert Novak, "Perhaps It's time South Korea Tried Its Wings", *Washington Post*, 6 January 2003; Doug Bandow, "The Future of the U.S.-ROK Alliance: Equality, Mutuality, and International Security", 2005년 3월 한국 국제정치학회 주최 국제학술회의 발표논문.

이 있다. 반면에, 북한의 핵개발 등 북한의 안보위협을 심각하게 여기는 국민일수록 대북압박정책을 지지하고, 한미동맹과 주한미군의 중요성을 인정하는 경향을 보인다. 다시 말하면 북한이 남한을 공격할 의사가 없다고 보고, 남북관계의 진전을 통해 북한의 변화를 견인할 수 있다고 인식하는 국민일수록 한미동맹의 정당성을 부정하고 미국이 남북관계개선에 장애가 된다고 인식하지만, 반대로 북한이 여전히 남한의 안보를 위협하고 햇볕정책의 효과에 대해 부정적 판단을 하는 국민들은 한미동맹의 강화를 통해 북한핵개발을 제지하고 북한의 체제변화를 압박할 것을 요구한다고 볼 수 있다.

이 글의 목적은 다음의 두 가지이다. 첫째 목적은 지난 십여 년 동안 한국인의 북한에 대한 인식이 어떻게 변화했으며, 이를 통해 북한문제에 관한 한국인의 국가정체성의 변화와 혼란의 정도를 분석하는 것이다. 탈냉전 국제질서의 도래와 남북관계의 진전이 북한에 대한 한국인의 두려움과 불신을 어느 정도 완화시켰으며, 또한 최근 북한의 핵재개발로 한국인들의 북한에 대한 태도가 어떠한가를 파악하는 것이다. 이 글의 두 번째 목적은 한국인의 통일에 대한 인식과 태도의 변화를 분석하는 것이다. 북한은 통일의 동반자 혹은 대상이기 때문에, 한국인들의 북한에 대한 인식의 변화는 통일의 당위성과 통일방식에 대한 한국인의 태도에 상당한 영향을 미치는 것은 불가피하다. 북한에 대한 불신이 감소하고 우호적 태도가 증가하면 통일의 당위성에 대한 믿음이 증가하고 남북한이 합의하는 통일방식을 지지하게 될 것이지만, 북한에 대한 불신과 위협인식이 늘어나면 통일의 당위성에 대한 믿음이 감소하고 통일의 과정도 남한주도의 통일방식을 선호하는 경향이 나타날 것이라고 추측할 수 있다.

2. 한국인의 북한에 대한 인식과 국가정체성

1) 한국인의 북한에 대한 인식의 역사적 변화

한국인의 국가정체성에서 북한에 대한 인식은 매우 중요한 부분을 차지한다. 그러나 한국인들의 북한에 대한 태도와 인식은 남북한의 국제정세에 따라, 남북한 내부의 변화에 따라, 또한 남북관계의 진전에 따라 변화를 겪었다. 이러한 한국국민들의 북한에 대한 인식의 변화를 요약하면 다음과 같다.

(1) 북한에 대한 인식의 변화: 공포와 적대감에서 화해와 통일의 동반자로

냉전기간 동안, 대부분의 한국인들은 북한체제에 대한 의구심을 가지고 있었고, 특히 남한에 대한 호전적 태도에 대해 깊은 두려움을 가지고 있었다. 따라서 북한은 남한의 안보를 위협하는 주적(主敵)으로 인식되었고 남한은 한미동맹을 통해 북한의 도발을 억제하는 것을 군사안보의 핵심과제로 여겼다. 냉전시기 동안 국제무대에서 한국외교의 우선적 과제는 북한과의 경쟁에서 우위를 차지하는 것이었고, 반공은 때로는 권위주의정권에 도전하는 민주세력에 대한 탄압의 도구로 사용되는 부작용도 있었지만 대부분의 국민들은 남북대치상황에서 필요한 국가이념으로 받아들였다.

그러나 1980년대 말부터 시작된 사회주의체제의 붕괴와 냉전적 국제질서의 와해, 그리고 남북한 사이에 증가한 국력격차, 그리고 남한 내의 민주화라는 요인들이 작용하면서 지난 십여 년간 한국인들의 북한에 대한 태도에서 커다란 변화가 나타나기 시작했다. 냉전질서의 붕괴와 더불어 한국의 노태우 정부(1988~1992)는 구소련·중국과 국교정상화를 달성하였다. 반면 북한은 이념적 연대를 유지했던 사회주의 형제국가들을 잃었고 그들로부터의 경제적 지원도 얻을 수 없는 등 국제사회로부터 고립되었다. 또한 북한경제의 구조적 한계가 1980년 초반 이래 심각한 위기로 발전하면서 식량부족으로 북한주민들의 고통이 커지고 결국 대량탈북이 나타났다. 국제사회로부터의 고립과 경제위기상황을 타개하기 위해 북한은 어쩔 수 없이 남한과의 대화에 나서기 시작하였고 1991년 9월 남북한은 UN에 동시가입하였다.

국내적 차원에서는 1987년의 민주화이행 이후 북한과의 평화공존과 화해의 추진이 수용될 수 있는 정치환경이 처음으로 조성되었다. 권위주의 정치체제 아래서, 경제성장과 반공주의는 권위주의통치를 정당화하는 두 개의 축이었다. 민주화이행 이후 후속정부들은 정책의 내용과 강도는 차이가 있었지만 대북포용정책(*engagement policy*)을 추진하였다. 노태우 정부는 북방정책의 일환으로 북한과의 접촉을 시작하였다. 김영삼 정부(1993~1997)는 북한 김일성 주석과 정상회담을 갖기로 합의했으나 김 주석의 갑작스런 죽음으로 성사되지 못하였다. 김대중 정부(1998~2002)가 추진한 햇볕정책과 남북화해 무드는 북한에 대한 남한국민들의 태도를 변화시키는 데 큰 영향을 미쳤다. 특히 2000년 6월 15일에 평양에서 개최된 남북정상회담은 55년간의 분단의 역사에서 처음으로 남북의 정상이 얼굴을 맞대고 대화에 나섰다는 점에서 남북관계의 역사적 전환점이 된 사건이며, 북한에 대한 남한국민들의 적대감을 완화시키고 남북화해에 대한 기대감을 고조시키는 결정적 이벤트였다. 현 노무현 정부의 대북정책의 기조는 김대중 정부가 추진한 햇볕정책의 기조를 유지하면서 남북화해와 협력정책을 지속하는 것이다. 하지만 2002년 겨울 북한이 핵개발을 재개한다고 선언한 이후 미국 부시행정부가 이를 저지하기 위해 강경한 대북압박정책을 구사하면서 고조된 미국과 북한 사이의 긴장국면에서 북한핵문제의 평화적 해결이라는 어려운 과제를 안고 씨름하는 상황이다.

이러한 국제질서의 변화와 남북관계의 진전에 따라 남한국민들 사이에서 북한으로부터의 위협에 대한 인식이 급격히 감소하는 결과를 가져

〈표 7-1〉 남한과 북한의 군사력비교에 대한 국민여론의 추이

(단위 : %)

	북한이 우세하다	비슷하다	남한이 우세하다	모름/무응답
1992. 6	68. 7	12. 1	11. 5	7. 7
1995. 8	59. 9	12. 3	21. 4	6. 3
1999. 6	32. 6	11. 7	46. 9	8. 8

자료: 한국갤럽 DB, http://gallup. co. kr

왔다. 1990년대부터 분명하게 나타난 북한경제의 실패와 북한사회의 해체조짐들, 특히 심각한 기근과 식량난으로 북한주민이 영양실조에 걸리고, 중국으로 대량탈주하는 사태 등으로 많은 남한주민들은 북한체제가 붕괴할 가능성이 있고 남한과의 국력차이로 심각한 안보위협이 될 수 없다고 생각하기 시작하였다.

〈표 7-1〉은 한국갤럽이 실시한 지난 10여 년간의 남한과 북한의 군사력비교에 관한 여론조사 결과이다. 1992년에는 북한의 군사력이 남한보다 우세하다는 응답이 68. 7%로 남한이 우세하다는 응답(11. 5%) 보다 압도적으로 높았고, 1995년 여론조사에서도 59. 9%가 북한이 우세하다는 의견을 보였지만 그 격차는 줄어드는 추세를 보였다. 그러나 1999년 여론조사에서는 남한의 군사력이 우세하다는 응답이 46. 9%로 북한이 우세하다는 응답 32. 6%보다 높게 나타났다.[9]

따라서 대부분의 한국국민들은 북한이 여전히 위험하지만 이전에 비해 남한의 안보를 위협할 수 있는 능력은 감소한 것으로 인식한다. 〈그림 7-1〉은 한국갤럽의 여론조사 자료를 활용해 지난 십여 년 동안의 남

9) 같은 문항으로 수행된 이후의 여론조사를 찾지 못했지만 2000년대에는 남한의 군사력이 북한보다 우세하다는 조사결과가 지속적으로 나타날 것으로 추측한다.

〈그림 7-1〉 북한의 전쟁도발 가능성에 대한 남한국민의 태도

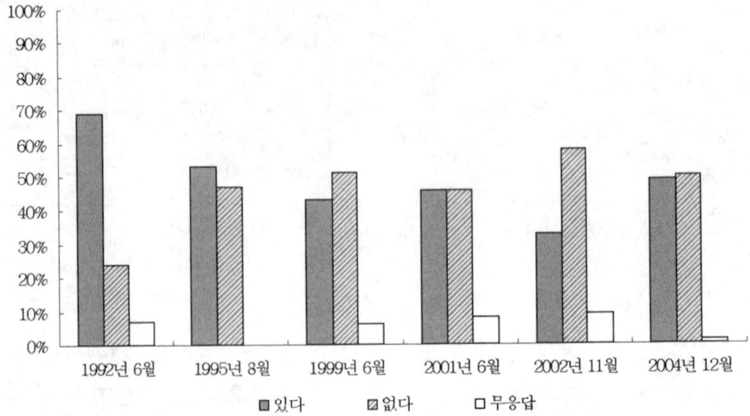

자료: 한국갤럽, GallupDB. http://gallup.co.kr

한국민들의 북한에 대한 위협인식의 변화를 시계열적으로 분석한 결과이다. '선생님은 북한이 한국에 대해 전쟁을 일으킬 가능성이 있다고 생각하십니까?' 라는 질문에 대해 1992년 조사에서 69%의 응답자가 '그렇다'고 대답하였는데, 그 이후 '그렇다'고 대답한 비율은 지속적으로 하락하여 2002년 11월에는 33%까지 하락하였다. 그러나 2004년 12월의 여론조사에는 '그렇다' 대답의 비율이 49%로 다시 증가하였다.

(2) 북한 핵 재개발과 북한에 대한 불신과 위협인식의 증가

앞의 한국갤럽 여론조사에서 북한의 전쟁도발 가능성이 있다는 국민여론이 2002년까지는 지속적으로 하락하다가 2004년에 다시 증가한 것은 2002년 겨울 북한이 핵무기개발을 재개한다는 선언 이후 남한국민들 사이에서 북한에 대한 의심과 두려움이 다시 증가하는 추세가 나타났기 때문이다. 2004년 7월 동아시아연구원, 미국 시카고외교협회, 멕시코 외교협회의 국제공동여론조사에서, 북한이 핵무기를 가지고 있다고 생

각하는가에 대한 질문에서 75%의 한국국민들이 '그렇다'고 대답하였고 25%만이 '아니다'라고 응답하였고, 또한 88%의 응답자는 북한이 핵무기를 가지게 된다면 남한에게 심각한 위협이라고 대답한 결과는 한국국민들이 북한에 대해 가지고 있는 위협인식이 증가하고 있음을 분명하게 보여준다.[10]

또한 북한의 핵무기개발 재개로 대북유화정책인 햇볕정책의 유효성에 대한 회의적 시각이 증가하였다. 김대중 정부 이후 현 정부 아래서도 일관되게 추진된 북한에 대한 각종 식량지원과 금강산관광, 개성공단개발사업 등과 같은 경제협력 노력에도 불구하고 남북관계의 획기적 진전이 이루어지지 않는 것에 대해 국민들 사이에 불만이 제기되었다. 비판론자들은 현재의 북한지도부가 중국과 같은 과감한 개혁·개방정책을 추진할 의지와 능력을 가지고 있지 않으며, 따라서 햇볕정책은 그 의도와는 관계없이 결과적으로는 세습독재체제를 지원하고 연장시키는 효과만을 가졌다고 진단한다.[11]

〈표 7-2〉는 2005년 8월 동아시아연구원의 정체성 여론조사에서 북한과 주변강대국이 한국에 미치는 영향에 대한 한국국민들의 인식을 보여준다. 〈표 7-2〉를 보면 한국국민들은 주요 강대국들이 한국에 대해 긍정적 역할보다는 부정적 역할을 하는 것으로 인식한다. 한국인들이 주변국가에 대한 불신의 정도가 높은 것은 외세에 휘둘렸던 한국근대사의

10) 3개국 국제공동여론조사에 대해서는 다음을 참조: Chicago Council on Foreign Relations (CCFR), Global Views 2004: *Comparing South Korean and American Public Opinion and Foreign Policy*. 2004. http://www.ccfr.or/globalview2004/usa.htm (검색일: 2005. 6. 1) ; 이내영·정한울·정원칠 (공저), 《전환기의 한미동맹과 국민여론》 EAI EARS Series 2, EAI 여론분석센터 (2005).

11) 나아가 많은 한국국민들은 2000년 남북정상회담 전에 김대중 정부가 국민적 동의를 구하는 절차가 없이 북한 김정일 정부에게 5억 달러를 준 사실에 대해 비판적이다.

〈표 7-2〉 주요국가가 한국에 미치는 영향력에 대한 국민여론

(단위: %)

	긍정적 영향	중도적 영향	부정적 영향	모름/무응답
북한	9.6	30.1	59.2	1.2
미국	33.1	33.7	31.7	1.5
중국	18.4	36.3	44.2	1.2
일본	13.2	28.5	57.2	1.1
러시아	5.8	45.7	42.2	6.2

경험이 크게 작용한 것으로 추측할 수 있다. 특히 한국국민들이 북한에 대해 대체로 부정적 인식을 가지고 있다는 것을 파악할 수 있다. 북한이 한국에 부정적 영향을 미친다고 대답한 사람이 59.2%로 5개 국가 중에서 가장 높았고, 긍정적 영향을 미친다고 답한 응답자는 9.6%에 불과했다. 반면 미국이 한국에 대해 긍정적 역할을 한다고 응답한 국민들은 33.1%로 5개 국가 가운데서 뚜렷하게 높았다. 미국이 부정적 영향을 미친다고 응답한 비율도 31.7%로 적지 않았지만 일본(57.2%), 중국(44.2%), 러시아(42.2%)에 비해서는 가장 적었다.

또한 〈표 7-3〉은 한국국민들의 북한에 대한 신뢰의 정도를 다른 국가들과 비교한 결과이다. '북한을 신뢰한다'고 답한 국민은 6.1%에 불과했고, '신뢰하지도 불신하지도 않는다' 31.3%, '신뢰하지 않는다'가 61.6%를 차지해서 북한에 대한 신뢰의 정도가 매우 낮은 것을 알 수 있다. 다른 주요국가들에 대한 신뢰의 수준과 비교할 때, 미국을 제외하면 북한에 대한 불신의 수준이 특별히 높다고 할 수는 없다. 한국국민들은 중국, 일본, 러시아 등 주변강대국에 대한 신뢰의 수준이 매우 낮다는 것을 알 수 있다. 미국에 대한 신뢰의 수준이 다른 주변강대국과 비교하여 현저하게 높은 것은 미국이 한국의 동맹국으로 한국안보와 경제발전에 기여했다는 한미관계의 역사적 측면을 국민들이 인정한다는

〈표 7-3〉 주요국가들에 대한 한국국민들의 신뢰의 정도

(단위: %)

	신뢰한다	신뢰하지도 불신하지도 않는다	신뢰하지 않는다	모름/무응답
북한	6.1	31.1	61.6	1.3
미국	19.8	34.3	44.4	1.5
중국	6.1	29.2	63.6	1.0
일본	6.4	20.2	72.3	1.1
러시아	3.7	34.0	57.4	4.9

것을 의미한다.

한국국민들의 다수가 북한이 한국에 대해 긍정적 영향보다는 부정적 영향을 미치며 북한에 대한 불신이 강하게 남아 있기 때문에 반공의 가치에 대해 한국인 다수가 공감하는 것으로 나타났다. 한국이 반공을 국가이념으로 삼는 것에 대한 질문에 대해 '냉전시대에는 필요했지만 지금은 반공이념이 필요 없다'는 의견이 15.4%, '반공이념은 남북화해를 저해하고 인권탄압의 명분이기에 시대착오적이다'라는 의견이 14.0%에 그친 반면, '북한의 위협이 계속되고 있기 때문에 반공을 대한민국의 국가이념으로 삼아야 한다'는 의견이 21.6%이고, '국가이념으로 삼지는 않더라도 중요한 가치로 지켜야 한다'는 의견이 43.2%에 달한다.

(3) 북한에 대한 국민여론의 분열과 정치쟁점화

앞에서 살펴본 것처럼 북한에 대한 한국인들의 태도가 우호적 방향으로 변화하다가 최근에는 다시 불신과 우려가 늘어나는 것이 전반적 추세이지만, 북한에 대한 국민들의 인식과 태도는 뚜렷하게 분열되어 있고 북한문제는 한국사회 이념갈등의 핵심요인으로 작용한다. 특히 2002년 이후 북한의 핵개발재개로 북한에 대한 불신과 우려가 증가하면서 한국

사회 내부에서는 북한에 대한 인식과 대북정책을 둘러싸고 이른바 남남갈등이 증폭되고 첨예화되었다. 예를 들면 〈표 7-4〉가 보여주듯이 반공을 국가이념으로 삼는 것에 대한 태도에서 연령대, 이념성향, 지지정당에 따라 큰 편차를 보인다. 20~30대보다는 50~60대에서, 주관적 이념평가에서 진보보다는 보수층에서, 민주노동당과 열린우리당 지지자보다는 한나라당 지지층에서 반공의 가치를 소중히 여기는 경향이 나타났다.

최근 한국사회에서 나타나는 북한문제를 둘러싼 이념갈등은 이전과는 다른 몇 가지 양상을 보인다. 우선 이념갈등이 세대갈등과 정당지지와 긴밀하게 연결되어 나타난다. 20~30대와 민주노동당과 열린우리당 지

〈표 7-4〉 반공을 국가이념으로 삼는 것에 대한 입장

(단위: %)

	반공을 국가이념으로 삼아야 한다	국가이념은 아니더라도 중요한 가치로 지켜야 한다	냉전시대에는 필요했지만 지금은 필요 없다	반공이념은 시대착오적이다	모름/무응답
전 체	21.6	43.2	15.4	14.0	5.8
연령대별					
20대	10.5	42.3	18.9	21.5	6.8
30대	17.6	45.2	17.5	15.9	3.8
40대	20.6	42.4	14.7	16.3	6.0
50대	26.7	46.2	13.4	9.5	4.2
60대 이상	38.6	40.4	10.5	2.4	8.2
이념성향별					
진 보	15.9	41.0	15.2	23.7	4.2
중 도	19.7	46.5	15.7	10.7	7.4
보 수	31.1	41.2	15.3	7.2	5.2
지지정당별					
열린 우리당	18.0	44.6	18.1	15.8	3.5
한나라당	28.6	43.6	15.0	7.4	5.4
민주노동당	15.7	41.1	12.1	28.7	2.3

지지자들 가운데 북한에 대한 유화적 태도가 나타나고 미국에 대한 비판적 태도가 강한 반면, 50~60대에서는 북한에 대한 불신이 강하고 따라서 강경대북정책과 한미동맹의 강화를 지지하는 경향이 뚜렷하게 나타난다. 이러한 추세는 한국정치에서 지역주의가 약화되고 정당 사이의 이념과 정책적 차별성이 나타나는 추세와 무관하지 않은 것으로 보인다. 둘째, 대중집회와 시위 등 대중적 차원에서 보수와 진보가 충돌하는 양상이 나타난다는 점도 또 다른 특징이다. 이전까지 대중집회와 시위는 주로 진보진영에서 이루어졌다면 최근에는 보수진영에서 북한민주화와 친미 대중집회를 빈번하게 조직화한다. 맥아더 동상철거를 둘러싼 진보와 보수진영의 대립이 이러한 갈등을 첨예하게 보여주었다.

또한 국제사회에서 북한 인권문제의 심각성이 본격적으로 제기되면서 2005년부터 북한 인권문제를 둘러싼 갈등이 한국사회에도 심화되었다. 지난 10년간 북한의 장기세습독재체제 아래서 북한주민의 인권이 지속적으로 유린되었던 실상이 국제인권단체 등에 의해 국제사회에 알려지고, 다른 한편 북한경제의 파탄과 식량부족 등으로 급속히 늘어난 탈북자들에 대한 대책과 인권보호가 심각한 국제이슈가 되었다. 자유와 민주주의의 확산을 외교정책의 기본목표로 삼는 미국 부시행정부는 북한인권의 개선에 대한 압력을 본격화하기 시작했고, 그 일환으로 2004년 10월 북한인권법(North Korean Human Rights Act)을 통과시켰다.[12] 또한 2005년 11월 17일 유럽연합이 유엔총회에 북한의 인권개선을 촉구하는 특별결의문을 제출해 사상 처음으로 통과됐다. 대북인권결의안은 고문과 공개처형, 매춘, 정치범수용소와 외국인납치 등을 들어 북한 인권문제에 심각한 우려를 표시했다. 결의안은 또 세계식량계획을 비롯한

12) 북한인권법은 북한주민의 인권신장, 궁핍한 북한주민 지원, 탈북자보호 등 크게 3개 내용으로 구성돼 있으며 이러한 목표를 달성하기 위해 미 행정부 내에 북한 인권담당 특사를 두고 2005년부터 2008년까지 매년 최대 2천 4백만 달러를 집행할 수 있도록 하였다.

인도적 지원기구와 단체들이 북한에서 자유롭게 활동할 수 있도록 허용할 것을 촉구하였다. 북한인권 결의안은 그동안 유엔 인권위원회 차원에서는 채택됐지만 유엔총회에 상정돼 처리된 것은 처음이었다.[13] 따라서 북한주민의 인권과 기본자유 보장 등을 촉구하는 국제사회의 압력은 강도를 더하게 되었다.

2005년 7월 19일 미국의 인권단체인 프리덤 하우스는 미국 워싱턴에서 북한인권 국제대회를 개최하였다. 이 대회는 북한인권법이 제정된 이후 미국 행정부가 최초로 북한인권 관련행사라는 점에서 국내외로부터 관심이 집중되었다. 이 대회에는 한·미 양국의 정계인사, 종교인, 시민단체회원, 탈북자 등이 참가하여 북한의 인권상황과 개선방안에 대한 논의가 있었다. 워싱턴대회에 이어 2005년 12월 8일부터 10일까지 서울에서 2차 북한인권 국제회의가 개최되었다. 미국 프리덤 하우스 등 국내외 40여 보수단체가 주관한 이 회의에서 북한주민에 대한 인권탄압 중단을 요구하는 6개항의 서울선언이 채택되었다.[14]

반면 한국정부는 북한 인권문제의 거론이 북한지도부를 긴장시키고 남북관계를 경직화시킬 것을 우려해서 소극적으로 대처해왔다. 북한을 실효적으로 지배하는 김정일 정권을 배제하고 분단구조를 해소할 수 없는 현실에서 북한의 인권상황을 공개적으로 비난하는 것보다 실질적 경제지원으로 북한의 체제변화를 유도하는 조용한 방법이 북한 인권개선

---

13) 허만호, "유럽연합의 대 북한 인권정책과 유엔 인권위원회의 대북결의 채택", 《대한정치학회보》 12집 2호(2004).

14) 서울대회에서 제이 레프코위츠 미 국무부 북한 인권특사는 한국정부와 국제사회가 북한 인권유린을 개선하기 위한 적극적 관심을 가져야 한다고 촉구했다. 레프코위츠 인권특사는 북한의 인권문제를 공개적으로 언급하는 것은 한반도의 평화를 해칠 것이라는 한국정부의 우려를 일축하면서 북한이 인권을 개선하는 것이 국제사회에 동참하는 유일한 방법이라고 주장하였다. 그러나 한국정부는 공식대표를 파견치 않았고 일부 여당의원들은 대회의 부적절성을 비판하는 성명을 발표했다.

을 위해 더 효과적 방안이라고 주장하였다. 이러한 시각에서 노무현 정부는 부시 행정부가 제정한 북한인권법이나 국제사회의 압력이 남북관계 개선에 장애가 되고 북한의 개혁·개방을 오히려 지연시킬 수 있다는 우려를 표명했다.

이렇게 한국정부가 북한주민의 인권보호에 대해 소극적 태도를 보이는 점에 대해 미국정부나 보수단체들은 물론 국내외 인권단체들까지도 비판적 입장을 보였다. 특히 노무현 대통령을 비롯해서 정부여당의 핵심세력들이 과거 군사독재의 인권유린에 대한 지속적 문제제기와 항거를 통해 민주화를 달성한 민주화세력임에도 불구하고 유독 북한 인권문제에 대해서는 침묵하거나 소극적 태도를 보이는 이중적 기준과 비일관성을 비판하는 목소리가 높다.

인권의 보편성을 주장하면서 북한인권 상황의 개선을 촉구하는 국제사회와 한국 내의 보수세력의 요구가 본격화되는 것에 대해 한국사회의 진보진영은 국제사회 특히 미국에 의한 북한 인권문제 제기가 내정간섭이고 남북관계 개선에 장애가 될 것이라는 입장을 견지하면서 북한 인권문제가 새로운 이념갈등의 쟁점이 되었다. 자유국민연합 등 보수적 시민단체들과 한국기독교총연합회 등 보수색채의 종교단체들은 북한인권 서울대회 기간 동안 북한 인권개선에 대한 장외집회를 조직하였다. 이제 맞서 통일연대 등 일부 진보적 시민단체들도 서울 북한 인권국제대회에 대한 규탄대회 등을 개최하는 등 맞불작전에 들어가 북한인권문제를 둘러싼 남남갈등이 첨예화되는 조짐이 나타났다.[15]

15) "북한 인권대회 앞두고 남-남갈등 재연", 《국민일보》 2005. 12. 6.

3. 한국인의 통일에 대한 태도의 변화

한국인의 국가정체성을 규정하는 데 통일문제는 매우 중요하다. 오랫동안 통일은 한국국민이 실현해야 할 최우선적 과제로 여겨지는 시대가 있었고, 현재도 민족주의적 시각을 가진 학자들이나 사회세력들 사이에서는 한국의 현대사를 비정상적 '분단시대'로 정의하고 통일이라는 민족사적 과제를 강조하는 경향이 있다.

그러나 한반도의 분단이 60년을 넘어서고 이념적으로 이질적이고, 적대적인 두 국가가 공존하는 '1민족 2국가'체제가 장기간 유지되면서 한국국민들의 통일에 대한 열망은 약화되는 추세를 보였다. 더군다나 남한이 민주주의와 자본주의체제를 비교적 성공적으로 달성하면서 비약적으로 국력을 신장시켜온 것에 비해, 북한체제는 폐쇄적이고 전근대적 세습독재와 통제된 병영체제하에서 경제적으로 낙후되고 국제적으로 고립되어 비대칭적 남북한관계가 형성되었다. 남북한 사이의 격차가 커지고 문화적·이념적 격차가 벌어진 현실에서 남북한통일이 현실적으로 매우 어렵고 설령 가능하더라도 엄청난 경제적 부담과 혼란이 예상된다. 통일은 심각한 정치갈등과 사회적 혼란, 남북한주민들의 고통과 희생을 요구할 가능성이 높다. 경제적 차원에서 보면 통일방식에 따라 차이는 있겠지만 통일한국에서 열악한 북한경제를 남한의 시장경제로 통합시키기 위해서는 많은 시간과 자원이 필요할 것이다. 통일비용의 배분을 둘러싼 정치적 갈등, 남한과 북한 사이의 지역균열 등도 심각한 문제로 등장할 것으로 예측된다. 다양한 사회적 균열을 해소하고 정치통합을 달성하는 것은 결코 쉬운 과제가 아닐 것이다.[16]

---

16) 전홍택·이영선 편, 《통일 한반도의 경제통합 전략》(서울: 한국개발원, 1997); 아태지역연구원 편, 《남북한 통합의 이론과 실제》(서울: 경희대학교 아태지역연구원, 2001); 박기덕·이종석 편, 《남북한 체제비교와 통합모델의 모색》(성남: 세종연구소, 1995).

이 절에서는 2005년 9월에 중앙일보와 동아시아연구원이 공동으로 한국리서치에 의뢰하여 수행한 정체성 여론조사 자료의 분석을 통해 한국 국민들이 여전히 통일을 반드시 달성해야 할 과제로 여기는가를 살펴보고 또한 한국인들이 구체적인 통일방식과 과정에 대해 어떠한 태도를 가지는가를 분석하였다.

1) 통일지상주의의 감소와 신중한 태도 증가

2005년 여론조사의 가장 주목할 만한 결과는 한국인들의 통일에 대한 태도가 바뀌는 조짐이 나타나고 있다는 점이다. 우선 통일의 당위성에 대한 인식이 변화하였다. 〈그림 7-2〉가 보여주는 것처럼 통일은 '여건을 봐가며 속도를 조절해 추진해야 한다'고 대답한 응답자가 54.6%에 달해, '통일을 서둘 필요가 없다'(19.6%)는 의견, '굳이 통일할 필요가 없다'(7.9%)는 의견과 합하면 82.1%의 응답자가 통일에 대한 조심스

〈그림 7-2〉 통일의 당위성에 대한 태도

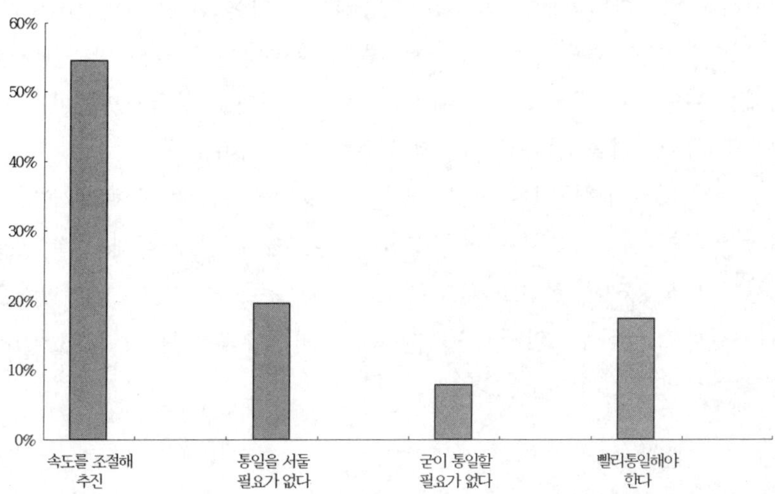

런 태도를 보인 반면, '빨리 통일을 해야 한다'는 의견은 17.4%에 불과했다. 1996년 세종연구소 국민의식조사에서 '통일은 민족의 지상과제이므로 반드시 이루어져야 한다'라고 응답한 비율이 30.4%나 되었던 것과 비교하면 지난 10년간 감성적 통일지상주의는 줄어들고 통일에 대한 신중하거나 소극적인 태도가 증가했다는 것을 알 수 있다.[17]

2) 통일방식에 대한 태도: 남한주도의 통일방식을 선호

통일방식에 대해서는 '각각의 체제를 유지하면서 공존하는 방식으로 통일'을 지지하는 의견이 52.9%, '남한식체제로의 통일'을 지지하는 의견이 35.3%인 반면, '남한식도 북한식도 아닌 제3의 체제로 통일'을 지지하는 의견은 8.3%에 불과했다(〈그림 7-3〉 참조). 남북한체제가 공존하는 연방제적 통일을 지지하는 의견이 남한에 의한 북한의 흡수통일보다는 다수를 차지하지만 두 방식 모두 남한체제를 유지하는 통일방식이라는 점에서 국민다수가 남한체제를 유지하면서 남한의 주도하에 통일을 이루는 방식을 지지한다고 해석할 수 있다. '자유민주주의와 시장경제원칙을 양보하더라도 기회가 오면 통일이 되어야 한다'는 의견은 35%인 반면 '자유민주주의와 시장경제원칙이 훼손되는 통일은 반대한다'는 견해를 가진 사람들은 58.8%에 달하는 조사결과도 한국국민들이 남한주도의 통일방식을 선호한다는 점을 분명하게 보여준다.

통일이 이루어진다면 어떠한 국기를 사용해야 하는가에 대해서도 현재의 남한의 태극기를 선택한 응답자가 42.9%에 달해 현재 남북 공동행사에서 사용하는 한반도기(26.7%)나 새로운 국기(27.8%)를 앞서고 있는 결과도 남한주도의 통일을 지지하는 의견이 다수를 차지하고 있음을 보여준다(〈그림 7-4〉 참조).

---

17) 세종연구소, 《1996년 세종 국민의식조사》(성남: 세종연구소, 1996).

〈그림 7-3〉 통일방식에 대한 의견

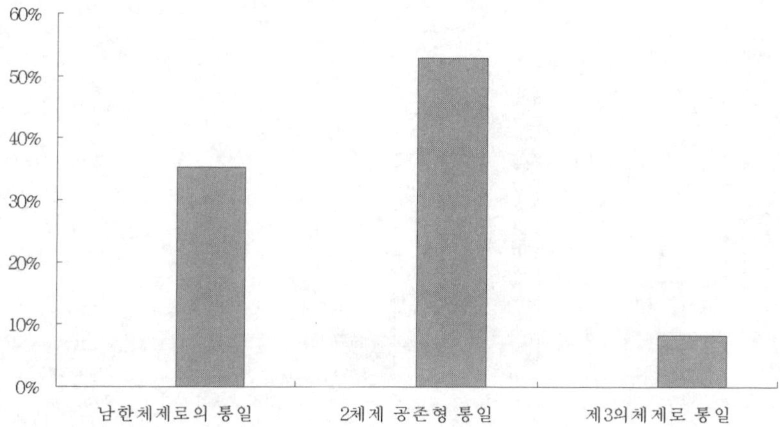

〈그림 7-4〉 통일이후의 바람직한 국기

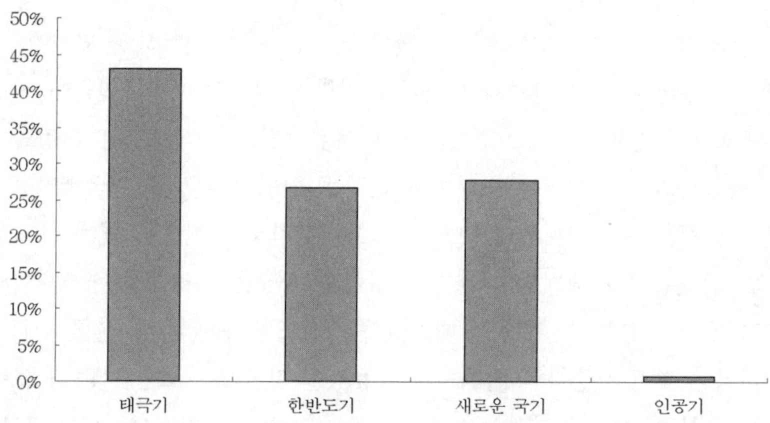

〈그림 7-5〉 남・북한이 현실적으로 별개의 독립적 국가인가에 대한 의견

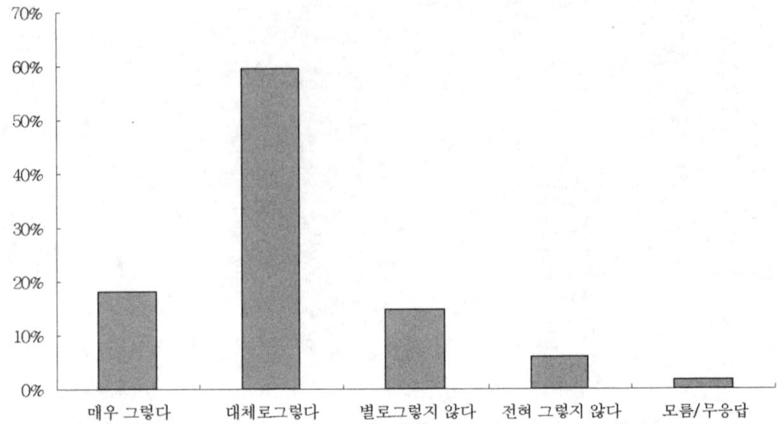

통일의 당위성과 통일방식에 대한 한국국민들의 태도에서 뚜렷한 변화가 나타나는 추세는 북한체제의 실상이 알려지고 국민들이 남한과 북한이 독립적 국가로 오랫동안 유지되는 과정에서 사고방식과 문화의 차이가 크기 때문에 통일과정이 만만치 않다는 것을 인식하게 되었기 때문으로 추측된다. 북한경제가 파탄에 직면해 다수의 북한주민들이 식량부족으로 고통받고 있으며, 그 결과 북한주민의 중국으로의 대량탈주 등 북한사회가 해체되는 조짐이 나타나는 참담한 실상을 한국국민들은 언론보도를 통해 접해왔다. 또한 이러한 심각한 위기에 직면해서도 북한의 집권층이 경제개혁이 가져올 정치적 파장을 우려해서 경제개혁의 추진을 미루거나 미온적으로 대처했다는 점도 통일에 대해 신중하게 접근하자는 의견이 증가한 원인으로 작용했을 것이다. 〈그림 7-5〉가 보여주는 것처럼 2005년 정체성 여론조사에서 '남한과 북한은 현실적으로 별개의 독립적 국가이다'라는 점에 공감하는 응답자가 77.7%가 되었고, '독립적 국가가 아니다'라고 응답한 사람은 20.7%에 불과했다. 연령대

별로 보면 20~30대에 비해 40대 이상의 세대가 남한과 북한의 별개의 국가라는 인식을 가지고 있는 비율이 높았다. 또한 북한사람의 사고방식이 남한사람과 차이가 크다고 응답한 비율이 무려 91.2%에 이르는 결과도 통일에 대한 신중한 태도를 가져온 배경으로 작용한 것으로 추측된다.

3) 통일 이후의 경제적 비용과 부담에 대한 견해

통일 후에 발생하게 될 가장 큰 어려움으로는 경제적 부담(43.5%), 가치관의 차이(28.8%), 정치적 혼란(15.6%), 남북간 빈부격차(11.5%)의 순으로 높게 나타났다. 그러나 통일을 위해 1년에 얼마 정도의 추가비용을 부담할 의향이 있느냐는 질문에 대해서는 '통일을 위해 전혀 비용을 부담하지 않겠다'는 대답이 30.4%나 되고, '10만 원 미만만 부담하겠다'는 의견도 39.5%에 달해 전체 응답자의 70%가 통일비용의 부담에 대해 소극적 태도를 보인다.

통일의 경제적 효과에 대해서는 비교적 낙관적 견해가 우세했다. 통일이 이루어질 경우 한국의 국가경쟁력이 어떠할 것으로 보느냐는 질문에 대해 압도적인 69.3%의 응답자가 '단기적으로는 국가경쟁력을 약화시키겠지만 장기적으로 강화시킬 것이다'라는 견해를 보였고, '단기적으로나 장기적으로 국가경쟁력을 강화시킬 것이다'라는 견해도 16.8%에 달했다. '통일이 단기적으로나 장기적으로 국가경쟁력을 약화시킬 것이다'라는 비관적 견해는 6.4%에 불과했다. 이러한 결과는 한국국민들이 아직 통일을 당면한 이슈로 여기지 않으며 따라서 통일의 경제적 비용과 부담에 대해서 구체적이고 심각한 고민을 하지 않음을 나타낸다.

4) 미국을 통일에 가장 큰 장애가 되는 나라로 인식

한국인의 통일에 대한 태도에서 흥미로우면서도 해석하기가 어려운 결과는 앞에서 논의한 것처럼 주변강대국 중에서 미국이 한국에 대해 가장 긍정적 영향을 미치고 가장 신뢰할 만하다는 인식을 가지면서도 한반도의 통일에 가장 큰 장애가 되는 나라로 미국을 꼽은 응답자가 43.6%에 이르고 북한은 28.1%에 불과했다는 점이다. 1995년 세종연구소 국민의식조사에서 같은 질문에 대해 미국이 22.8%인 반면 북한이 44.0%를 차지했던 것과 비교하면 지난 10년간 한국인들의 미국에 대한 신뢰가 빠르게 감소한 반면, 북한을 통일의 동반자로 보는 인식은 뚜렷하게 증가했다는 것을 나타낸다. 보다 주목할 만한 결과는 통일에 장애가 되는 나라에 대한 인식이 세대, 이념성향, 지지정당별로 뚜렷한 차이를 보여준다는 점이다. 우선 연령대별로 보면 20대, 30대일수록 미국이 통일에 장애가 된다고 응답한 비율이 높았고, 나이든 세대일수록 북한을 꼽은 비율이 높았다. 또한 진보성향의 응답자일수록 보수성향의 응답자에 비

〈그림 7-6〉 통일에 가장 큰 장애가 되는 나라

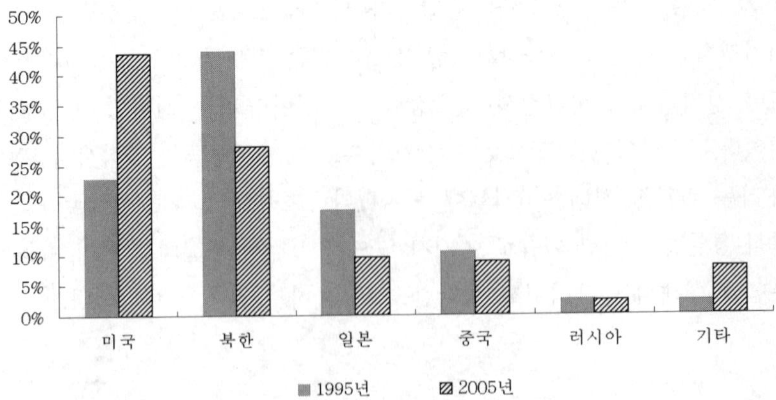

자료: 세종연구소(1995) ; 동아시아연구원 · 중앙일보(2005).

해 미국이 통일에 장애가 된다는 견해를 가진 비율이 높게 나타났다. 지지정당별로 보면 민주노동당과 열린우리당 지지자들이 한나라당 지지자들에 비해 미국을 통일에 장애가 되는 국가로 보는 비율이 현저하게 높았다.

4. 맺음말

북한과 통일문제는 한국인의 국가정체성에 지속적으로 영향을 미치고 정체성의 혼란을 초래하는 주요요인이다. 우선 대부분의 한국인들은 북한에 대해 한편으로 남한을 위협하는 적대국이면서 다른 한편으로 피를 나눈 형제국가이고 함께 통일을 이루어야 할 동반자라는 이중적 인식을 가지고 있다. 따라서 궁극적으로 한국이 북한지역을 영토적 경계로 포함시켜야 하는지, 또한 북한주민을 국민의 범위에 포함시킬 것인가에 대해서도 상반된 인식이 대립한다.

또한 냉전질서의 와해와 남북관계의 개선, 그리고 남북한 내부의 정치경제적 변화 등의 요인들에 따라 지난 20년 동안 북한에 대한 한국국민들의 인식과 태도가 상당한 변화를 보였다는 점도 국가정체성의 혼란을 초래한 또 다른 이유이다. 냉전시대에 한국국민들은 북한에 대해 두려움과 불신의 태도를 가지고 있었지만, 남북한의 국력격차가 커지고 남북관계가 진전되면서 북한을 화해와 통일의 동반자로 보는 우호적 태도가 증가하였다. 그러나 2002년 이후 북한이 핵무기개발을 재개할 것을 선언하고 남북관계가 뚜렷한 진전이 없는 교착국면이 이어지면서 북한에 대한 불신과 위협인식이 다시 증가하는 추세가 나타났다. 다수의 국민들이 북한이 한국에 긍정적이기보다는 부정적 영향을 미친다고 보고 있고, 북한에 대한 불신의 정도가 매우 높다.

북한문제가 한국인의 국가정체성의 혼란을 초래하는 가장 분명한 증거는 북한에 대한 인식과 태도가 뚜렷하게 분열되어 있고 북한문제가 한국사회 이념갈등의 핵심원천이 되고 있다는 점이다. 특히 최근 북한이 핵무기개발을 재개한다고 선언한 이후 북한에 대한 불신과 우려가 증가하고 대북정책을 둘러싸고 남남갈등이 증폭되고 첨예화되었다. 북한은 우리에게 동포인가 아니면 남한을 위협하는 적인가? 한국정부가 북한의 인권문제에 대해 소극적 태도를 보이는 것이 과연 올바른 태도인가? 북한에 대한 인도적 지원과 경제협력을 지속하면 북한체제가 과연 변할 수 있는가? 등의 문제에 대해 정치엘리트와 일반국민 모두 상이한 인식과 태도를 가진 집단별로 분열되어 갈등이 지속되고 있다.

통일에 대한 태도도 한국인의 국가정체성을 구성하는 중요한 요인이다. 한국인들 가운데 통일을 가장 중요한 과제로 여기는 민족주의적 태도를 가진 세력도 있지만, 분단이 60년을 넘어서고 이념과 사회조직에서 이질적인 두 국가가 통일을 이루는 것은 현실적으로 매우 어렵고 많은 경제적 부담과 혼란이 예상되기 때문에 통일에 대한 태도에서 상당한 변화가 나타났다. 대체로 최근에는 통일지상주의 태도는 감소하고 통일에 대해 신중하거나 소극적인 태도가 증가하는 추세이다. 또한 통일방식에서도 남한체제를 유지하면서 남한이 주도하는 통일을 선호하는 태도가 나타나고 있다.

이렇듯 한국국민들이 북한과 통일에 대한 태도가 지속적으로 변화했고, 최근에는 북한과 통일문제를 둘러싼 이념갈등이 증폭되는 양상을 보이기 때문에 이에 따라 국가정체성도 지속적으로 흔들릴 것으로 예상할 수 있다. 정치지도자들이 심화되는 분열과 이념갈등을 완화시키고 국가발전의 비전에 국민들의 에너지를 모으는 통합의 리더십을 발휘해서 국가정체성을 세우는 역할을 서둘러야 할 시점이다.

제 8 장

한국인의 탈물질주의

한 준 · 이재열

1. 탈물질주의와 한국사회

한 사회의 문화를 표면적으로 드러난 부분과 드러나지 않고 잠재된 부분으로 나누어 본다면 잠재된 부분의 가장 중요한 것이 바로 가치관이다. 가치관은 사람들이 살면서 자신 및 주변사람들, 그리고 사회일반에 대해 바람직하다고 여기는 것이 무엇인가에 대한 체계화된 규범적 사고방식을 뜻한다. 따라서 어떤 사회의 문화적 정체성을 파악하고자 할 때 가치관을 분석하는 것이 중요하다. 하지만 가치관은 겉으로 드러나지 않고 잠재된 것이기 때문에 그 내용을 밝히고 측정하는 것이 간단하지는 않다.

우리는 여기에서 가치관을 물질주의 대 탈물질주의로 구분하는 잉글하트의 이론적 논의 및 경험적 측정수단을 사용하여, 한국인들의 가치관이 이 둘 중에서 어느 쪽에 더 가까운가, 과거에 비해 어떻게 변화해 왔는가, 그리고 다른 사회들과 비교해서 어떠한가를 살펴보고자 한다. 가치관의 유형구분은 다양하지만 우리가 여기에서 물질주의와 탈물질주의의 구분에 주목하는 이유는 이러한 구분이 최근 한국사회의 경험과 밀접한 관련성이 있기 때문이다. 먼저 물질주의와 탈물질주의의 내용부터 살펴보자.

미국의 정치학자 잉글하트(Inglehart)는 물가, 인플레 억제와 사회의 질서유지를 강조하는 경제주의적 태도를 '물질주의'로, 언론자유 보장과 정부정책 결정에 국민의견 수렴을 우선시하는 문화주의적 태도를 '탈물질주의'로 구분하는 잣대를 개발한 바 있다(Inglehart, 1990 ; 1997). 물질주의가 '대한민국 국정운영의 화두가 주로 부국강병과 관련된 것'이어야 한다는 입장을 강조한다면, 탈물질주의는 경제보다 '참여와 인간적 가치, 환경 등 탈인습적 가치'를 강조하는 입장이다. 그리고 혼합형은 두 가지 모두에 어느 정도 긍정하는 사람들을 뜻한다.

잉글하트에 따르면 서구사회에서는 2차 세계대전 이후 안정적 경제성장과 지속적 평화유지라는 조건 속에서 교육을 많이 받은 젊은 층을 중심으로 물질적 복리나 국가안보에 비해 소속감과 존중감, 삶의 질을 중시하는 경향이 강해졌다. 잉글하트는 이러한 가치지향의 변동을 서구사회에서 전후 나타난 생태주의 환경운동, 반전 평화운동, 반핵운동 등의 신사회운동(*new social movement*)의 성장과 연결시킨다. 신사회운동에 대한 광범한 참여가 기존의 사회운동과 달리 물질적 이해관계 특히 계급적 이해관계에 기반한 것이 아니라 개인이 옳다고 믿는 탈물질주의적 가치에 이끌린 결과라는 것이다(Rochon, 1998). 잉글하트는 이러한 새로운 형태의 정치참여를 인지적 동원(*cognitive mobilization*)이라 부른다.

그러면 물질주의와 탈물질주의는 한국사회의 경험과 어떤 관련이 있을까? 우선 일반적으로 탈물질주의는 국민의 참여와 가치의 다양성을 강조한다는 점에서 민주주의 발전과 깊은 관련이 있다고 평가된다. 따라서 1980년대에서 1990년대에 걸쳐 정치적으로 권위주의로부터 민주주의로 급속한 이행을 경험한 한국사회에서 탈물질주의 가치 역시 확산되었는지는 흥미로운 질문이다. 한편 탈물질주의의 확산을 가능케 하는 조건은 앞서 살펴보았듯이 안정적 경제성장과 지속적 평화유지이다. 그런데 한국은 1990년대 후반 경제위기를 거치면서 경제성장에 제동이 걸렸을 뿐 아니라 최근의 탈냉전 분위기 속에서도 북핵위기 등을 경험했다. 따라서 경제위기와 남북대치 상황이 탈물질주의의 확산을 제약하는지 여부 또한 마찬가지로 흥미롭다. 개인적 수준에서 탈물질주의 성향을 높이는 요인 중 하나가 교육이다. 1990년대 중반 이후 급속하게 고등교육의 기회가 늘어난 한국에서 과연 교육을 많이 받은 젊은 세대가 이전 세대에 비해 탈물질주의 가치의 비중이 높은가 역시 관심을 가질 만한 문제이다.

2. 한국사회에서 탈물질주의 연구의 동향

그동안 한국사회의 탈물질주의 가치에 대한 연구는 주로 민주화와 관련시켜 이루어졌다. 그동안 여러 연구들이 있었지만 그 결과들은 서로 다르게 나타났다. 잉글하트의 측정도구를 사용한 초기연구는 길승흠, 김광웅, 안병만(1987)의 연구 및 길승흠의 후속연구(1993), 그리고 어수영(1992)의 연구 등이 있다.

길승흠(1993)의 연구는 잉글하트의 4항목 측정도구를 이용하여 1985년과 1992년의 가치관을 비교한 결과 탈물질주의 가치의 비율은 감소하고(13.6% → 5.2%) 물질주의자의 비율은 증가하였다(33.1% → 61.4%)는 것을 보임으로써 탈물질주의 가치의 확대가 민주화와 관련이 깊을 것이라는 잉글하트의 주장과 상반되는 결과를 제시하였다.

한편 어수영(1992 ; 1999 ; 2004)은 잉글하트가 주도하는 세계가치조사(*world value survey*)의 1990년, 1996년, 2001년 조사의 한국지역 조사자료를 각각 비교·분석하여, 한국사회에서 12항목으로 측정한 탈물질주의 가치가 지속적으로 존재하며(1990년 4.6%, 1995년 4.9%, 2001년 4.5%), 특히 젊은 세대에서는 탈물질주의 가치의 비율이 10% 이상이라고 보고하였다. 더 나아가 어수영은 탈물질주의가 시민적 관용성(*tolerance*)을 높이고, 비판의식을 부추겨 사람 및 제도에 대한 신뢰(*trust*)를 낮추며, 저항적 정치참여 성향을 증가시킨다는 것을 보여주었다.

마인섭·장 훈·김재한(1997)은 탈물질주의가 한국사회의 균열구조(*cleavage structure*)의 변화와 깊은 관련을 갖는다는 가설을 검증하였지만 이들이 사용한 측정도구 및 자료는 잉글하트가 사용한 것과 다르기 때문에 다른 연구의 결과들과 비교하기 어렵다.

사회학 분야에서도 탈물질주의에 대한 관심과 연구는 정치사회학 분야에서 폭넓게 이루어졌다. 정철희(1997)는 세계가치조사의 1995년도 한국 조사자료에서 탈물질주의를 4항목 및 12항목으로 측정한 결과 한국사회에서 탈물질주의가 사회민주화를 증진시킨다는 가설을 저항적 정치참여의 경험 및 자원적 결사체 참여를 통해 검증했다. 그 결과 탈물질주의가 두 측면에서 모두 민주화에 긍정적 기여를 한다는 것을 밝혔다. 하지만 그의 연구에서 4항목으로 측정한 결과의 탈물질주의 비율이 23.1%로 물질주의 비율인 18.4%보다 높게 나온 것은 다른 연구들과 어긋나는 결과이다. 12항목을 이용하여 측정한 결과 6.1%의 탈물질주의 비율을 얻은 것 또한 같은 자료를 동일한 방법으로 분석하여 4.9%의 탈물질주의 비율을 얻은 어수영(1999)의 연구와 일치하지 않는다.

송호근(2003)은 탈물질주의를 민주화가 아닌 세대간의 단절 및 갈등과 관련시켜 논의하였다. 젊은 세대에 탈물질주의 비율이 높은 반면 기성세대에서 낮게 나타나기 때문에 세대간에 가치관의 차이가 존재하고 이것이 세대간의 균열과 갈등을 가져올 수 있다는 것이다.

한국사회에서 탈물질주의에 대한 연구동향을 살펴보면 다음과 같은 문제점을 발견할 수 있다. 첫째, 연구들마다 물질주의와 탈물질주의의 분포를 서로 다르게 보고하고 있을 뿐 아니라 경우에 따라서는 변화의 방향에 대해서도 다른 결과를 제시한다. 물론 연구마다 자료나 측정도구가 서로 다르다면 결과의 상이함이 문제가 되지 않을 것이다. 하지만 앞서 검토한 연구들 중에는 동일한 자료를 이용한 경우도 있으며, 또한 탈물질주의 측정은 표준화된 절차를 따른다. 따라서 이러한 결과의 상이성은 문제가 되지 않을 수 없다.

둘째, 대부분의 연구들이 한국사회에만 국한되어 비교적 시각이 결여되어 있으며 또한 어수영의 연구를 제외하면 대개의 연구들이 횡단면적 분석에 그친다. 서구에서 탈물질주의에 대한 논의가 사회의 가치관변화에 대한 관심에서 출발하였으며 또한 처음부터 비교분석을 염두에 두고 측정과 자료수집이 이루어졌다는 점에 비추어볼 때 이러한 제약은 문제가 아닐 수 없다. 대부분의 기존연구들이 한국사회에서 측정된 탈물질주의의 비율만을 갖고 높낮이를 논하기 때문에 객관적 판단의 근거가 부족하다.

우리는 탈물질주의 연구가 직면한 이러한 문제를 해결하기 위해 세계가치조사 및 국내에서 수행된 여러 사회조사자료 중에서 탈물질주의 문항을 포함한 자료를 비교하여 국제 비교연구 및 종단적 추세의 분석을 시도한다. 아울러 시기별, 세대별 탈물질주의의 비교를 통해 일종의 코호트 비교를 하고자 한다. 이러한 복합적 연구설계를 통해서 체계적 비교와 변화추세의 객관적 검토가 가능할 것이다. 이러한 연구설계와 함께 해결되어야 할 문제가 엄밀한 측정방법을 모든 자료에 대해서 동일하게 적용하는 것이다.

3. 탈물질주의의 측정방법

탈물질주의 가치는 앞서 설명한 바와 같이 12항목 혹은 4항목에 의해 측정된다. 이것은 잉글하트가 개발하였으며 유로바로미터조사(*Eurobarometer survey*) 및 세계가치조사(*world value survey*)에서 반복적으로 사용된 측정도구들이다. 두 가지 중에서 먼저 개발된 것은 4항목 측정

〈표 8-1〉 가치관척도의 구성요소

	물질주의적 목표	탈물질주의적 목표
가	▪높은 경제성장 유지 ▪방위력증강	▪직장과 사회에서 개인발언권 확대 ▪환경개선
나	▪사회의 질서유지 ▪물가, 인플레 억제	▪정부 정책결정에 국민의견 수렴 ▪언론자유보장
다	▪경제안정 ▪각종범죄소탕	▪좀더 인간적인 사회로의 발전 ▪돈보다 아이디어가 중시되는 사회

방법으로 두 개를 선택할 수 있는 하나의 질문만 이용하기 때문에 설문지의 제약이 있는 경우에도 사용하기 편리해서 국제 비교연구에 많이 이용되었다.

4항목으로 가치유형을 분류할 경우에는 〈표 8-1〉 중에서 '나' 문항군만을 이용한다. 응답자에게 '다음의 국가목표 가운데 장기적으로 볼 때 가장 중요한 것과 두 번째로 중요한 것을 하나씩 선택하시오'라고 요구하고, 응답자가 가장 중요한 것과 두 번째로 중요한 것을 모두 탈물질주의에 해당하는 항목을 선택한 경우는 탈물질주의자로 분류되며, 가장 중요한 것과 두 번째로 중요한 것 모두를 물질주의 항목에서 선택한 사람은 물질주의자로 분류된다. 한편, 혼합형은 가장 중요한 것과 두 번째로 중요한 것 중의 하나를 물질적인 것, 다른 하나를 탈물질주의적인 것으로 선택한 경우이다.

12항목에 의한 측정법은 〈표 8-1〉의 '나' 이외에 '가'와 '다' 질문을 추가로 이용한다. 역시 응답자에게 '다음의 국가목표 중 장기적으로 볼 때 가장 중요한 것과 두 번째로 중요한 것을 하나씩 선택하시오'라고 요구하고 가, 나, 다로 된 문항군에서 각각 가장 중요한 것과 두 번째로 중요한 것을 고르도록 한다.

그리고 나서 탈물질주의 혹은 물질주의에 해당하는 항목을 얼마나 선택했는가에 따라 분류하는데, 척도의 신뢰성 검증결과 탈물질주의 가치에 해당하는 2항목들 가운데 '가'항 질문의 선택지 중 '환경개선'의 경우 다른 선택지들과 함께 어울리지 못해서 탈락되고 나머지 5개의 항목이 탈물질주의를 대표하는 항목이 되었다. 따라서 이들 5개 항목을 모두 선택하는 경우에는 탈물질주의자로, 반대로 5개 항목 가운데 하나도 선택하지 않는 경우에는 물질주의자로 분류가 된다. 한편 탈물질주의와 물질주의를 섞어서 선택한 경우에는 혼합형이 된다.

위에서 살펴본 선행연구들 중에서 정철희(1997)의 연구에서는 4항목과 12항목을 모두 사용하였는데, 4항목의 경우 '나' 항목 대신에 '가' 항목을 이용하여 측정하였다. 이러한 측정방법의 차이가 아마도 분석결과 4항목으로 측정된 탈물질주의 가치가 물질주의 가치보다 우세하게 나온 원인이 아닐까 싶다. 12항목을 이용한 측정에서도 정철희(1997)와 어수영(1992 ; 1999 ; 2004) 모두 6개의 탈물질주의 항목 가운데 5개 이상을 선택한 경우 탈물질주의로, 역시 6개의 물질주의 항목들 가운데 5개 이상을 선택한 경우 물질주의로 분류한다. 이것은 앞에서 설명한 잉글하트의 측정방법과 다르며, 탈물질주의 및 물질주의 비율을 모두 높게 만드는 결과를 낳는다.

4. 자료 및 분석방법

이 연구에서는 2005년 10월 동아시아연구원과 중앙일보가 공동으로 실시한 "한국인의 정체성에 대한 여론조사" 자료를 주로 이용하여 분석한다. 국제비교 및 시계열적 비교를 위해 1981년, 1990년, 1996년 및 2001년도 세계가치조사 자료를 이용하며, 보다 최근의 추세를 파악하기 위해 1998년 이후 서울대학교 사회발전연구소에서 실시한 여러 사회조사에 포함된 탈물질주의 질문들에 대한 응답을 이용한다.

탈물질주의 측정방법으로는 4항목에 의존하는 방법을 사용하였다. 국제비교에 이용할 자료에 포함된 나라들은 4항목 측정을 사용하는 경우가 많아서 국제비교에는 4항목으로 측정된 탈물질주의 가치를 이용해야 할 뿐 아니라, 한국사회의 종단적 비교 역시 세계가치조사의 1981년 자료는 4항목으로 측정되었기 때문에 측정의 일관성을 기하기 위해서는 4항목으로 측정하는 것이 바람직하다고 판단했기 때문이다. 또한 12항목으로 측정한 결과 탈물질주의와 물질주의 비율이 너무 낮게 나와서 유의미한 비교를 하기 어렵기도 했다. 분석방법은 주로 단순 빈도분석과 교차분류를 통한 세대별 빈도의 비교를 이용하였다.

5. 분석결과

이 척도를 이용해 분석해 본 결과, 2005년도 "한국인의 정체성에 대한 여론조사" 자료에서는 응답자의 36.7%가 물질주의자로, 5.8%가 탈물질주의자로, 그리고 나머지 57.5%가 혼합형으로 분류되었다.

2000년도 세계가치조사의 자료를 이용하여 국제비교를 해보면(〈그림 8-1〉 참조), 비교대상이 된 국가들 중 중국 다음으로 한국인의 물질주의자 비율이 높다. 중국의 물질주의자 비율이 49.2%인 데 비해 한국의 물질주의자 비율은 36.7%였다. 물질주의자 비율은 중국, 한국, 독일, 일본, 미국, 스웨덴 순으로 낮아지는데, 독일의 물질주의자 비율이 높은 이유는 통일 후 물질주의적 가치관이 강한 동독주민들이 대거 표본에 포함되었기 때문이다.

한편, 미국이나 스웨덴 등의 일부 유럽국가들에서는 전국민의 20%이상이 탈물질주의자로 분류되곤 하는데, 이들은 환경보호와 언론자유, 그리고 소수자의 인권보호 등에 매우 민감한 태도를 가지며, 이들을 지

〈그림 8-1〉 탈물질주의 및 물질주의 가치관의 유형별 분포의 국제비교*

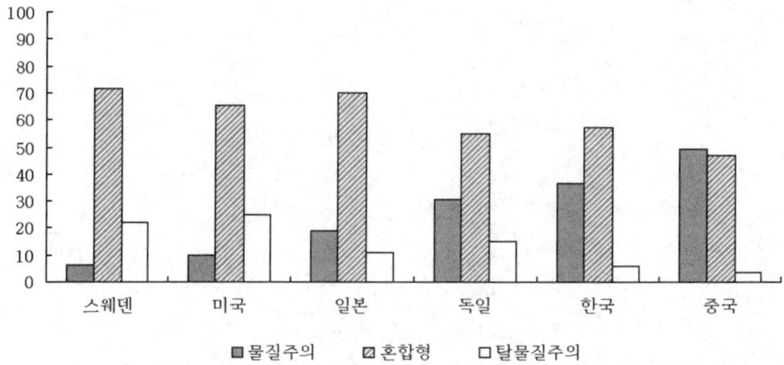

* 외국자료는 1999~2000년 세계가치조사 자료임.

지기반으로 녹색당과 같은 새로운 사회운동단체나 정당이 깊게 뿌리내리고 있다. 독일의 탈물질주의자 비율이 14.8%로 다른 구미사회에 비해 낮은 것은 앞서 살펴본 바와 같이 통일 이후 동독주민들과 섞인 결과이다. 아시아 국가들 중에서는 일본이 10%가 넘는 탈물질주의자의 비율을 보이고, 한국과 중국은 각기 5.78%와 3.7%로 낮은 수준을 보인다.

〈그림 8-2〉는 1980년에서 2000년 사이 여러 나라들의 탈물질주의 및 물질주의 비율의 변화과정을 보여준다. 1995년까지 탈물질주의의 증가와 물질주의의 감소라는 측면에서 가장 주목할 변화를 경험한 독일이 통일 이후 후퇴하는 것을 볼 수 있다. 일본과 미국의 경우를 보면 탈물질주의의 증가는 두드러지지 않는 반면 물질주의의 감소경향을 잘 볼 수 있다. 일본은 1980년에서 1990년 사이, 1995년에서 2000년 사이에는 물질주의가 감소하는 반면, 1990년에서 1995년 사이에는 전혀 변화를 보이지 않았던 것으로 나타났다.

그에 비해 한국은 1981년에서 1990년 사이에는 탈물질주의와 물질주의가 모두 증가해 두 성향의 양극화경향을 보이고, 1990년에서 1996년 사

〈그림 8-2〉 탈물질주의와 물질주의의 변화에 대한 국제비교

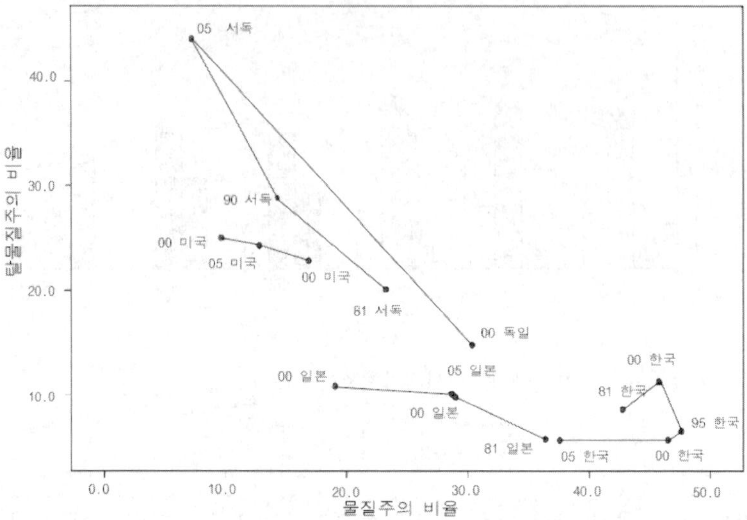

이에는 탈물질주의의 감소와 물질주의의 증가경향을 보인다. 결과적으로 1981년에서 1996년 사이에 탈물질주의는 감소하고 물질주의는 증가함으로써 앞서 길승흠(1993)의 연구에서 1985년과 1992년을 비교한 결과와 유사한 경향을 보인다. 한편 1995년과 2000년 사이에는 탈물질주의와 물질주의 모두 조금씩 감소하는 경향을 보인다. 마지막으로 2000년과 2005년 사이 한국에서 탈물질주의는 증가하지 않지만 물질주의가 감소해서 1981년 일본과 유사한 위치에 놓이게 되었다.

이러한 변화과정의 국제비교를 통해 볼 때 한국은 탈물질주의의 증가와 물질주의의 감소가 나타난다는 정철희(1997)와 어수영(1992 ; 1999 ; 2004)의 연구결과가 다소 낙관적 방향으로 과장된 것이라는 것을 알 수 있다. 오히려 자료에 나타난 것만을 중심으로 볼 때 한국에서 탈물질주의의 증가와 물질주의의 감소는 이제 시작단계에 있다고 보는 것이 옳을 것이다.

〈그림 8-3〉 한국에서 탈물질주의와 물질주의의 비율변화: 1981~2005

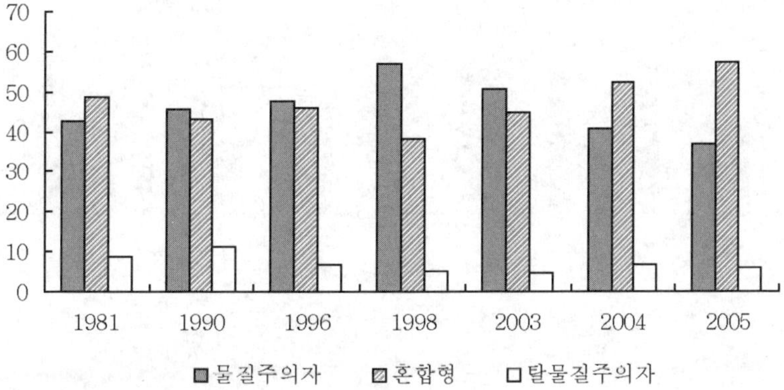

1981, 1990, 1996년 자료는 세계가치조사.
1998, 2003, 2004년 자료는 서울대 사회발전연구소 국민의식조사.

〈그림 8-3〉은 한국인들의 탈물질주의와 물질주의의 변화경향을 보다 상세하게 보여준다. 현재 물질주의자의 비중이 여전히 높지만, 장기적으로는 감소세를 보인다. 지난 25년간 물질주의자의 비중은 외환위기를 겪은 직후인 1998년에 57%로 최고에 달했다가 서서히 낮아지고 있다. 한편 탈물질주의의 비중은 여전히 6% 수준에서 고정되어 가까운 미래에 서구의 녹색당과 같은 신종 정당이 출현할 수 있는 기반은 아직 마련되지 않았다고 볼 수 있다.

〈그림 8-4〉는 1990년에서 2005년까지 탈물질주의와 물질주의의 비율이 세대별로 변화하는 모습을 보여준다. 1990년에서 2000년까지는 세계가치조사 자료를 이용하였고, 2005년은 "한국인의 정체성에 대한 여론조사" 자료를 분석하였다. 이 그림에서 두드러지게 나타나는 것은 1990년과 1996년에는 세대별로 탈물질주의와 물질주의 비율의 차이가 뚜렷하게 나타나는 반면, 2000년과 2005년에는 이러한 차이가 줄어들고 특히 2005년에는 세대별로 거의 차이를 보이지 않는다는 사실이다.

〈그림 8-4〉 연도별 · 세대별 탈물질주의와 물질주의 비율의 변화과정

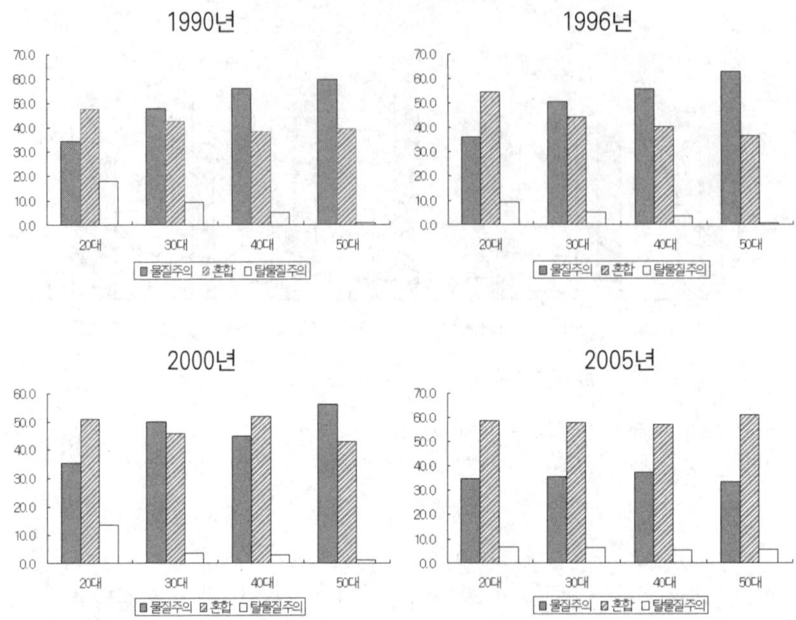

이것은 어수영(1992 ; 1999 ; 2004)의 연구결과에서 나타난 가치변화의 주된 동력으로서 세대효과(*generational effect*)가 1990년대에는 강하게 나타나지만 2000년대에는 약화된다는 것을 의미한다. 실제 이른바 386세대에 해당하는 1990년 당시의 20대 및 30대는 2000년에 오면 많은 변화를 보인다. 1990년 당시의 20대는 2000년에 30대가 되면서 탈물질주의 감소 및 물질주의 증가가 모두 나타나고, 1990년 당시의 30대는 2000년에 40대가 되면서 물질주의가 감소하지만 탈물질주의는 더욱 현격히 감소하기 때문이다.

그렇다고 해서 세대효과의 대안가설이라고 할 수 있는 생애과정효과(*life-cycle effect*) 혹은 연령효과, 요컨대 나이를 먹으면서 변화해 간다는 가설이 대안으로 유력해 보이지도 않는다. 오히려 군이 대안을 찾는다

면 시대효과(*period effect*)를 생각해볼 수 있다. 최근으로 올수록 세대간의 가치관의 격차가 줄어든다는 것은 만약 가치관의 변화가 있다면 다양한 세대에서 유사하게 나타날 가능성이 높아진다는 것을 의미한다. 그럴 경우 변화를 이끌어가는 것은 특정세대의 특유한 경험이나 특정 생애주기의 단계별로 나타나는 특성보다는 여러 세대가 동시에 경험하는 시대적 특성이 될 것이다. 물론 이것은 아직 가설적 생각이며 추후에 보다 체계적 연구를 통해서 밝혀져야 할 부분이다.

물질주의의 비중이 여전히 높다는 것은 경제문제가 아직도 많은 사람들의 관심을 끄는 핵심 관심사항이라는 것을 의미한다. "한국인의 정체성에 대한 여론조사" 자료에서 탈물질주의 관련질문들 중에서 '경제안정과 범죄소탕'을 인간적 사회나 창의성보다 중요한 국가목표라고 우선적으로 고른 비율은 87%로서 최고수준을 지키고 있으며, 환경개선이나 개인발언권 확대보다 '높은 경제성장과 방위력증강'을 선택한 비율은 82%였으며, 언론자유나 국민참여보다 '물가, 인플레억제와 사회질서유지'를 선택한 비율도 72.8%로 압도적이었다. 이처럼 개별질문에 대한 응답분포로 보더라도 한국인의 대다수는 여전히 '문화적 가치'와 생활정치가 주는 매력보다는 '부국강병'을 원하는 현실주의자들인 셈이다.

6. 맺음말

우리는 이 글을 시작하면서 한국사회에서 진행해온 그동안의 탈물질주의 관련연구들이 대부분 방법론적으로 표준화된 측정방법을 엄밀하게 따르지 않은 결과로 일관된 비교가 어렵고 또한 탈물질주의 비중의 추정에 과장의 여지가 많다는 점을 지적하였다. 그리고 그동안 연구에서 결여되었던 국제적 비교 및 종단적 추세의 분석결과를 볼 때 한국사회에서 탈물질주의는 기존연구에서 주장했던 바와 달리 그다지 널리 확대되지 못하였다는 것을 밝혔다. 이러한 분석결과는 기존연구들이 한국사회의 탈물질주의화 경향을 부각시키면서 암묵적으로 전제하였던 한국사회의 민주화와 가치변동의 긴밀한 관계에 대해서 새롭게 볼 필요를 제기한다.

한국사회의 정치적 민주화가 빠르게 진행된 1980년대에 탈물질주의와 물질주의가 모두 증가했다는 것은 중간적 혼합형이 줄어들고 가치관이 양극화되었을 가능성을 제기한다. 또한 1990년대에 걸쳐 탈물질주의가 감소하고 물질주의가 증가한 것은 민주화과정이 물질주의화와 동시에 진행되었음을 의미한다. 또한 이러한 결과는 민주주의의 제3의 물결 이후 민주화를 탈물질주의의 확대와 연결시키는 많은 연구들의 관점이 사태를 너무 단순하게 보는 것일 수 있다는 가능성을 제기한다.

1990년대의 물질주의화는 한국의 전통적 가치관이 세계화(*globalization*) 과정에서 약화되고 서구의 근대적 가치관의 핵심인 물질주의적 가치가 부각된 것으로 볼 수도 있다. 다른 한편에서는 1980년대 권위주의에 대항하는 민주화운동의 밑바탕이었던 이상주의적 세계관이 사회주의의 몰락을 거치면서 보다 현실주의적 방향으로 바뀌었다고 볼 수도 있다. 사회주의로부터 시장경제로 빠르게 전환한 중국에서 물질주의가 급격히 증가한 것이나 독일통일 이후 탈물질주의가 30%포인트 가까이 줄어들고 물질주의가 20%포인트 넘게 증가한 것 역시 비슷한 맥락에서 볼 수 있을 것이다.

물질주의화와 함께 진행되는 민주화과정에서 시민사회는 다양한 이해관계의 충돌이 불가피할 것이다. 민주화가 반드시 탈물질주의적 가치를 전제로 하지 않을 뿐더러 탈물질주의의 확대가 민주화의 필요조건도 아닐 것이다. 하지만 물질주의 비중이 높다는 것은 사람들의 다양한(계급적, 지역적) 이해관계에 입각한 균열구조가 정치적으로 여전히 중요한 역할을 한다는 것을 의미하며 결과적으로 이러한 균열구조에 기반을 두고 다양한 참여와 갈등이 발생할 수밖에 없다.

2000년대 들어 탈물질주의 비율은 정체하지만 물질주의의 비율은 지속적으로 감소하는 것 역시 주목할 현상이다. 1990년대 후반의 경제위기 이후 한국의 경제사정이 급속히 호전되지 못하는 상황이 탈물질주의의 확대를 제약하는 요인으로 작용할지도 모른다. 하지만 1990년대 중반 이후 고등교육 참여율의 급속한 증가는 탈물질주의 확산의 바탕을 마련했다고 볼 수도 있다. 만약 경제사정이 호전된다면 고등교육을 받은 젊은 층을 위주로 해서 탈물질주의가 더욱 확대될 잠재적 가능성은 여전히 높다고 볼 수 있다.

부록

1. 동아시아연구원(EAI) 시민정치패널 활동소개

2. 동아시아연구원(EAI)·중앙일보
"한국인의 국가정체성 조사" 개요

3. 질문지

부록 1
동아시아연구원(EAI) 시민정치패널 활동소개

동아시아연구원(원장: 김병국 고려대 교수)은 2002년 출범 이래 국가적 차원의 21세기 한국의 새로운 안보·경제외교 전략을 제시하고 이를 뒷받침하는 국내 거버넌스 전략을 마련한다는 일관된 목표하에서 활동해왔다. 민주화 이후 국가의 핵심전략을 마련하는 데 있어 여론은 이제 주요 전략적 고려사항의 하나로 자리 잡았다. 이제 여론에 대한 이해 없이 미래의 국내외 정치환경을 정확하게 예측하거나 특정정책에 대한 국민적 합의를 마련할 방안을 마련하는 것은 불가능해진 것이다. 동아시아연구원은 출범 초기부터 여론연구를 담당하는 여론분석센터(소장: 이내영 고려대 교수)를 신설하여 여론연구를 왕성하게 진행해왔다.

동아시아연구원 여론분석센터는 인적·물적 자원을 효율적으로 활용하고 연구결과의 질을 높이기 위해 여론조사 프로젝트별로 각 분야 국내최고 전문가들로 태스크포스를 구성하여 조사와 분석을 진행해왔다. 전문가의 안목을 통해 도출된 연구결과들은 기존의 여론조사들과 차별화에 성공함으로써 각계의 주목을 받고 있다. 2005년도부터는 한발 더 나아가 보다 체계적이고 안정적인 여론연구를 진행해나가기 위해 동아시아연구원의 활동취지에 동감하면서 한국 여론연구 분야의 전문가들로 구성된 상설적인 여론연구전문가 패널팀을 구성했다. 국내 거버넌스 전략과 연계된 여론연구를 담당하는 전문가 패널이 바로 시민정치패널(위원장: 강원택 숭실대 교수)이다.

시민정치패널은 년 3~4회 기획여론조사를 실시한다. 시민정치패널은 사전 질문지 작성부터 조사 후 분석과정에 이르기까지 모든 활동을 몇몇 구성원이 주도하는 방식보다는 전체 참여위원들의 문제의식과 연구역량을 집단적 토론을 통해 집약시키는 방식으로 운영해왔다. 또한 상설화된 시민정치패널은 일관된 문제의식하에서 프로젝트간 사업의 연속성을 보장함으로써 연구의 질적 수준과 완성도를 높여올 수 있었다.

동아시아연구원 시민정치패널 연구 목록

2005년

- 한국 거버넌스 구조연구Ⅰ:
  파워기관 신뢰 · 영향력 여론조사(5월)
- 권력구조 재편 및 정개개편안 여론조사(7월)
- 한국인의 국가정체성 조사(9월)

2006년

- 정책태도와 정당정체성 조사(5월)
- 5 · 31 지방선거패널조사(4~6월)
- 한국 거버넌스 구조연구Ⅱ: 파워기관 신뢰 · 영향력 조사(7월)

시민정치패널이 짧은 역사에도 불구하고 이렇듯 많은 성과를 가져올 수 있었던 비결은 무엇보다 한국 최고의 여론연구전문가들이 머리를 맞대어 여론변화의 근본원인을 설명하고 변화방향을 예측하기 위해 치열하게 논의한 결과를 토대로 차별화된 여론분석결과를 제시하고 있다는 점에서 찾을 수 있다. 이제 동아시아연구원의 여론연구는 단기적인 여론의 변화를 해석하는 수준을 넘어 여론을 변화시키는 근본요인이 무엇인지 이론적으로 설명하고 여론변화의 방향을 과학적으로 예측하는 단계로 나아가고 있다.

또한 시민정치패널의 성공은 여론분석의 목적을 순수 학문적 차원으로 한정짓지 않고 현실의 정책적 문제들과 밀접히 연관시켜 사회와 끊임없이 소통하고자 하는 실사구시의 결과라고 할 수 있다. 시민정치패널의 모든 연구결과는 EARS 여론연구 보고서의 형태로 정책결정집단에 제공되어왔고, 공동 기획기관인 중앙일보의 보도를 통해 많은 국민들에게 동아시아연구원의 차별화된 분석결과를 알려 나갈 수 있었다. 또한 중요한 이론적·정책적 과제에 대한 심층연구 결과는 단행본의 형태로 발표해나갈 것이다.

이 책은 제3차 "한국인의 국가정체성" 여론조사 자료를 토대로 시민정치패널 위원들이 '국가정체성'과 관련된 다양한 주제들을 연구한 성과들을 집약한 첫 결과물이다. 동아시아연구원 시민정치패널은 제2, 제3의 단행본 발간을 통해 한국사회의 질적 성장과 민주적 발전을 선도해나갈 새로운 아젠다를 개발하고 구체적 정책대안의 아이디어를 꾸준히 제시해나갈 것임을 분명히 밝혀둔다.

동아시아연구원 시민정치패널 위원 명단(가나다 순)

■ 위원장

강원택(숭실대 교수)

■ 위원

김민전(경희대 교양학부 교수)
김병국(동아시아연구원 원장, 고려대 교수)
김장수(고려대 평화연구소 연구교수)
김태현(동아시아연구원 외교안보센터 소장, 중앙대 교수)
서현진(성신여대 교수)
이내영(동아시아연구원 여론분석센터 소장, 고려대 교수)
이재열(서울대 사회발전연구소 소장, 서울대 교수)

이현우(서강대 교수)
임성학(서울시립대 교수)
정원칠(동아시아연구원 분권화센터 선임연구원)
정한울(동아시아연구원 여론분석센터 선임연구원)
한　준(연세대 교수)

부록 2
동아시아연구원(EAI) · 중앙일보 "한국인의 국가정체성 조사" 개요

광복 60주년을 맞이한 대한민국은 여전히 격동의 순간을 벗어나지는 못하고 있다. 남북분단과 가난으로부터 시작한 대한민국의 역사는 2005년 현재 세계 10위의 무역대국이자 성공적인 민주화의 신화를 이룬 중진국가로 발전했다. 그러나 밝은 면 뒤에는 어두운 면도 존재한다. 냉전 이후에도 여전히 남과 북은 갈라져 있고, 내부적으로는 지역·세대·이념으로 쪼개져 미래를 향해 나아가는 대한민국의 발걸음을 무겁게 하고 있다.

이러한 양면의 역사는 국민들의 정체성에도 명과 암을 가져온 것으로 보인다. 한편으로는 '대한민국'의 구호와 '태극기'의 물결로 세계 속의 한국에 대한 큰 자부심이 과거 그 어느 때보다 고양된 것으로 보인다. 동시에 '진보와 보수', '친미'와 '반미', '여'와 '야'라는 소아(小我)에 갇혀 있는 답답함이 서로 갈등하고 있다. 현재 국민들이 겪고 있는 정체성의 혼란이 새로운 정체성으로의 통합을 가져오는 긍정적 요인으로 작용할지 아니면 국민정체성의 분열과 상실로 귀결될지 그 귀추가 주목되는 시점이다.

동아시아연구원(EAI) 시민정치패널(위원장: 강원택 숭실대 교수)과 중앙일보는 국민들이 생각하는 "한국인은 누구이며 이들에게 대한민국은 무엇인가"라는 질문을 중심으로 '대한민국'의 '과거'와 '현재'에 진단을 살펴보고 '미래에 대한 비전'을 모색한다는 취지로 "한국인의 정체성 여론조사"를 기획하게 되었다. 한국리서치가 공동파트너로서 실제 여론조사를 담당하였다. 8월 31일부터 9월 16일까지 개별면접을 통해 실시된 이번 여론조사는 지역별, 성별, 연령별 인구비례에 따른 할당추출법을 통해 전국의 성인남녀 1,038명을 대상으로 실시되었고 표집오차는 95% 신뢰수준에 ±3.0%다. 그 결과는 중앙일보 2005년 10월 13일과 14일 이틀 동안 게재되었다.

1. 모집단: 전국 20세 이상의 성인남녀
2. 조사지역: 제주도를 포함한 전국
3. 조사방법: 개별면접조사(Face-to-Face Interview)
4. 조사표본: 1,038명
5. 표본추출방법: 2004년 12월 31일 주민등록 인구현황에 근거하여 지역별·성병·연령별 비율에 따라 표본을 할당한 후, 조사지역을 광역자치단체별·시군구별·읍면동별 층화추출을 통해 선정하고, 해당지역에서 적정대상자를 무작위 추출함
6. 표집오차: 95% 신뢰수준에서 조사표본 1,038명의 최대허용 표집오차는 ±3.0%
7. 조사기간: 2005년 8월 31일~9월 16일
8. 조사기관: 한국리서치
9. 공동기획: 동아시아연구원(EAI) · 중앙일보
10. 후원: 현대그룹

부록 3
질문지

ID | | | |

안녕하십니까?

저는 여론조사 전문회사인 한국리서치의 면접원 ooo입니다.

저희는 광복60주년을 맞이하여 동아시아연구원과 중앙일보가 공동으로 주관하는 한국인의 정체성에 대한 조사를 실시하고 있습니다.

이 조사의 내용은 통계목적 이외에는 절대로 사용될 수 없으며 그 비밀이 보호되도록 통계법(제13조 및 제14조)에 규정되어 있습니다. 앞으로 제가 여쭤볼 질문에는 맞고 틀리는 답이 있는 것은 아닙니다.

귀하께서 대답해 주신 내용은 다른 여러 사람들의 의견과 함께 '무엇이 몇%'하는 식으로 집계될 뿐이며 귀하 에 대한 정보는 절대로 노출되지 않습니다.

귀하의 생각이나 의견을 솔직하게 말씀해주시면 고맙겠습니다.

▣ 연락처: (주) 한국리서치 여론조사부
(Tel: 02-3014-0082 / Fax: 02-3014-0775)

응답자이름			
응답자 연락처	① 집 전화번호 : - - ② 핸드폰번호: - -		
응답자 거주지역	① 서울 ② 부산 ③ 대구 ④ 인천 ⑤ 광주 ⑥ 대전 ⑦ 울산 ⑧ 경기 ⑨ 강원 ⑩ 충북 ⑪ 충남 ⑫ 전북 ⑬ 전남 ⑭ 경북 ⑮ 경남 ⑯ 제주		
응답자 주 소	______시/도 ______구/시/군 ______동/읍/면 ______		
거주지 구 분	① 대도시(7대도시) ② 중소도시 ③ 읍·면		
면접일시	월 일 시 분	면접시간	분동안
면접원성명		면접원 코드	
검증결과			

문 1. 귀하께서는 노무현 대통령이 대통령으로서의 일을 잘하고 있다고 생각하십니까? 혹은 잘못하고 있다고 생각하십니까?

① 매우 잘하고 있다
② 대체로 잘하고 있다
③ 별로 잘하고 있지 못하다
④ 매우 잘못하고 있다
⑨ 모름/무응답

문 2. 귀하께서는 현 정부가 다음 각각의 분야에 미친 영향에 대해 어떻게 평가하십니까?

매우 긍정적인 영향을 미쳤다	대체로 긍정적인 영향을 미쳤다	대체로 부정적인 영향을 미쳤다	매우 부정적인 영향을 미쳤다	모름/무응답
①	②	③	④	⑨

1) 정치발전------------------------①-----②-----③-----④-----⑨
2) 경제성장------------------------①-----②-----③-----④-----⑨
3) 남북화해------------------------①-----②-----③-----④-----⑨

문 3. 귀하는 어느 정당을 지지하십니까?

① 열린우리당 ② 한나라당 ③ 민주노동당 ④ 민주당
⑤ 자민련 ⑥ 지지하는 정당이 없다 ⑨ 모름 / 무응답

귀하의 평소 생각과 가장 가깝다고 보시는 것을 말씀해 주세요

문 4. 귀하가 속한 다음의 조직이나 집단에 얼마나 가깝게 혹은 가깝지 않게 느끼십니까?

매우 가깝다	대체로 가깝다	별로 가깝지않다	전혀 가깝지 않다	모름/ 무응답
①	②	③	④	⑨

1) 읍/면/동--------------------①----②----③----④----⑨
2) 시/군/구민------------------①----②----③----④----⑨
3) 광역시/도민-----------------①----②----③----④----⑨
4) 대한민국 국민-------------- ①----②----③----④----⑨
5) 한민족----------------------①----②----③----④----⑨
6) 아시아인--------------------①----②----③----④----⑨
7) 세계인----------------------①----②----③----④----⑨

문 5. 소속 집단에 얼마나 적극적으로 또는 소극적으로 참여하고 계십니까?

매우 적극적 이다	대체로 적극적 이다	보통이다	대체로 소극적 이다	매우 소극적 이다	소속된 단체가 없다	모름/ 무응답
①	②	③	④	⑤	⑥	⑨

1) 종친회------------------------ ①---②---③---④---⑤---⑥---⑨
2) 향우회------------------------ ①---②---③---④---⑤---⑥---⑨
3) 초등학교 동창회---------- ①---②---③---④---⑤---⑥---⑨
4) 중학교 동창회------------- ①---②---③---④---⑤---⑥---⑨
5) 고등학교 동창회---------- ①---②---③---④---⑤---⑥---⑨
6) 대학교 동창회------------- ①---②---③---④---⑤---⑥---⑨
7) 취미/문화모임------------- ①---②---③---④---⑤---⑥---⑨
8) 연구/학술모임------------- ①---②---③---④---⑤---⑥---⑨
9) 계와 같은 상부상조 모임 ①---②---③---④---⑤---⑥---⑨

10) 정당이나 정치단체------- ①---②---③---④---⑤---⑥---⑨
11) 시민단체------------------- ①---②---③---④---⑤---⑥---⑨
12) 이익단체나 직능단체---- ①---②---③---④---⑤---⑥---⑨
13) 자선/봉사모임------------ ①---②---③---④---⑤---⑥---⑨
14) 인터넷 동호회------------ ①---②---③---④---⑤---⑥---⑨
15) 반상회와 같은 이웃모임 ①---②---③---④---⑤---⑥---⑨
16) 종교모임------------------- ①---②---③---④---⑤---⑥---⑨

문 6. 귀하께서는 외국에 살고 있는 다음 동포에 대해 얼마나 가깝게 느끼십니까?(일부 생략) 보기 중에서 하나를 골라 주십시오.

완전히 남이다	남에 가깝다	대한민국 국민에 가깝다	대한민국 국민이다	모름/무응답
①	②	③	④	⑨

① 미국에 살고 있는 동포---------------①----②----③----④----⑨
② 일본에 살고 있는 동포---------------①----②----③----④----⑨
③ 중국에 살고 있는 조선족------------①----②----③----④----⑨
④ 러시아에 살고 있는 고려인---------①----②----③----④----⑨
⑤ 북한동포--------------------------------①----②----③----④----⑨

문 7. 귀하께서는 한민족의 역사에 대해 어떻게 생각하십니까?
① 매우 자랑스럽게 생각한다 ② 자랑스럽게 생각하는 편이다
③ 자랑스럽지도 부끄럽지도 않다 ④ 부끄럽게 생각하는 편이다
⑤ 매우 부끄럽게 생각한다 ⑨ 모름/무응답

문 8. 5,000년 우리 역사 중에서 가장 자랑스러워하는 나라는 어느 나라인지 다음 보기 중에서 말씀해 주십시오.
① 고조선 ② 고구려 ③ 백제 ④ 신라

⑤ 통일신라 ⑥ 고려 ⑦ 조선 ⑧ 대한민국
⑨ 모름 / 무응답

문 9. 우리나라의 역사적 인물 중 개인적으로 존경하는 사람은 누구입니까? 한 명만 말씀해 주십시오.

____

⑨⑨⑧ 없다 ⑨⑨⑨ 잘 모르겠다

문 10. 지난 역사에서 우리나라에 가장 큰 시련을 준 사건이 무엇이라고 생각합니까? 한 가지만 말씀해 주십시오.

____

⑨⑨⑧ 없다 ⑨⑨⑨ 잘 모르겠다

문 11. 한민족 하면 가장 먼저 떠오르는 것은 무엇입니까?
① 단군 ② 백의민족 ③ 태극기 ④ 애국가 ⑤ 무궁화
⑥ 한글 ⑦ 단일민족 ⑧ 기타:______ ⑨ 모름/무응답

문 12. 진정한 한국인이 되기 위해서는 다음 사항들이 중요하다고 말하는 사람도 있고, 중요하지 않다고 말하는 사람도 있습니다. 귀하는 다음 사항들이 어느 정도 중요하다고 생각하십니까?

매우 중요하다	대체로 중요하다	별로 중요하지 않다	전혀 중요하지 않다	모름/ 무응답
①	②	③	④	⑨

1) 대한민국에서 태어나는 것------------------------①---②---③---④---⑨
2) 대한민국의 국적을 유지하는 것------------------ ①---②---③---④---⑨
3) 생애 대부분을 대한민국에서 사는 것----------①---②---③---④---⑨

4) 한국어를 사용하는 것----------------------------- ①---②---③---④---⑨
5) 대한민국의 정치제도와 법을 따르는 것-------- ①---②---③---④---⑨

6) 한국인의 혈통을 가지는 것------------------------①---②---③---④---⑨

7) 한국의 역사를 이해하고 한국의
전통과 관습을 따르는 것-------------------------①---②---③---④---⑨

문 13. 다음 중 귀하께서 한민족이라고 생각하시는 사람을 모두 말씀해주십시오.

① 북한 주민
② 해외동포 1세
③ 해외동포 2, 3세
④ 해외로 입양된 사람
⑤ 대한민국 국민이었으나 대한민국 국적을 포기한 사람
⑥ 대한민국 국적을 취득한 외국사람
⑦ 앞에 사람 모두 한민족이 아니다
⑨ 모름/무응답

문 14. 귀하는 다음의 주장에 대해 어떻게 생각하시나요?

1) 부모가 한국 국적이 아니라도 한국에서 태어난 아이는 한국 국적을 가질 권리가 있다.

① 매우 그렇다 ② 대체로 그렇다 ③ 그저 그렇다
④ 별로 그렇지 않다 ⑤ 매우 그렇지 않다 ⑨ 모름/무응답

2) 다른 나라에서 태어난 아이라도 부모 중 한 사람이 한국국적을 가졌다면 한국 국적을 가질 권리가 있다.

① 매우 그렇다 ② 대체로 그렇다 ③ 그저 그렇다
④ 별로 그렇지 않다 ⑤ 매우 그렇지 않다 ⑨ 모름/무응답

3) 재외동포가 아니더라도 이주한 외국인들이 일정기간 법적요건을 충족하면 한국 국적취득 자격을 주어야 한다.

① 매우 그렇다 ② 대체로 그렇다 ③ 그저 그렇다
④ 별로 그렇지 않다 ⑤ 매우 그렇지 않다 ⑨ 모름/무응답

문 15. 귀하는 대한민국의 영토에 대한 다음의 의견 중 어느 것에 가까우십니까?

① 지금의 남한 지역
② 지금의 남한지역과 북한지역을 포함한 한반도
③ 한반도 전체와 만주지역
⑨ 모름/무응답

다음 중에서 귀하의 평소 생각과 가장 가깝다고 보시는 것을 말씀해 주세요

문 16. 해방 직후 남북한에서 다음 지도자나 정부가 어떠한 영향을 미쳤다고 보십니까?

매우 긍정적인 영향을 미쳤다	대체로 긍정적인 영향을 미쳤다	대체로 부정적인 영향을 미쳤다	매우 부정적인 영향을 미쳤다	모름/무응답
①	②	③	④	⑨

1) 이승만------------------------①----②----③----④----⑨
2) 김 구------------------------①----②----③----④----⑨
3) 여운형------------------------①----②----③----④----⑨
4) 김일성------------------------①----②----③----④----⑨
5) 미국정부-----------------------①----②----③----④----⑨
6) 소련정부-----------------------①----②----③----④----⑨

문 17. 한국전쟁(6·25전쟁)이 일어난 가장 큰 책임이 누구에게 있다고 생각하십니까? 순서대로 두 가지만 말씀해 주십시오.

1) 가장 큰 책임 : __________ 2) 두 번째로 큰 책임 : __________

① 남한 정부 ② 북한 정부 ③ 미국 정부 ④ 소련 정부
⑤ 일본 정부 ⑥ 중국 정부 ⑨ 모름/무응답

문 18. 귀하께서는 다음의 역대 정부들이 정치발전에 어떠한 역할을 했다고 평가하십니까?

매우 긍정적인 역할을 하였다	대체로 긍정적인 역할을 하였다	대체로 부정적인 역할을 하였다	매우 부정적인 역할을 하였다	모름/ 무응답
①	②	③	④	⑨

1) 이승만 정부--------------------①----②----③----④----⑨
2) 박정희 정부--------------------①----②----③----④----⑨
3) 전두환 정부--------------------①----②----③----④----⑨
4) 노태우 정부--------------------①----②----③----④----⑨
5) 김영삼 정부--------------------①----②----③----④----⑨
6) 김대중 정부--------------------①----②----③----④----⑨

문 19. 다음의 역대 정부들이 경제성장에 어떠한 역할을 했다고 평가하십니까?

매우 긍정적인 역할을 하였다	대체로 긍정적인 역할을 하였다	대체로 부정적인 역할을 하였다	매우 부정적인 역할을 하였다	모름/ 무응답
①	②	③	④	⑨

1) 이승만 정부--------------------①----②----③----④----⑨
2) 박정희 정부--------------------①----②----③----④----⑨
3) 전두환 정부--------------------①----②----③----④----⑨
4) 노태우 정부--------------------①----②----③----④----⑨
5) 김영삼 정부--------------------①----②----③----④----⑨
6) 김대중 정부--------------------①----②----③----④----⑨

문 20. 다음의 역대 정부들이 남북화해에 어떠한 역할을 했다고 평가하십니까?

매우 긍정적인 역할을 하였다	대체로 긍정적인 역할을 하였다	대체로 부정적인 역할을 하였다	매우 부정적인 역할을 하였다	모름/무응답
①	②	③	④	⑨

1) 이승만 정부--------------------①----②----③----④----⑨
2) 박정희 정부--------------------①----②----③----④----⑨
3) 전두환 정부--------------------①----②----③----④----⑨
4) 노태우 정부--------------------①----②----③----④----⑨
5) 김영삼 정부--------------------①----②----③----④----⑨
6) 김대중 정부--------------------①----②----③----④----⑨

문 21. 일제시대 및 과거 정권시대에 일어난 과거사 문제에 대한 귀하의 의견은 다음 중 어디에 가깝습니까?

① 진상규명과 책임자 처벌이 필요하다
② 진상규명은 하되 책임자 처벌은 신중해야 한다
③ 진상규명과 책임자 처벌을 최소화해야 한다
④ 더 이상 과거사 문제에 집착해서는 안 된다
⑨ 모름/무응답

문 22. 대한민국은 '반공'을 중요한 국가이념으로 삼아야 한다는 주장이 있습니다. 이에 대한 귀하의 의견은 다음 중 어느 것에 가장 가깝습니까?

① 북한의 위협이 계속되고 있기 때문에 반공을 대한민국의 국가이념으로 삼아야 한다
② 반공을 국가 이념으로 삼지는 않더라도 중요한 가치로 지킬 필요가 있다
③ 냉전시대에는 필요했지만 지금은 반공이념이 필요 없다

④ 반공이념은 남북화해를 저해하고 인권탄압의 명분이기 때문에 시대착오적이다

⑨ 모름/무응답

문 23. 귀하는 다음의 두 주장 가운데 어느 의견에 동의하십니까?

① 자유민주주의와 시장경제 원칙을 양보하더라도 통일의 기회가 오면 통일이 되어야한다

② 자유민주주의와 시장경제 원칙이 훼손되는 통일은 반대 한다

⑨ 모름/무응답

문 24. 다음의 주장들에 대한 귀하의 의견을 말씀해주십시오.

매우 그렇다	대체로 그렇다	별로 그렇지 않다	전혀 그렇지 않다	모름/ 무응답
①	②	③	④	⑨

1) 공공이익을 증진시키기 위해
국가가 개인의 재산권을 제한할 수 있다---①----②----③----④----⑨

2) 다수의 정서에 반하더라도
소수의 인권은 지켜져야 한다-----------------①----②----③----④----⑨

문 25. 다음 주장에 대해 어떻게 생각하십니까?

매우 그렇다	대체로 그렇다	별로 그렇지 않다	전혀 그렇지 않다	모름/ 무응답
①	②	③	④	⑨

1) 우리나라에서는 대다수 국민들의 의사와 상관없이
소수의 사람이 정부와 정치를 좌지우지 한다--- ①---②---③---④---⑨

2) 성공하려면 연줄이 있어야 한다-------------------- ①---②---③---④---⑨

3) 국가를 위해서는 개인은 희생을 감수해야 한다- ①---②---③---④---⑨

4) 다수가 찬성하는 의견에 소수의 사람이
반대하는 것은 바람직하지 않다---------------------①---②---③---④---⑨
5) 우리 같은 사람은 정부가 하는 일에 대해
말할 자격이나 능력이 없다--------------------------①---②---③---④---⑨
6) 사회는 일반대중보다 소수의 지도자가
다스릴 때 잘 되는 법이다--------------------------①---②---③---④---⑨
7) 정부가 하는 일에 잘못이 있더라도
그 지시에 따르는 것이 마땅하다--------------------①---②---③---④---⑨

문 26. 귀하께서는 경제성장과 복지정책에 대해서 다음 중 어느 쪽에 더 가깝습니까?

① 소득분배가 경제성장보다 매우 중요하다
② 소득분배가 경제성장보다 중요한 편이다
③ 경제성장이 소득분배보다 중요한 편이다
④ 경제성장이 소득분배보다 매우 중요하다
⑨ 모름 / 무응답

문 27. 국가보안법 문제에 대한 다음의 주장 중에서는 어느 의견에 더 가까우십니까?

① 철폐해야 한다
② 새로운 법으로 대체한다
③ 부분적으로 개정한다
④ 그대로 유지한다
⑨ 모름 / 무응답

남북한 통일과 북한에 대해 여쭤보겠습니다.

문 28. 귀하는 통일에 대해 어떻게 생각하십니까?

① 빨리 통일을 해야 한다

② 여건을 봐가며 속도를 조절해 추진한다

③ 통일을 서둘 필요가 없다

④ 굳이 통일할 필요가 없다

⑨ 모름 / 무응답

문 29. 남한과 북한이 통일을 할 경우 어떻게 통일을 해야 한다고 생각하십니까?

① 남한식 체제로 통일해야 한다

② 북한식 체제로 통일해야 한다

③ 각각의 체제를 유지하면서 공존하는 방식으로 통일해야 한다

④ 남한식도 북한식도 아닌 제 3의 체제로 통일해야 한다

⑨ 모름 / 무응답

문 30. 통일이 이루어진다면 어떠한 국기를 사용하는 것이 좋다고 보시나요?

① 현재 남한의 태극기

② 현재 북한의 인공기

③ 현재 남북 공동행사에서 사용하고 있는 한반도기

④ 새로 만드는 것이 좋겠다

⑨ 모름 / 무응답

문 31. 통일이 이루어질 경우 한국의 국가경쟁력이 어떠할 것으로 보시나요?

① 단기적으로나 장기적으로 국가경쟁력을 강화시킬 것이다

② 단기적으로는 국가경쟁력을 약화시키겠지만, 장기적으로는 강화시킬 것

이다

③ 단기적으로는 국가경쟁력을 강화시키겠지만, 장기적으로는 약화시킬 것이다

④ 단기적으로나 장기적으로 국가경쟁력을 약화시킬 것이다

문 32. 통일을 위해서는 많은 비용이 필요합니다. 통일을 위해 귀하께서는 추가비용을 부담하실 의향이 있으십니까? 보다 많은 세금을 내실 의향이 있으십니까? 있다면 1년에 얼마정도의 비용을 부담하실 의향이 있으십니까?

① 통일 때문에 비용을 부담하지 않겠다
② 5만 원 미만
③ 5만 원~10만 원 미만
④ 10만 원~20만 원 미만
⑤ 20만 원~30만 원 미만
⑥ 30만 원~50만 원 미만
⑦ 50만 원~70만 원 미만
⑧ 70만 원~100만 원 미만
⑨ 100만 원 이상
㊾ 모름 / 무응답

문 33. 만약 통일이 된다면 통일 후에 발생하게 될 가장 큰 어려움은 무엇이라고 생각하십니까? 순서대로 두 가지만 말씀해 주십시오.

1) 가장 큰 어려움 : ＿＿＿＿＿＿　2) 두 번째로 큰 어려움 : ＿＿＿＿＿＿

① 경제적 부담
② 가치관의 차이
③ 정치적인 혼란
④ 남북간 빈부격차 심화
⑨ 모름 / 무응답

문 34. 통일에 가장 큰 장애가 되는 나라는 어디라고 보십니까?

① 남한 ② 북한 ③ 미국 ④ 러시아 ⑤ 일본 ⑥ 중국

⑦ 기타 ____________ ⑨ 모름 / 무응답

문 35. 앞으로 북한에 대한 경제지원을 어떻게 하는 것이 바람직하다고 보시나요?

① 더욱 확대해야 한다

② 현재 수준의 지원해야 한다

③ 현재보다 줄여야 한다

④ 경제지원을 전혀 하지 말아야 한다

⑨ 모름 / 무응답

문 36. 다음 주장에 대해 어떻게 생각하십니까?

매우 그렇다	대체로 그렇다	별로 그렇지 않다	전혀 그렇지 않다	모름/ 무응답
①	②	③	④	⑨

1) 남한과 북한은 현실적으로
별개의 독립적인 국가이다--------------①----②----③----④----⑨

2) 남한정부는 대외적으로 주권을
완전히 행사하고 있다-------------------①----②----③----④----⑨

3) 북한정부는 대외적으로 주권을
완전히 행사하고 있다-------------------①----②----③----④----⑨

4) 한반도에서 합법적인 정부는
남한정부이다---------------------------①----②----③----④----⑨

문 37. 귀하께서는 북한과 북한주민들에 대해 얼마나 관심이 있습니까? 혹은 없습니까?

① 매우 관심이 많다

② 어느 정도 관심이 있다

③ 별로 관심이 없다
④ 전혀 관심이 없다
⑨ 모름 / 무응답

문 38. 현재 북한으로부터 탈출하여 남한에서 살고자하는 사람들이 있습니다. 만약 북한 난민이 대규모로 발생할 경우 남한정부가 취해야 할 적절한 대응책은 무엇이라고 생각하십니까?

① 탈북자는 같은 동포이기 때문에 남한에 살고자 하는 난민은 모두 받아야 한다
② 경제적 능력과 외교적 부담을 고려하여 선별적으로 받아들여야 한다
③ 우리 사회에 큰 부담이 되기 때문에 받아들여서는 안 된다
⑨ 모름 / 무응답

문 39. 귀하께서는 북한 사람의 사고방식이 남한 사람과 차이가 크다고 생각하십니까, 작다고 생각하십니까?

① 매우 크다　② 대체로 크다　③ 대체로 작다　④ 매우 작다
⑨ 모름 / 무응답

문 40. 평소 북한에 대한 생각을 두 개로 골라 주십시오.

1 순위: ________________　2 순위: ________________
① 우리　② 형제　③ 이웃　④ 남　⑤ 적　⑥ 관심 없다 ⑨ 모름/무응답

국제사회에서 우리나라와 관련한 사항에 대해 관련하여 여쭙겠습니다

문 41. 귀하는 다음의 진술에 대해 어떻게 생각하십니까?

매우 그렇다	대체로 그렇다	그저 그렇다	별로 그렇지 않다	전혀 그렇지 않다	모름/무응답
①	②	③	④	⑤	⑨

1) 나는 어떤 다른 나라 사람이기보다도
대한국민 국민이고 싶다---------------------- ①---②---③---④---⑤---⑨
2) 나는 오늘의 대한민국에 대해
부끄럽게 느끼는 점들이 있다--------------- ①---②---③---④---⑤---⑨
3) 국민은 자기 나라가 잘못된 방향으로
가고 있더라도 자기 나라를 지지해야 한다 ①---②---③---④---⑤---⑨

문 42. 귀하는 다음 각각의 영역에 대해서 대한민국을 얼마나 자랑스럽게 여기시나요?

매우 자랑스럽다	대체로 자랑스럽다	별로 자랑스럽지 않다	전혀 자랑스럽지 않다	모름/무응답
①	②	③	④	⑨

1) 한국의 민주주의의 성숙도-----------①----②----③----④----⑨
2) 국제무대에서의 정치적 위상---------①----②----③----④----⑨
3) 경제적 성취도--------------------------①----②----③----④----⑨
4) 사회보장수준---------------------------①----②----③----④----⑨
5) 과학기술 수준--------------------------①----②----③----④----⑨
6) 스포츠 수준-----------------------------①----②----③----④----⑨
7) 예술과 문화 수준----------------------①----②----③----④----⑨

8) 군사력 수준------------------------------①----②----③----④----⑨
9) 역사--------------------------------------①----②----③----④----⑨
10) 공정하고 평등한 사회적 대우------①----②----③----④----⑨

문 43. 다음은 외국 및 외국인에 대한 태도입니다. 귀하의 의견은 어떠하신지 다음 중에서 하나를 선택해 주십시오.

매우 그렇다	대체로 그렇다	그저 그렇다	별로 그렇지 않다	전혀 그렇지 않다	모름/ 무응답
①	②	③	④	⑤	⑨

1) 우리나라는 외국인이 살기에 좋은 나라이다- ①--②--③--④--⑤--⑨
2) 나는 언젠가 외국에 나가서 살고 싶다--------- ①--②--③--④--⑤--⑨
3) 나는 자녀가 외국인과 결혼하는 것에 대해 반대하지 않을 것이다--------------------------- ①--②--③--④--⑤--⑨
4) 나는 같은 외국인이라도 출신나라에 따라 느낌이 다르다------------------------------------ ①--②--③--④--⑤--⑨
5) 외국인 노동자의 유입으로 우리나라 사람들이 일자리를 위협받고 있다------------------------ ①--②--③--④--⑤--⑨

문 44. 귀하께서는 다음 국가들을 얼마만큼 신뢰하십니까?

매우 신뢰 한다	대체로 신뢰 한다	신뢰 하지도 불신 하지도 않는다	별로 신뢰하지 않는다	전혀 신뢰하지않는다	모름/ 무응답
①	②	③	④	⑤	⑨

1) 북한------------------------- ①----②----③----④----⑤----⑨
2) 중국------------------------- ①----②----③----④----⑤----⑨
3) 일본------------------------- ①----②----③----④----⑤----⑨
4) 미국------------------------- ①----②----③----④----⑤----⑨
5) 러시아----------------------- ①----②----③----④----⑤----⑨

문 44. 다음 국가들이 우리나라에 어떠한 영향을 미치고 있다고 생각하십니까?

매우 긍정적인 영향을 미친다	대체로 긍정적인 영향을 미친다	긍정적인 영향도 부정적인 영향도 미치지 않는다	대체로 부정적인 영향을 미친다	매우 부정적인 영향을 미친다	모름/ 무응답
①	②	③	④	⑤	⑨

1) 북한-------------------------- ①----②----③----④----⑤----⑨
2) 중국-------------------------- ①----②----③----④----⑤----⑨
3) 일본-------------------------- ①----②----③----④----⑤----⑨
4) 미국-------------------------- ①----②----③----④----⑤----⑨
5) 러시아------------------------①----②----③----④----⑤----⑨

문 45. 다음의 각 주장에 대해 어떻게 생각하십니까?

매우 그렇다	대체로 그렇다	별로 그렇지 않다	전혀 그렇지 않다	모름/ 무응답
①	②	③	④	⑨

1) 우리나라는 가난한 나라에 대한 원조를
   늘려야 한다---①---②---③---④---⑨
2) 외국인이 한국국적을 보다 쉽게
   취득할 수 있게 해야 한다--------------------------①---②---③---④---⑨
3) 국제사회에서 살아남기 위해서는
   군사력이 강해야 한다--------------------------------①---②---③---④---⑨
4) 한국은 국제무대에서 제대로
   대접받지 못하고 있다--------------------------------①---②---③---④---⑨

5) 어떠한 대가를 치르더라도
 쌀 시장 개방만은 막아야 한다-------------------①---②---③---④---⑨
6) 국제 평화유지군 활동에 적극 참여해야 한다-①---②---③---④---⑨
7) 우리나라도 핵무기를 보유해야 한다-------------①---②---③---④---⑨
8) 세계화시대에 국산품애용이란 시대착오다------①---②---③---④---⑨
9) 대규모 외국회사들이 한국의 경제에
 점점 더 해를 끼치고 있다-------------------------①---②---③---④---⑨
10) 한국의 입장과 국제기구들의 결정이 다르더라도
 한국 정부는 결정에 따라야 한다----------------①---②---③---④---⑨

문 46. 한국과 미국이 어떻게 관계를 맺는 것이 바람직하다고 보시나요? 미국의 간섭이 없는 독자적 외교정책 추진을 지지하시면 0, 한미동맹의 강화를 지지하시면 10으로, 중도의 입장은 5를 기준으로 0에서 10사이의 숫자로 표시하여 주십시오.

미국 간선 없는 독자적 외교정채 추진	중 도	한미동맹의 강화

⓪------①------②------③------④------⑤------⑥------⑦------⑧------⑨------⑩

다음에 대해서 어떻게 생각하십니까

문 47. 다음 두 집단 사이에 갈등이나 거리감이 얼마나 크다고 생각하십니까?

매우 크다	대체로 크다	보통이다	대체로 작다	매우 작다	모름/무응답
①	②	③	④	⑤	⑨

1) 열린우리당과 한나라당----------------①---②---③---④---⑤---⑨
2) 군과 민간인------------------------------①---②---③---④---⑤---⑨

3) 기성세대와 젊은 세대------------------①---②---③---④---⑤---⑨

4) 기업가와 노동자------------------------①---②---③---④---⑤---⑨
5) 잘사는 사람과 못사는 사람-----------①---②---③---④---⑤---⑨
6) 고학력자와 저학력자--------------------①---②---③---④---⑤---⑨

7) 정규직 노동자와 비정규직 노동자--①---②---③---④---⑤---⑨
8) 영남사람과 호남사람--------------------①---②---③---④---⑤---⑨
9) 수도권 주민과 지방 주민--------------①---②---③---④---⑤---⑨

10) 엘리트와 일반인------------------------①---②---③---④---⑤---⑨
11) 남성과 여성------------------------------①---②---③---④---⑤---⑨
12) 진보와 보수------------------------------①---②---③---④---⑤---⑨

13) 대기업과 중소기업--------------------①---②---③---④---⑤---⑨
14) 장애인과 비장애인--------------------①---②---③---④---⑤---⑨

문 48. 아래 각 묶음에서 우리나라의 장기적 국가목표로 가장 중요하다고 생각하시는 것과 두 번 째로 중요하다고 생각하시는 것을 하나씩 선택하여 말씀하여 주십시오.

48-1	① 높은 경제성장 유지 ② 직장과 사회에서 개인 발언권 확대 ③ 방위력 증강 ④ 환경 개선	1) 가장 중요한 것 : ______ 2) 다음으로 중요한 것 : ______
48-2	① 언론자유 보장 ② 물가, 인플레 억제 ③ 정부 정책결정에 국민 의견 수렴 ④ 사회의 질서 유지	1) 가장 중요한 것 : ______ 2) 다음으로 중요한 것 : ______
48-3	① 경제 안정 ② 좀더 인간적인 사회로의 발전 ③ 각종 범죄 소탕 ④ 돈보다 아이디어가 중시되는 사회	1) 가장 중요한 것 : ______ 2) 다음으로 중요한 것 : ______

문49. 10년 후에 우리나라에 정치적으로 가장 영향을 많이 미칠 나라는 어디라고 보십니까?

____

⑨⑨⑧ 없다 ⑨⑨⑨ 잘 모르겠다

문50. 그럼 10년 후에 우리와 경제적 교류가 가장 많을 나라는요?

____

⑨⑨⑧ 없다 ⑨⑨⑨ 잘 모르겠다

문51. 10년 후 한국이 지금보다 얼마나 살기가 좋아질 것이라고 보십니까? 아니면 살기가 나빠질 것이라고 보십니까?

① 매우 좋아질 것이다
② 대체로 좋아질 것이다
③ 지금과 비슷할 것이다
④ 대체로 나빠질 것이다
⑤ 매우 나빠질 것이다
⑨ 잘 모르겠다

문52. 귀하께서는 2002년 대통령 선거에서 어느 후보에게 투표하셨습니까?

① 한나라당 이회창 후보
② 민주당 노무현 후보
③ 민주노동당 권영길 후보
④ 다른 후보
⑤ 투표하지 않았다
⑥ 투표권이 없었다
⑨ 잘 모르겠다

문 53. 2004년 국회의원 선거에서 어느 당 후보에게 투표하셨습니까?
① 열린우리당 ② 한나라당 ③ 민주노동당 ④ 민주당
⑤ 자민련 ⑥ 다른 정당 ⑦ 무소속 후보
⑧ 투표하지 않았다 ⑨ 투표권이 없었다 ⑲ 잘 모르겠다

문 54. 2004년 국회의원 선거에서는 국회의원 후보 뿐만 아니라 정당에도 투표하였습니다. 국회의원 후보가 아닌 정당에는 어느 정당에 투표하셨습니까?
① 열린우리당 ② 한나라당 ③ 민주노동당 ④ 민주당
⑤ 자민련 ⑥ 다른 정당 ⑦ 무소속 후보
⑧ 투표하지 않았다 ⑨ 투표권이 없었다 ⑲ 잘 모르겠다

문 55. 지난 2000년 국회의원 선거에서는 어느 정당에 투표하셨습니까?
① 한나라당 ② 민주당 ③ 자민련 ④ 민국당 ⑤ 다른 정당
⑥ 무소속 후보 ⑦ 투표하지 않았다 ⑧ 투표권이 없었다 ⑨ 잘 모르겠다

마지막으로 통계를 내는데 필요한 몇 가지만 여쭙겠습니다.

배문 1. 귀하의 직업은 무엇입니까?
① 농업, 어업, 임업(가족종사자 포함)
② 자영업(종업원 9명 이하의 장사 및 가족종사자, 목공소 주인, 개인택시 운전사 등)
③ 판매/서비스직(상점점원, 세일즈맨 등)
④ 기능/숙련공(운전사, 선반, 목공 등 숙련공)
⑤ 일반작업직(토목관계의 현장작업, 청소, 수위)
⑥ 사무/기술직(일반회사 사무직, 기술직, 초중고교 교사, 항해사 등)
⑦ 경영/관리직(5급이상의 고급공무원, 기업체부장이상의 위치, 교장)
⑧ 전문/자유직(대학교수, 의사, 변호사, 예술가)

⑨ 가정주부(주로 가사에만 종사하는 부인)

⑩ 학 생

⑪ 무 직

⑫ 기 타

⑲ 모름 / 무응답

배문 2. 학교를 어디까지 마치셨습니까?(중퇴는 졸업에 포함되지 않음)

① 초등학교 졸업 이하

② 중학교

③ 고등학교

④ 전문대학 재학 이상

배문 3. 귀하의 고향(출신지역)은 어디입니까?

① 서울 ② 부산 ③ 대구 ④ 인천 ⑤ 광주 ⑥ 대전 ⑦ 울산 ⑧ 경기

⑨ 강원 ⑩ 충북 ⑪ 충남 ⑫ 전북 ⑬ 전남 ⑭ 경북 ⑮ 경남 ⑯ 제주 ⑰ 이북

배문 4. 귀하께서는 종교를 믿으십니까? 믿는다면 어떤 종교를 믿으십니까?

① 불교 ② 기독교 ③ 천주교 ④ 다른 종교 ⑤ 믿는 종교가 없다

배문 5. 한달 총수입은 어느 정도입니까? 상여금, 이자, 임대료 등 가족 전체의 수입을 합하여 월평균으로 말씀해 주십시오.

① 49만 원 이하 ② 50~99만 원

③ 100~149만 원 ④ 150~199만 원

⑤ 200~249만 원 ⑥ 250~299만 원

⑦ 300~399만 원 ⑧ 400~499만 원

⑨ 500만 원 이상 ⑲ 모름/무응답

배문 6. 현재 귀하와 귀하 가정의 경제 상황은 1년 전에 비해 어떻게 달라졌습니까?

① 매우 좋아졌다
② 좋아진 편이다
③ 비슷하다
④ 나빠진 편이다
⑤ 매우 나빠졌다
⑨ 모름/무응답

배문 7. 귀하는 다음 중 어느 계층에 속한다고 생각하십니까?

① 최상위 계층
② 중상위 계층
③ 중산층
④ 중하위 계층
⑤ 하위 계층
⑨ 모름/무응답

배문 8. 귀하께서는 자신의 이념성향에 대해 어떻게 생각하십니까? 가장 진보 0, 가장 보수는 10이며, 중도 5를 기준으로 0에서 10까지의 숫자로 말씀해주십시오.

진보 중도 보수
⓪------①------②------③------④------⑤------⑥------⑦------⑧------⑨------⑩

◐ 끝까지 설문에 협조하여 주셔서 대단히 감사합니다 ◑

참고문헌

강원택(2004), 《한국의 선거정치: 이념, 지역, 세대와 미디어》, 서울: 푸른길.

김동춘(1997), "80년대 이후 노동계급 연구의 현황과 문제점", 《한국사회과학의 새로운 모색》, 서울: 창작과 비평사.

김 욱(1998), "투표참여와 기권", 이남영(편), 《한국의 선거II》, 서울: 푸른길.

김재한(1996), "한국유권자의 투표행태에 대한 일고찰", 《국가전략》 제 2권 2호: 77~94.

길승흠(1993), "한국인의 정치의식구조 변화", 《한국정치학회보》 26(3).

______ · 김광웅 · 안병만(1987), 《한국선거론》, 다산출판사.

곽준혁(2004), "민족적 정체성과 민주적 시민성: 세계화시대 비지배 자유원칙", 《사회과학연구》 제 12집 2호: 34~66.

동아시아연구원 대통령개혁연구팀(2002), 《대통령의 성공조건》 I · II. 서울: 동아시아연구원.

마인섭 · 장 훈 · 김재한(1997), "한국에서의 탈물질주의적 가치관의 등장과 사회적 균열구조의 변화", 《한국과 국제정치》 13(2).

박기덕 · 이종석(편) (1995), 《남북한 체제비교와 통합모델의 모색》, 성남: 세종연구소.

박찬욱(편) (2005), 《제17대 국회의원 총선거 분석》, 서울: 푸른길.

석현호 · 차종천 · 이정우 · 박종민 · 김명언 · 나은영(2005), 《한국사회의 불평등과 공정성 의식의 변화》, 서울: 성균관대출판부.

송호근(2003), 《한국, 무슨 일이 일어나고 있나》, 서울: 삼성경제연구소.

신광영(2004), 《한국의 계급과 불평등》, 서울: 을유문화사.

아태지역연구원(편) (2001), 《남북한 통합의 이론과 실제》, 서울: 경희대학교 아태지역연구원.

어수영(1992), "한국인의 가치변화와 민주화", 《한국정치학회보》 25(2).

______(1999), "한국인의 가치변화와 지속성 그리고 민주화", 《한국정치학회보》 33(3).

______(2004), "가치변화와 민주주의 공고화: 1990~2001년 간의 변화 비교 연구", 《한국정치학회보》 38(1).

이남영(편) (1998), 《한국의 선거Ⅱ: 15대 대통령선거를 중심으로》, 서울: 푸른길.

이내영·정한울(2005a), "동맹의 변환과 한국인의 대미인식: 한미동맹 위기론과 대미인식 다원화 현상을 중심으로", 《국제정치논총》 45(3).

______·정원칠(2005b), 《전환기의 한미동맹과 국민여론》, EARS Working Paper Series 2, EAI 여론분석센터(2005).

______(2003a), "반미여론과 한미동맹", 《국가전략》 9(3).

______(2003b), "정치·행정 개혁의 과제와 제도개혁의 딜레마", 이내영·이하경(편), 《노무현정부의 딜레마와 선택: 소수정부, 정책, 여론》, 서울: 동아시아연구원.

이숙종(2003), "성숙한 사회로 나아가기 위한 과제", 이내영·이하경(편), 《노무현정부의 딜레마와 선택: 소수정부, 정책, 여론》, 서울: 동아시아연구원.

이정우(2005), "소득 및 자산의 분배", 석현호 외(2005).

이현출(2005), "한국국민의 이념성향: 특성과 변화", 《한국정치학회보》 39집 2호.

전홍택·이영선(편) (1997), 《통일 한반도의 경제통합 전략》, 서울: 한국개발원.

정병기(2003), "16대 대선과 계급·계층균열: 양대 정당 후보 지지표와 민주노동당 권영길 후보 지지표 분석을 중심으로", 김세균(편), 《16대 대선의 선거과정과 의의》, 서울: 서울대학교 출판부.

정윤재(2003), 《정치리더십과 한국민주주의》, 서울: 나남출판사.

조홍식(2005), "민족의 개념에 관한 정치사회학적 고찰", 《한국정치학회보》 39집 3호, 129~146.

주돈식(2004), 《우리도 좋은 대통령을 갖고 싶다》, 서울: 사람과 책.

최장집(1996), "한국민족주의의 특성", 《한국민주주의의 조건과 전망》, 서울: 나남.

______(2006), "해방 60년에 대한 하나의 해석: 민주주의자의 퍼스펙티브에서", 《시민과 세계》 제 8호.

하영선·김병국(2006), "새로 그리는 동아시아 전략지도: 국가이익·정체성·힘의 국제정치", 하영선(편), 《21세기 한국외교대전략: 그물망

국가 건설》, 서울: 동아시아연구원.

한국대통령평가위원회 · 한국대통령학연구소(2002), 《한국의 역대 대통령 평가》, 서울: 조선일보사.

한국정책학회(편)(1994), 《대통령과 국가정책》, 서울: 대영문화사.

허만호(2004), "유럽연합의 대 북한 인권정책과 유엔 인권위원회의 대북결의 채택", 《대한정치학회보》 12집 2호.

함성득(2000), 《한국의 대통령과 권력》, 서울: 나남출판사.

______(1999), 《대통령학》, 서울: 나남출판사.

Abdelal, Rawi, Herrera, Yoshiko, Hohnston, Alastair I., and McDermott, Ross(2005), "Identity as a Variable", Harvard Univ. Weatherhead Center, http://www.wcfia.harvard.edu/misc/initiative/identity/publications/ID011605.pdf.

Achen, C.(1992), "Social Psychology, Demographic Variables, and Linear Regression: Breaking the Iron Triangle in Voting Research", *Political Behavior* 14: 195~211.

Ambrason, Paul R., John H. Aldrich, and David W. Rohde(1995), *Change and Continuity in the 1992 Elections*, Washington, D.C.: CQ Press.

Amorim N.O. and G. Cox(1997), "Electoral Institutions, Cleavage Structures, and the Number of Parties", *American Journal of Political Science* 41: 149~174.

Anderson, Benedict(1991), *Imagined Communities: Reflections on the Origin and Spread of Nationalism*, Revised edition / 윤형숙 역(2002), 《상상의 공동체: 민족주의의 기원과 전파에 대한 성찰》, 나남출판사.

APSA Task Force Report(2004), "American Democracy in an Age of Rising Inequality", *Perspectives on Politics* 2. 4(Dec.): 651~666.

Ashbee, Edward(2002), "'Being American: Representations of National Identity", *American Studies in Britain* 87.

Bailey, Thomas(1996), *Presidential Greatness*, New York: Appleton-Century.

Bandow, Doug(2005), "The Future of the U.S.-ROK Alliance: Equality, Mutuality, and International Security", 2005년 3월 한국 국제정치학

회 주최 국제학술회의 발표논문.

Bartels, Larry(2000), "Partisanship and Voting Behavior, 1952~1996", *American Journal of Political Science* 44: 35~51.

Bartle, John(1998), "Left-Right Position Matters, But Does Social Class? Casual Models of the 1992 British General Election", *British Journal of Political Science* 28, 501~529.

Bartolini, S. and P. Mair(1990), *Identity, Competition, and Electoral Availability: The Stabilization of European Electorates, 1885~1985*, Cambridge: Cambridge University Press.

Benhabib, Seyla(2002), "Political Theory and Political Membership in a Changing World", in Ira Karznelson ed., *Political Science: The State of the Discipline*, NY: W. W. Norton & Company.

Berelson, B. R., P. F. Lazarsfeld, and W. McPhee(1954), *Voting*, Chicago: U of Chicago Press.

Brandolini, Andrea, and Timothy M. Smeeding(2006), "Patterns of Economic Inequality in Western Democracies: Some Facts on Levels and Trends", *PS: Political Science and Politics* 39. 1(Jan.): 21~26.

Brewer, Mark D. and Jeffrey M. Stonecash(2001), "Class, Race Issues, and Declining White Support for the Democratic Party in the South", *Political Behavior* 23. 1(June), 131~155.

Brooks, Clem, and Jeff Manza, "The Social and Ideological bases of Middle Class Political Realignment in the US, 1972~1992", *American Sociology Review* 62: 91~108.

Budge, I. (1987), "The Internal Analysis of Election Programmes", In Ian Budge, David Robertson, and Derek Hearl, eds., *Ideology, Strategy and Party Change: Spatial Analyses of Post-War Election Programmes in 19 Democracies*, New York: Cambridge University Press.

Burbank, Hilary(2003), "German National Identity: Patriotism and Stigma", *SURJ*: 8~12.

Campbell, Angus, P. E. Converse, W. E. Miller, and D. E. Stokes (1960), *The American Voter*, New York: John Wiley and Sons.

Campbell, Angus, Gerald Gurin and Warren E. Miller(1954), *The Voter*

Decides.

Centers, Richard(1949), *The Psychology of Social Class*, Princeton: Princeton University Press.

Citrin, Jack, Reigngold, Beth, and Green, Dornald(1994), "Is American Nationalism Changing? Implications for Foreign Policy, *International Studies Quarterly* 38: 1~31.

Chibber, P. and M. Torcal(1997), "Elite Strategy, Social Cleavages, and Party Systems in a New Democracy: Spain", *Comparative Political Studies* 30, no. 1: 27~54.

Chicago Council on Foreign Relations(CCFR) (2004), *Global Views 2004: Comparing South Korean and American Public Opinion and Foreign Policy*. http://www.ccfr.or/globalviews2004/sub/usa.htm(검색일: 2005.6.1).

Clubb, Jerome M.; Flanigan, William H.; Zingale, and Nancy H., (1980), *Analyzing Electoral History: A Guide to the Study of American Voter Behavior*. Beverly Hills: Sage.

Conover, Pamela Johnston, and Stanley Feldman(1981), "The Origins and Meaning of Liberal/Conservative Self Identification", *American Journal of Political Science* 25-2: 617~645.

Converse, Philip E. (1964), "The Nature of Belief Systems in Mass Publics", In *Ideology and Discontent*, ed. David E. Apter, London: Collier-Macmillan Ltd.: The Free Press of Glencoe.

Coppedge, M. (1997), "District Magnitude, Economic Performance, and Party System Fragmentation in Five Latin American Countries", *Comparative Political Studies* 30, no.1: 156~185.

Dalton, Russel J. (1996), *Citizen Politics: Public Opinion and Political Parties in Advanced Industrial Democracy*, Chatham: Chatham House Publishers, Inc.

Dalton, Russell J., Paul A. Beck, Robert Huckfeldt(1998), "Partisan Cues and Media: Information Flows in the 1992 Presidential Election", *American Political Science Review* 92:111~126.

David, Steinberg(ed.) (2005), *Korean Attitudes toward the United States: Changing Dynamics*, New York: M.E. Sharp.

Degregorio, William A. (1993), *The Complete Book of U.S. Presidents*, New York: Avenel.

Downs, Anthony(1957), *An Economic Theory of Democracy*, New York: Harper & Row.

Dzur, Albert W. (2002), "Nationalism, Liberalism and Democracy", *Political Research Quarterly* 55. 1. 191~211.

Eckstein, H. (1966), *Division and Cohesion in Democracy*. Princeton: Princeton University Press.

Elster, J. (1989), *Nuts and Bolts for the Social Sciences*, Cambridge: Cambridge University Press.

Erikson, Robert and John H. Goldthorpe(1992), *The Constant Flux: A Study of Class Mobility in Industrial Societies*, Oxford, UK: Clarendon.

______ and Kent L. Tedin(2005), *American Public Opinion: Its Origins, Content, and Impact*, New York, US: Pearson Longman.

Erikson, Robert S. & Kent Tedin(2005), *American Public Opinion: Its Origins, Content, and Impact*, New York: Peason Longman, chapter7.

Ersson, S., K. Janda, and J. Lane(1985), "Ecology of Party Strength in Western Europe: A Regional Analysis", *Comparative Political Studies* 18:(July), 170~205.

Eulau, Heinz(1955), "Perceptions of Class and Party in Voting Behavior: 1952", *The American Political Science Review* 49. 2(Jun.), 364~384.

______(1956), "Identification with Class and Political Role Behavior", *Public Opinion Quarterly* 20-4; 515~529.

Evans, G. (ed.) (1999), *The End of Class Politics? Class Voting in Comparative Context*, Oxford: Oxford University Press.

Farber, Charles F., and Richard B. Farber(2000), *The American Presidents Ranked by Performance*, North Carolina: McFarland & Company, 김형곤 옮김, 《대통령의 성적표》, 서울: 혜안.

Fiske, Susan T., and Shelly E. Taylor(1991), *Social Cognition*, 2nd ed., New York: McGraw Hill.

Franklin, M. (1992), "The Decline of Cleavage Politics", In Mark

Franklin, Thomas Mackie, Henry Valen et al., *Electoral Change: Responses to Evolving Social and Attitudinal Structures in Western Countries*, Cambridge: Cambridge University Press.

Geer, John G. (1991), "Critical Realignment and the Public Opinion Poll", *Journal of Politics* 53. 2(May): 435~453.

Goff, Patricia(2000), "Invisible Borders: Economic Ligeralization and National Identity", *International Studies Quarterly* 44: 533~562.

Gutman, Amy(2002), "Identity and Democracy: A Synthetic Perspective", in Ira Karznelson ed., *Political Science: The State of the Discipline*, NY: W. W. Norton & Company.

Hobsbawm, Eric(1983), *The Invention of Tradition* / 박지향 · 장문석 옮김(2004), 《만들어진 전통》, 휴머니스트.

Huckfeldt, Robert, Jeffrey Levine, William Morgan, and John Sprague(1999), "Accessibility and the Political Utility of Partisan and Ideological Orientations", *American Journal of Political Science* 43: 888~911.

Inglehart, Ronald(2000), "Culture and Democracy", Lawrence E. Harrison and Samuel P. Hungtington eds., *Culture Matters: How Values Shape Human Progress*, Basic Books.

Inglehart, Ronald(1990), *Culture Shift in Advanced Industrial Society*, Princeton University Press.

Inglehart, R. (1977), *The Silent Revolution: Changing Values and Political Styles*, Princeton: Princeton University Press.

______(1990), *Culture Shift in Advanced Industrial Society*, Princeton: Princeton University Press.

______(1997), *Modernization and Postmodernization: Cultural, Economic, and Political Change in 43 Societies*, Princeton University Press.

Inoguchi, Takashi, Basanez, Miguel, Tanaka, Akihiko, and Dadabaev, Timur(2005), *Values and Life Styles in Urban Asia*, Mexivo: IOC, Univ. of Tokyo.

Key, K. O. Jr. (1955). "A Theory of Critical Elections", *Journal of Politics* 17. 3: 3~18.

Knutsen, O. (1989), "Cleavage Dimensions in Ten West European

Countries", *Comparative Political Studies* 21: 495~534.

Kunda, Ziva (1990), "The Case for Motivated Reasoning", *Psychological Bulletin* 108: 480~498.

Lavine, Howard, Cynthia J. Thomsen, Mark P. Zanna, and Eugene Borgida (1998), "On the Primacy Affect in the Determination of Attitudes and Behavior: The Moderating Role of Affective-Cognitive Ambivalence", *Journal of Experimental Social Psychology* 34: 398~421.

Lee, Nae-Young and Han-Wool Jeong (2004), "Fluctuating Anti-Americanism and the Korea-US Alliance", *International Studies Review* 5(2).

Lee, Sook Jong (2002), "Sources of Anti Americanism in Korean Society: Implications for Korea U.S. Relations", In *Korea U.S. Relations in Transition*, Baek, Jong Chun and Sang Hyun Lee. eds. Sungnam: The Sejong Institute.

Lijphart, A. (1979), "Religious vs. Linguistic vs. Class Voting: The 'Crucial Experiment' of Comparing Belgium, Canada, South Africa, and Switzerland", *The American Political Science Review* 73, no. 2: 442~458.

Lipset, S. M. and S. Rokkan (1967), "Cleavage Structures, Party Systems, and Voter Alignments: An Introduction", In Lipset, S. M. and S. Rokkan, eds., *Party Systems and Voter Alignments: Cross-National Perspectives*, New York: Free Press.

Lodge, Milton, and Ruth Hamill (1986), "A Partisan Schema for Political Information Processing", *American Political Science Review* 80: 505~520.

Lord, Charles G., Lee Loss, and Mark R. Lepper (1979), "Biased Assimilation and Attitude Polarization: The Effects of Prior Theories on Subsequently Considered Evidence", *Journal of Personality and Social Psychology* 37: 2098~2109.

Kim, Byung-Kook (2003), "The U.S.-South Korean Alliance: Anti-American Challenges", *Journal of East Asian Studies* 3(2): 225~258.

Mayhew, David R. (2000), "Electoral Reglignment", *Annual Review of Political Science* 3: 449~474.

Murray, Robert K., and Tim H. Blessing (1983), "The Presidential Performance Study: A Progress Report", *The Journal of American History* 71: 535~555.

Niemi, Richard G., and Herbert F. Weisberg (1993), *Controversies in Voting Behavior*, 3rd ed. Washington, D. C.: CQ Press.

Niemi, Richard G., and Herbert F. Weisberg (2001), *Controversies in Voting Behavior*, 4th ed. Washington, D. C.: CQ Press.

Novak, Robert (2003), "Perhaps It's Time South Korea Tried Its Wings", *Washington Post* 2003. 1. 6.

Perderson, William D. (1989), *The Barberian Presidency: Theoretical and Empirical Readings*, New York: Peter Lang.

Prandy, Kenneth (2000), "Class, the Stratification Order and Party Identification", *British Journal of Political Science* 30: 237~258.

Przeworski, A. and J. Sprague (1986), *Paper Stones: A History of Electoral Socialism*, Chicago: University of Chicago Press.

Rae, D. and M. Taylor (1970), *The Analysis of Political Cleavages*, New Haven: Yale University Press.

Rankin, David M. (2001), "Identities, Interests, and Imports", *Political Behaviour* 23. 4: 351~376.

Ridings William J. Jr., and Stuart B. McIver (1997), *Rating the Presidents: A Ranking of U.S. Leaders, from the Great and Honorable to the Dishonest and Incompetent*, New Jersey: Citadel Press.

Rochon, Thomas R. (1998), *Culture Moves: Ideas, Activism, and Changing Values*, Princeton University Press.

Rose, R. and D. W. Urwin (1969), "Social Cohesion, Political Parties, and Strains on Regimes", *Comparative Political Studies* 2 (April): 7~67.

Rossiter, Clinton (1962), *The American Presidency*, New York: New American Library.

Rueda, David and Jonas Pontusson (2000), "Wage Inequality and Varieties of Capitalism", *World Politics* 52 (April): 350~383.

Rusciano, Frank L. (2003), "The Construction of National Identity: A 23 Natioin Study", *Political Research Quarterly* 56. 3: 361~366.

Saris, Willem E. and Paul Sniderman (2005), *The Issues of Belief: Essays in the Intersection of Nonattitudes and Attitude Change*, Amsterdam: University of Amsterdam Press.

Snyder, Scottr (2004), "Alliance and Alienation: Managing Diminished Expectations for U.S.-ROK Relations", *Comparative Connections*, Honolulu: Pacific Forum CSIS.

Schattschneider, E. E. (1960), *The Semisoverign People: A Realist's View of Democracy in America*, New York: Holt, Rinehart, Winston.

Shin, Gi Wook (1996), "South Korean Anti Americanism: A Comparative Perspectives", *Asian Survey* 36 (1) : 787~903.

Stonecash, Jeffrey M., Mark D. Brewer, R. Eric Petersen, Mary P. McGuire and Lori Beth (2000), "Class and Party: Secular Realignment and the Survival of Democrats Outside the South", *Political Research Quarterly* 53. 4 (Dec.) : 731~752.

______(2000), *Class and Party in American Politics, Boulder*, Colorado: West Review Press. Evanston, Ill. : Row Peterson.

Taranto, James and Leonard Leo eds. (2004), *Presidential Leadership: Rating the Best and Worst in the White House*, New York: Wall Street Journal Books.

Vallone, Robert, Lee Ross, and Mark Lepper (1981), *Perceptions of Media Bias in a Presidential Election*, CA: Stanford University Press.

■ 통계자료

통계청 (2006), "10분위 소득배율", 〈도시근로자 가계수지 통계〉.

______(2005), 〈소득분위별 월평균 가구당 소득〉.

통일부 (2005), 〈인도적 대북지원 통계〉.

한국은행 (2006), 〈한국 GDP 성장률〉.

■ 여론조사 데이터

동아시아연구원(2005), 〈동아시아연구원 · 중앙일보 한국인의 국가정체성 조사〉.

동아일보(1990), 〈국민생활사회의식지표조사〉.

서울대 사회과학연구소(1984), 〈국민생활과 대외인식에 대한 여론조사〉(KOSSADA 1984~002).

서울대 사회발전연구소(1998; 2000; 2003). 〈국민의식조사〉(KOSSADA 1998~2003).

세종연구소(1995 ; 1996), 〈1996년 세종 국민의식조사〉.

한국가족협회(1999), 〈경제위기와 가족〉(KOSSADA 1999~2004).

한국갤럽 DB(http://gallup.co.kr).

한국사회과학협의회(1995), 제 1차 〈불평등과 공정성 조사〉(KOSSADA 2000~2001).

______(2000), 제 2차 〈불평등과 공정성 조사〉(KOSSADA 1995~2001).

East Asia Barometer. 2003. http://www.eastaisabarometer.org.

World Value Survey(1981 ; 1990 ; 1996 ; 2000), http://www.worldvaluesurevey.org.

찾아보기

(일 반)

ㅋ·ㅌ·ㅍ

ㅎ

필자약력

(가나다순)

강 원 택

현 숭실대 정치외교학과 교수. 서울대 지리학과 졸업. 영국 런던정치경제대학(LSE) 정치학 박사. 동아시아연구원(EAI) 시민정치패널 위원장, 한국정치학회, 한국국제정치학회 연구이사 역임. 주요 논저로《한국의 정치개혁과 민주주의》,《한국의 선거정치: 이념, 지역, 세대와 미디어》, "한국 대통령 선거에서 제3후보에 대한 지지분석", "Protest Voting and Abstention under Plurality Rule Elections: An Alternative Public Choice Approach" 등이 있다.

김 민 전

현 경희대 교양학부 교수. 서울대 외교학과 졸업. 미국 아이오와대학 정치학 박사. 국회사무처 법제예산실 정책조사관, 국회사무처 연수국 교수 역임. 주요 논저로 "역대 국회의원 선거구 획정에 대한 평가: 표의 등가성과 정당간 공정성을 중심으로", "선거제도 변화의 전략적 의도와 결과: 역대 국회의원 선거를 중심으로" 등이 있다.

김 장 수

현 고려대 평화연구소 연구교수. 고려대 정치외교학과 졸업. 미국 뉴욕주립대학 정치학 박사. 아세아문제연구소 선임연구원, 고려대 BK21 동아시아교육연구단 연구전임강사 역임. 주요 논저로 "비대칭적 활성화와 정당에 대한 상충적 태도", "정당일체감에 따른 인식의 양극화: 기제와 완충요인을 중심으로" 등이 있다.

이 내 영

현 고려대 정치외교학과 교수, 동아시아연구원(EAI) 여론분석센터 소장. 고려대 정치외교학과 졸업. 미국 위스콘신대학(메디슨) 정치학 박사. 경희대 국제대학원 교수 역임. 주요 논저로는 《동아시아의 민주화와 과거청산》(공저), 《노무현 2002 대선평가와 노무현 정부의 과제》(공저), 《변혁기의 세계질서와 한반도》(공편), "반미여론과 한미동맹", "세대와 정치이념", "Changing South Korean Public Opinion on the US" 등이 있다.

이 현 우

현 서강대 정치외교학과 교수. 미국정치연구회 회장. 서강대 정치외교학과 졸업. 미국 노스캐롤라이나대학(Chapel Hill) 정치학 박사. 경희사이버대 영미학과 교수 역임. 주요 논저로는 《미국 의회선거의 변화와 지속성》(공저), "Issues and Campaign Strategies in the 16th Presidential Election", "The Democratization of Mass Political Orientations in South Korea", "인터넷과 사회자본의 강화를 통한 선거참여: 미국 2000년 대선의 경우" 등이 있다.

이 재 열

현 서울대 사회학과 교수, 서울대 사회발전연구소 소장. 서울대 사회학과 졸업. 미국 하버드대 사회학 박사. 한국사회학회 이사 역임. 주요 논저로는 《경제의 사회학》, 《한국사회의 연결망 연구》(공편), "Visible Success and Invisible Failure in Post-Crisis Reform in the Republic of Korea: Interplay of Global Standards, Agents, and the Local Specificity", "위험사회와 정보화의 명암" 등이 있다.

한 준

현 연세대 사회학과 교수. 서울대 사회학과 졸업. 미국 스탠퍼드대학 사회학 박사. 한림대 조교수 역임. 주요 논저로는 《사회과학의 고급계량분석》(공저), 《변화하는 사회환경 기업의 대응》, "조직에서의 사회연결망과 사회자본", "시장간 연결망과 조직의 생태학" 등이 있다.

정 원 칠

현 동아시아연구원(EAI) 분권화센터 선임연구원. 중앙대 행정학과 졸업. 동 대학원 행정학 석사. 이슈투데이 언론출판팀장 역임. 주요 논저로는 《노무현 2002 대선평가와 노무현 정부의 과제》(공저), 《노무현 정부의 딜레마와 선택》 등이 있다.

정 한 울

현 동아시아연구원(EAI) 여론분석센터 선임연구원. 고려대 서어서문학과 졸업. 고려대 정치외교학 박사과정. 주요 논저로는 "동맹의 변환과 한국인의 대미인식", "부시 2기 외교정책의 딜레마: 미국 및 세계여론의 제약요인", "Fluctuating Anti-Americanism and ROK-US Alliance" 등이 있다.

연구 조교

박샘이(전 동아시아연구원 연구원, 현 위스콘신주립대 박사과정 재학)
박동욱(전 동아시아연구원 인턴, 토론토대 재무경영학과 재학)
신소연(전 동아시아연구원 연구원, 고려대 정치외교학과 석사)
윤상원(전 동아시아연구원 인턴, 뉴욕대 중동학 · 정치학과 재학)

EAI 시민정치여론시리즈 ②

한국인의 국가정체성과 한국정치

2007년 1월 15일 발행
2007년 1월 15일 1 쇄

편 자 : **강 원 택**
발행자 : **이 홍 구**

발 행 처 : (재) 동아시아연구원
100-849 서울 중구 을지로4가 310-68 삼풍빌딩 909호
전화 : (02) 2277-1683 (代), FAX : (02) 2277-1684
등록 : 제 2-3612 호 (02.10.7)
http://www.eai.or.kr

제작 · 공급 : (주) **나남출판**
413-756 경기도 파주시 교하읍 출판도시 518-4
전화 : (031) 955-4600 (代) FAX : (031) 955-4555
post@nanam.net

ISBN 978-89-929395-00-7

책값은 뒤표지에 있습니다.

• 동아시아연구원(EAI)을 후원해주고 계신 분들입니다

강윤관 강찬수 강홍렬 고승수 고은희 고형식 고혜선 공성원 곽노전
곽준엽 구상환 구준서 권용순 금영수 김건호 김경순 김관호 김국형
김기정 김기준 김남이 김 담 김동건 김동은 김만호 김미영 김병국
김병표 김부용 김상기 김석우 김석준 김석진 김설화 김성수 김세종
김수진 김시연 김신숙 김연옥 김영구 김영미 김영원 김용규 김용남
김용수 김용준 김용직 김용호 김우상 김 원 김월명 김유상 김윤호
김은숙 김은영 김인혜 김재두 김정수 김정온 김 준 김준희 김지정
김지현 김진기 김진영 김진혁 김창욱 김철영 김하정 김현전 김형국
김형재 김형준 김형찬 김효신 김희동 김희정 김희진 남윤호 남태희
노영훈 노재경 노호식 라종일 류재희 마금회 마정재 문성환 문윤성
문지욱 문진성 민병문 민선식 민선영 민지숙 박경수 박규호 박근아
박대균 박상용 박상준 박수진 박순휘 박용준 박재준 박정호 박준형
박진원 박찬근 박찬선 박 현 방효은 배위섭 백승태 백혜영 서미혜
서봉교 서영민 서용주 서은숙 서의석 서창식 성정은 소치형 손재키
송대창 송우엽 송원진 송지연 송홍선 신권식 신동원 신동준 신성호
신영준 신윤경 심윤보 안건영 안준모 안중익 여동찬 예병민 오명학
오미순 오복실 오 철 우병익 원종숙 원종애 유문종 유성수 유욱상
유창수 육은경 윤상민 윤용집 윤혜성 은종학 이규호 이 근 이근우
이내영 이동욱 이동찬 이동훈 이마리 이민교 이민자 이병인 이상호
이선주 이성량 이여희 이영복 이용자 이원종 이이혜 이재섭 이재원
이정민 이정은 이정호 이종수 이지원 이지희 이창헌 이충형 이태석
이 항 이해완 이현옥 이홍구 이홍규 이홍미 이효재 이희정 임상균
임재환 임현모 임현진 임홍재 장대환 장원호 장의영 장진호 전경수
전명선 전혜경 정랑호 정아영 정연태 정영국 정원칠 정재호 조규완
조동현 조상호 조성재 조은희 조홍식 주미야 주영아 주진균 주 한
지만수 진선희 진지운 차국린 차순만 채혜경 최 건 최관주 최복대
최신림 최윤준 최종호 최진원 최철원 하영호 한계숙 한금현 한선호
한숙현 한일봉 한정원 한준희 한지현 한하람 한홍일 현정은 황석희
황성진 황의숙 황정원